潮州广济桥

天津市大沽桥

苏州虎丘云严桥与云岩寺塔成正对景

纽约布鲁克林悬索桥

延河桥借宝塔山和古塔为景

桥塔框景

拱肋框景

宁波市琴桥

钢桁架拱桥面视点的节奏与韵律

现代城市中的曲线桥梁

长沙中国结步行桥

桂林山水与解放桥

庆丰桥立面布局

亚历山大三世桥

晚霞中的悉尼大桥

协和桥的装饰与协和宫建筑

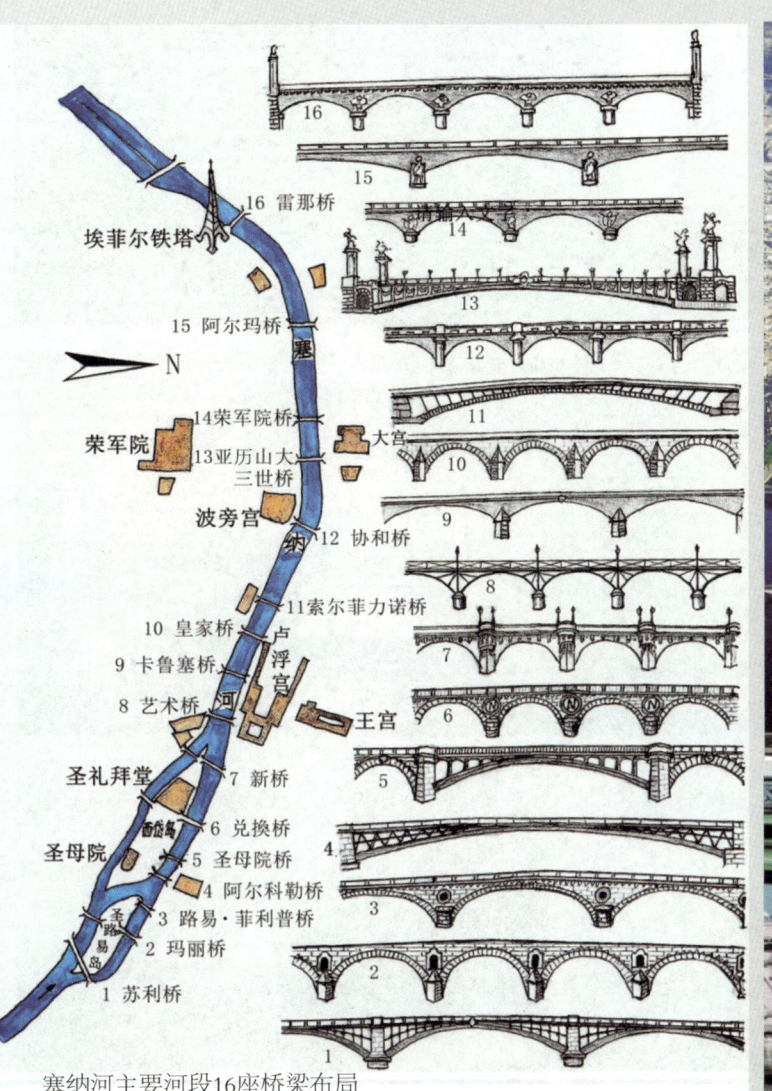

塞纳河主要河段16座桥梁布局

塞纳河上的桥梁群体

圣母院桥、兑换桥、新桥、艺术桥等组成了和谐序列

轻与重、虚与实、现代与古典的对比而形态和谐

上海五角场立交

巴黎古典高架桥

虚实对比的立交立面

新加坡双螺旋人行桥

泰州市鼓楼大桥

锦溪古镇古莲桥

广州珠江海心桥

雪桥景观与凤凰古城标志

福州城市森林步道

人行桥成了公共空间梁画的耦合结构

十七孔桥的"金光穿洞"

桥下绿色景观

艺术桥

德比利桥

索尔菲力诺桥

西蒙娜·德·波伏娃桥

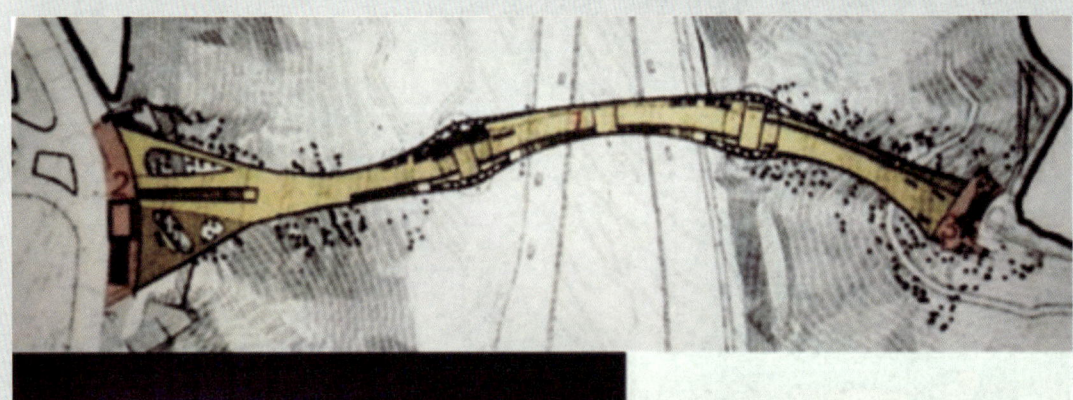

塔比阿特人行桥

城市桥梁概念设计

杨士金　单婷婷　编著

同济大学出版社
TONGJI UNIVERSITY PRESS
·上海·

内容提要

本书从城市桥梁、城市桥梁设计、设计思想与设计理念三个层次探索来研究城市桥梁概念设计，提出城市桥梁设计的基本设计理念以及导向性的设计思想。在论述城市桥梁概念设计中，先综合运用设计理念形成正确合理的设计思想，再在设计思想的指导下，发挥设计能力逐步满足设计的外在条件和内在条件。全书贯穿着以新的理念创造城市桥梁价值的设计思想。

本书适合城市桥梁设计与规划的设计师、市政技术与管理人员阅读，可作为普通高等院校的桥梁、市政、道路专业的学生用书，也可作为建筑、城市规划、风景园林及艺术、景观等相关专业学生的参考用书。

图书在版编目(CIP)数据

城市桥梁概念设计 / 杨士金，单婷婷编著. --上海：同济大学出版社，2023.9
ISBN 978-7-5765-0753-9

Ⅰ.①城… Ⅱ.①杨… ②单… Ⅲ.①城市桥—桥梁设计 Ⅳ.①U448.152.5

中国国家版本馆 CIP 数据核字(2023)第 171140 号

城市桥梁概念设计
杨士金 单婷婷 编著

责任编辑 马继兰　　**责任校对** 徐春莲　　**封面设计** 陈益平

出版发行	同济大学出版社　www.tongjipress.com.cn
	(地址：上海市四平路1239号　邮编：200092　电话：021-65985622)
经　　销	全国各地新华书店
制　　作	南京月叶图文制作有限公司
印　　刷	常熟市华顺印刷有限公司
开　　本	787mm×1092mm　1/16
印　　张	14.25
字　　数	356 000
版　　次	2023年9月第1版
版　　次	2023年9月第1次印刷
书　　号	ISBN 978-7-5765-0753-9
定　　价	78.00元

本书若有印装质量问题，请向本社发行部调换　　版权所有　侵权必究

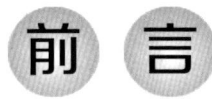

现代桥梁工程空前发展,桥梁建设不断取得突破性进展,而城市桥梁除了桥梁工程外,还以城市环境为背景,与城市相辅相成、相得益彰。因此,城市桥梁要从城市功能出发,兼顾城市景观、文化、历史进行设计,城市桥梁设计包含城市设计、建筑设计和结构设计等多方面的内容。随着城市现代化的迅速发展,城市品质不断提升,现代文明城市则对桥梁设计提出了更高的要求。在现代城市和现代桥梁的双重背景下,城市桥梁便逐步形成了相应的功能与空间,从而构成了这类桥梁特有的设计特点。

鉴于我国城市化建设快速进程,并开始向城市特色化发展,而"中国桥梁在创新理念、工程质量和美学三方面存在不足"[1]。基于城市桥梁设计的特点和各类城市桥梁的特征,作者在城市桥梁设计系列讲座的基础上,结合多年设计城市桥梁的经验,重点探索城市桥梁概念设计。现将研究成果编写成书,十分乐意与读者一起分享。

本书从历史发展的视角认识和掌握现代城市桥梁,探索城市桥梁概念设计的真谛。本书从城市桥梁发展历史开始,尝试理出城市桥梁的设计历史和设计思想的演变过程,从而得出现代城市桥梁概念设计和最基本的设计理念,并按不同类型城市桥梁的特征及其桥梁美表现的侧重面,进一步提出了各类城市桥梁导向性的设计思想。从城市桥梁、城市桥梁设计、设计思想与设计理念三个层次探索研究城市桥梁概念设计。

(1)现代城市桥梁是现代城市和现代桥梁双重发展的共同标志,既要满足现代城市的需求,又要反映现代桥梁的技术创新。进入城市层面的桥梁,将人和车辆从一处带到另一处,穿越着不同层面的空间,将城市公共空间交织在一起。桥梁要成为城市有机整体的一部分，不仅与城市是功能的连接、空间的连接，而且还是城市景观的延续。城市桥梁除了自身最基本的交通功能外，基于桥梁在城市形态中所起的作用，还显示出城市的景观属性、场所属性、文化属性、地标与象征属性。

（2）桥梁设计作品是设计师思维活动的直接反映[2]，各历史时代的建桥特征直接反映当时的主流设计思想。设计思想是设计策划中的具体思维方式，城市桥梁设计受设计思想的支配，正确的设计思想是城市桥梁设计的前提与指南。设计理念属精神上的观念，是设计思想的起源，二者不仅一脉相承，而且前者为后者奠定了思维基础。设计思想历来是在设计理念的引领下逐步形成，只有在精准的设计理念支撑下，才能形成正确的设计思想，即设计理念是设计思想的灵魂。从设计的源头开始，准确把握设计理念显得尤为重要，从而需要我们运用精准的设计理念进行城市桥梁设计。

（3）基于我国"五位一体"的新发展理念，借鉴历史上城市桥梁设计理念与设计思想的综合关系，从现代城市桥梁设计的特点出发，形成了三条最基本的城市桥梁设计理念：设计的城市理念，根植于城市环境的桥梁是构成城市景观的重要元素，桥梁总体设计更是城市设计的组成部分，善于发挥城市桥梁建筑的内涵和外延，桥梁与城市和谐共存；城市桥梁美的理念，城市桥梁的价值蕴含功能价值、社会价值和美学价值，环境美和结构美成了当代城市桥梁美的时代特征和必要条件；城市桥梁创新理念，创新是城市桥梁发展的动力，适应城市环境的桥梁结构需要创新，城市桥梁设计理念更需要创新发展，以新的理念去创造城市桥梁的价值。

（4）现代城市桥梁概念设计是城市桥梁设计历史发展的必然结果，只有通过概念设计，城市桥梁设计才能有准确的目标和可行的措施。在概念设计过程中，综合运用设计理念形成正确合理的设计思想，再通过设计思想与设计能力的有机结合，便可逐步满足设计的外在条件和内在条件。立意中，综合运用设计理念整合桥梁各类设计因素的契合点，不仅能够进行设计目标定位，而且也能使桥梁满足城市需求，同时还能形成设计创意。

设计构思中，运用设计理念实行技术与艺术相结合，梳理创意与构思的种种关系，不仅能使所设计的桥梁空间与城市空间融合在一起，而且还能构思出创新内容，从而便可深入桥梁技术创新。可以认为城市桥梁概念设计是综合运用设计理念整合各类设计因素进行创意与创新的过程，尤其是创新理念必须贯穿至整个概念设计的全过程。

本书第1章不仅阐述了城市桥梁发展概况及其设计历史演进，而且还进行了城市桥梁设计思想研究。通过古代、近代和现代城市桥梁设计历史的探索与研究，得出现代城市桥梁必须进行概念设计，并在分析设计思想主要因素的基础上，吸取成功的历史经验、赋予现代精神，明确提出现代城市桥梁设计的基本理念。第2章专题论述城市桥梁概念设计、设计理念和设计流程，并综合运用设计理念进行城市桥梁概念设计和规划城市桥梁。第3章至第5章分别提出城市河道桥梁序列化、城市陆道桥梁景观化和城市人行桥建筑与艺术的导向性设计思想。第6章概括城市桥梁概念设计的关键所在。

在编写本书的过程中，得到了恩师、同学、同事、好友的帮助和家人的支持，在此一并致谢。特别要感谢同济大学领导和出版社领导对本书出版的关心与支持。由于知识积累的时间很长，有些资料和图片实在无法一一注明出处，在此对所有文献和图片原作者表示深深的感谢！书中难免有不当与错漏之处，恳请读者不吝指正。

杨士金

2023年5月

---

[1] 项海帆,等.桥梁概念设计[M].北京:人民交通出版社,2011.

[2] 王应良,高宗余.欧美桥梁设计思想[M].北京:中国铁道出版社,2008.

目 录

前言

第1章 导论 ... 001
1.1 城市桥梁历史发展概述 ... 002
1.1.1 古代城市桥梁 ... 002
1.1.2 近代城市桥梁 ... 005
1.1.3 现代城市桥梁 ... 006
1.1.4 城市桥梁设计发展概况 ... 010
1.2 城市桥梁设计思想探索 ... 012
1.2.1 城市桥梁设计思想演进 ... 013
1.2.2 城市桥梁景观概念的发展 ... 013
1.2.3 形成城市桥梁设计思想的主要影响因素 ... 016
1.2.4 城市桥梁设计思想的重点内容 ... 020
1.2.5 现代城市桥梁的基本设计理念 ... 022
本章参考文献 ... 023

第2章 城市桥梁概念设计研究 ... 025
2.1 桥梁概念设计概述 ... 025
2.1.1 桥梁概念设计简介 ... 025
2.1.2 桥梁概念设计的特点 ... 026
2.2 进入城市层面的桥梁设计 ... 028
2.2.1 历史城市中的桥梁 ... 028
2.2.2 现代城市桥梁设计适应城市需求 ... 029
2.2.3 探索现代城市桥梁设计 ... 030
2.3 城市桥梁基本设计理念 ... 032
2.3.1 设计的城市理念 ... 032

城市桥梁概念设计

　　2.3.2　城市桥梁美的理念 ·· 036
　　2.3.3　立足于创新的理念 ·· 040
2.4　城市桥梁景观设计 ·· 044
　　2.4.1　从城市景观到桥梁景观 ·· 044
　　2.4.2　城市桥梁概念设计中的桥梁景观 ·································· 045
　　2.4.3　城市桥梁景观设计特征 ·· 046
　　2.4.4　城市桥梁景观设计与结构设计 ···································· 047
　　2.4.5　营造桥梁景观的造景手法 ·· 048
2.5　城市桥梁造型设计 ·· 051
　　2.5.1　基本桥型的形态特征 ·· 051
　　2.5.2　基本桥型如何表现桥梁景观 ······································ 054
　　2.5.3　城市桥梁造型 ·· 063
　　2.5.4　案例分析 ·· 069
2.6　城市桥梁适应性分析 ·· 072
　　2.6.1　造型适应性分析 ·· 073
　　2.6.2　结构适应性分析 ·· 074
2.7　城市桥梁概念设计流程与设计操作 ······································ 075
　　2.7.1　城市桥梁概念设计流程 ·· 075
　　2.7.2　运用设计理念进行城市桥梁概念设计 ······························ 078
　　2.7.3　城市桥梁概念设计实例分析 ······································ 081
2.8　按设计理念规划城市桥梁 ·· 085
　　2.8.1　城市桥梁规划理念 ·· 085
　　2.8.2　城市桥梁规划 ·· 087
本章参考文献 ·· 089

第3章　城市河道桥梁序列化 ·· 090

3.1　城市河道景观空间及其序列 ·· 090
　　3.1.1　城市河道景观空间 ·· 090
　　3.1.2　城市河道景观空间序列 ·· 092
3.2　城市河道桥梁特征 ·· 093
　　3.2.1　河道景观中的水体与桥梁 ·· 093
　　3.2.2　城市河道桥梁的景观作用 ·· 095

3.2.3 城市河道桥梁观光休闲的场所功能 ………………………… 097
　　　3.2.4 城市河道桥梁空间特征 ………………………………………… 098
　3.3 城市河道桥梁设计原理 …………………………………………………… 100
　　　3.3.1 "亲水"是河道桥梁独特的设计理念 …………………………… 100
　　　3.3.2 城市河道桥梁协调 ………………………………………………… 101
　　　3.3.3 城市河道桥梁的景观定位 ………………………………………… 103
　　　3.3.4 桥梁设计体现河道节点景观的主题 ……………………………… 103
　3.4 城市河道桥梁序列设计 …………………………………………………… 107
　　　3.4.1 城市河道桥梁序列追求的目标 …………………………………… 107
　　　3.4.2 河道群体桥梁序列与河道景观空间序列 ………………………… 108
　3.5 城市河道桥梁序列案例研究 ……………………………………………… 110
　　　3.5.1 巴黎塞纳河上的桥梁序列 ………………………………………… 110
　　　3.5.2 东京隅田川上的桥梁序列 ………………………………………… 115
　　　3.5.3 荷兰连桥系统桥组的形成 ………………………………………… 117
　本章参考文献 ……………………………………………………………………… 122

第4章 城市陆道桥梁景观化 …………………………………………………… 123
　4.1 城市陆道桥梁的特点 ……………………………………………………… 123
　　　4.1.1 陆道桥梁布设特点 ………………………………………………… 124
　　　4.1.2 陆道桥梁结构特点 ………………………………………………… 125
　　　4.1.3 陆道桥梁形态特征 ………………………………………………… 126
　4.2 城市陆道桥梁景观化原则 ………………………………………………… 127
　4.3 城市陆道桥梁景观化设计 ………………………………………………… 128
　　　4.3.1 陆道桥梁自身美观 ………………………………………………… 129
　　　4.3.2 陆道桥梁与城市环境协调 ………………………………………… 132
　　　4.3.3 传承地域文化 ……………………………………………………… 139
　4.4 城市立交桥造型 …………………………………………………………… 141
　　　4.4.1 城市立交桥造型的条件与特点 …………………………………… 141
　　　4.4.2 城市立交桥造型设计 ……………………………………………… 142
　本章参考文献 ……………………………………………………………………… 155

第5章 城市人行桥建筑与艺术 ………………………………………………… 157
　5.1 城市人行桥的发展 ………………………………………………………… 157

5.2 城市人行桥的空间构成 …………………………………………………… 160
　5.2.1 城市人行桥空间 …………………………………………………… 160
　5.2.2 城市人行桥与环境空间 …………………………………………… 165
　5.2.3 城市人行桥空间构成的原则 ……………………………………… 170
5.3 城市人行桥造型设计 …………………………………………………… 171
　5.3.1 平面构成 …………………………………………………………… 171
　5.3.2 立面设计 …………………………………………………………… 174
　5.3.3 空间造型 …………………………………………………………… 177
　5.3.4 特殊条件下的人行桥造型 ………………………………………… 180
5.4 城市人行桥的艺术探索 ………………………………………………… 190
　5.4.1 城市人行桥设计的艺术思考 ……………………………………… 190
　5.4.2 城市人行桥艺术构思典型实例体验 ……………………………… 193
本章参考文献 …………………………………………………………………… 203

第6章 结语 …………………………………………………………………… 204

资料来源索引 …………………………………………………………………… 207

第1章 导　论

桥梁不仅是力与美的有机结合，也是为新设计理念、新材料、新技术、新工艺提供展示平台，更是人类探索未知世界的工具和人类彼此沟通、传递文明的载体。

历史上，桥梁以石料、木材、铁和钢为建桥材料，建桥历史经历了几千年漫长的发展历程。从中国远古时代的浮桥到古代巴比伦的石墩木梁桥，从罗马时代的半圆石拱桥到中国隋代敞肩石拱桥，再到唐代多孔联拱石桥，从欧洲中世纪时代的栖居式桥梁到19世纪的桁架铁桥，从原始的绳索吊桥到近代的钢悬索桥……人类创造了众多珍贵的桥梁遗产。

"古往今来，桥是人类改造自然的历史见证，桥的发展就是人类的发展；桥是大自然对人类的回报，是美丽多姿的艺术精品，是神灵气韵的建筑形式；它还是与人们息息相关的人文景观，是人类通往现代文明和未来繁荣的过渡带，桥的历史就是人类的历史！"[1] 王小兰女士的这段话，足以从一个侧面反映桥梁的历史。

城市桥梁是指城区范围内，以城市环境为背景，与城市相得益彰的桥梁。在桥梁发展史上有着许多著名的城市桥梁，这些城市桥梁或雄浑或柔美，或技艺精湛、巧夺天工，或古朴自然、历史悠久。在历史城市桥梁背后，凝聚着当时人类对未知世界的探索和精巧的设计思想。通过解读著名的历史城市桥梁，可让我们进一步读懂城市桥梁的发展历史。

正如马克思所说，"人们不能随心所欲地创造历史"，他们只能"在直接碰到的、既定的、从过去继承下来的条件下"进行创造。只有完全熟知一门艺术或者科学的历史，才算真正意义上的掌握它（泰瑞，2008）。只有熟悉城市桥梁发展历史，才能深入了解和掌握现代城市桥梁。即将历史上的城市桥梁与现代城市桥梁联系在一起，贯通古今、"古为今用""洋为中用"，以历史发展的视角系统认识和掌握现代城市桥梁。通过对城市桥梁及其设计的历史分析，梳理城市桥梁设计思想与理念，在分析研究设计历史的基础上进行创新，去探索现代城市桥梁概念设计的真谛。

城市桥梁发展历史的两个时间节点：1760 年英国工业革命开始，1945 年第二次世界大战结束，可将城市桥梁发展历史分为古代、近代和现代三个时代。

1.1　城市桥梁历史发展概述

1.1.1　古代城市桥梁

古代城市是一个国家经济繁荣、人口集中、交通相对发达的地域。经济繁荣的城市能够提供充足的建桥资金和建桥技术，桥梁通达之后又促进了城市经济进一步发展，从而使城市经济得到良性循环。在中外古代桥梁中，城市桥梁占有很重要的一席，而且古代著名桥梁中多半是城市桥梁，甚至在有些城市桥梁上还开过集市。这一点从侧面显示了古代城市把桥梁作为一个特殊的平台，展示城市繁荣的特征。

以下仅以中国古代和西方中世纪、文艺复兴三个部分简述古代城市桥梁及其特征，并对中外古代城市桥梁进行比较。

1. 中外古代城市桥梁简述

中国古代城市桥梁采用天然石料、木材和铁建造，桥梁仅服务于行人及牛车、马车。中国古代城市桥梁以薄墩、薄拱的石拱桥著称；石梁桥以石墩石梁为特色，并以融入当地文化而闻名。受地势所限或因造型需要，还形成特殊结构的城市桥梁，如太原晋祠中的十字桥、绍兴八字桥、杭州西湖的九曲桥、福建鼓浪屿的四十四桥等。中国古代著名桥梁中多半是城市桥梁[2]，我国古代十大名桥［卢沟桥、广济桥（图 1-1）、五亭桥、赵州桥、安平桥、程阳风雨桥、铁索桥、五音桥、玉带桥和十字桥］中，有六座是城市桥梁，为中国古代城市留下了宝贵的桥梁遗产。

中世纪城市桥梁很狭窄，普遍是建造厚墩、尖拱券的石拱桥。桥梁使用功能和建筑形式与战争和宗教紧密结合，除了交通性城市桥梁外，既有为战争所用的军事桥，也有举行宗教活动的祈祷用桥，还有二者功能兼备的城市桥梁。古代欧

图 1-1　潮州广济桥（1169—1194 年）

洲城市桥梁流行设置桥上建筑，有房屋和商店，还建有小礼拜堂和小教堂。各类桥梁虽然功能性质不同，但建筑风格普遍为高耸而带尖的哥特式，栖居式桥梁[3]极为普遍。例如，1345 年建造的意大利佛罗伦萨维科桥（意为"老桥"，图 1-2），在桥的两侧建有房屋和商店，以城市街道的形式横穿亚诺河。

图 1-2　意大利维科桥（1345 年）

受文艺复兴思想影响，西方城市桥梁建设反对哥特式，提倡复兴古罗马时代的风格，桥梁形式多为圆形拱或扁拱，出现了多圆弧拱、弓形拱、抛物线拱、椭圆拱和扁拱等多种拱轴线型的石拱桥；倾向采用薄桥墩，墩厚一般为 1/4 净跨或 1/5 墩中心距。自从帕拉第奥发明了桁架，意大利城市中就出现了不少小型桁架式桥梁，随后欧洲各国也陆续发展桁架式桥梁。反映在城市桥梁建造上的造诣，就是摆脱中世纪工程质量低劣的落后面貌，城市桥梁建造达到精美的水准，既有较高的艺术造型，又有较多附属的建筑装饰，相应的石料加工技术也趋向精细。这个时期思想解放、百家争鸣、新精神上升、大师辈出，西方著名古桥大都建于这个古文明昌盛时期。

2. 中外古代城市桥梁比较

在概述古代城市桥梁的基础上，为了更加直接地认识中外古代城市桥梁的相互关系，下面尝试理出古代著名城市桥梁对照表（表1-1），以古代中外著名城市桥梁为标志，对其在不同时代、中西方及其所在历史大背景下进行比较，以利进一步探索城市桥梁设计思想。

表1-1　　　　　　　　　　古代著名城市桥梁对照表

时代		时代特征	著名城市桥梁			备注
中国	西方		中国	西方	其他	
封建社会	476年	欧洲黑暗时期	—	—	—	西方黑暗时代很少建桥，即使有桥梁，质量也很低劣。中国正处于隋唐宋元明各朝，创建了很多著名城市桥梁，特别以南宋在福建建造石桥最为突出。《马可·波罗游记》（1299年）问世，向西方介绍中国桥梁
北朝 南朝 / 隋 618年 / 唐 907年 / 五代十国 / 宋 1279年 / 元 1368年	封建社会	中世纪时代 1453年	张择端《清明上河图》有开封虹桥（1030—1040年）泉州洛阳桥（1053—1059年）泉州安平桥（1152年）潮州广济桥（1169—1194年）苏州灭渡桥（1300年）福州万寿桥（1302—1323年）	法国阿维尼翁桥（1176—1189年）英国旧伦敦桥（1176—1209年）意大利维科石拱桥（1345年）维罗纳石拱桥（1354年）捷克卡尔斯桥（1358—1507年）		
明 1644年	1640年	文艺复兴	桂林花桥（1504年）江西文昌桥（1522—1566年）贵阳市浮玉桥（1573—1619年）	意大利三一桥（1569年）叹息桥（1597年）利雅托桥（1587—1591年）法国新桥（1595—1602年）	伊朗伊斯法罕卡珠桥（1587—1628年）日本眼镜桥（1634年）日本锦带桥（1673年）	意大利出版建筑四书（1520年）
清	资本主义社会	—	北京玉带桥，十七孔桥（1736—1795年）北京笮桥，扬州五亭桥（1736—1795年）	—		

注：本表不含公元11世纪以前的著名城市桥梁，且主要是从《世界桥梁发展史》[4]中选取和补充而来。

1.1.2 近代城市桥梁

随着工业革命开展,开始实现工业化大生产,同时新型建筑材料不断问世,新材料和新结构的桥梁相继出现。由于近代城市建设的发展,需要大量兴建城市桥梁,广泛采用新型桥梁结构,传统的建桥方法和工艺也不断地被改进,从而城市桥梁获得了新的发展,由此也形成了近代城市桥梁的特征。

1. 近代城市桥梁技术发展

(1) 石拱桥方面,认识到拱圈压力线的连续作用,石拱桥建造出现了前所未有的坦拱,并建成矢跨比较小的多孔连续拱桥。

(2) 铸铁、锻铁和钢拱桥开始有了设计理论和专业施工技术。

(3) 形成系统的锻铁箱管梁、钢桁梁桥设计理论、制造和施工技术。

(4) 在悬索桥方面,有用锻铁眼杆或钢眼杆做主缆的悬索桥,也有用熟铁丝和钢丝做主缆的悬索桥,城市桥梁开始出现自锚式悬索桥。

(5) 在混凝土桥梁上,不仅出现了混凝土拱桥,也实现了钢筋混凝土桥梁悬臂浇筑法。如1911年意大利在罗马建成的复兴桥是钢筋混凝土无铰拱桥,是钢筋混凝土城市桥梁首次达到100 m跨度。

2. 近代城市桥梁基本特征

(1) 采用新材料建造城市桥梁,相应出现桥梁新结构和新的施工技术。城市桥梁新增了多种结构类型,如铁拱桥、锻铁桁架、桁架钢拱桥、眼杆悬索桥、钢桥、钢筋混凝土桥等。近代城市桥梁的主流是钢桥,并逐步向增大跨度方向发展。

(2) 主桥与引桥之间设立桥头堡,构成近代桥梁造型的特征之一,它既是大桥结构受力的需要,也是主桥与引桥"视觉变换节点"的造型需求。

(3) 在工业化大生产中,桥梁被当作一种可批量生产的"工业产品"来满足交通的需求,因此城市桥梁在建筑上普遍缺少人文情怀和文化气息。

近代桥梁的建设成就,促进桥梁学科理论的不断发展和深入提高。与此相应学科之间相互独立,分工越来越细,专业化成了20世纪的一种趋势。专业化促进社会各专业分离,城市桥梁在设计建造过程中,结构与建筑开始脱离,桥梁设计与施工逐步独立,桥梁设计也就变成桥梁结构工程师的一统天下,城市桥梁设计便成了单纯的桥梁结构设计。

1.1.3 现代城市桥梁

欧美各国于 20 世纪 50 年代陆续开始实施高速公路建设和城市化的计划,出现了许多作为现代桥梁工程标志的创新技术。其中,预应力技术及有关的施工方法,斜拉桥的复兴,以及流线型扁平钢箱梁悬索桥的问世,是现代桥梁工程三项最重要的标志性成就[5]。在《现代桥梁工程六十年》论文中,项海帆院士介绍了现代创新的桥梁、新材料及连接技术、创新结构构造及附属设备、创新工法及装备、创新理论及分析方法五个方面,约 60 项创新技术展示现代桥梁的创新成果。桥梁工程是城市桥梁的技术保障,桥梁技术支撑着城市桥梁发展,现代桥梁技术的快速发展也促进了现代城市桥梁不断发展。与此同时,随着城市现代化的进展,现代城市的品质逐步提升,城市也对桥梁提出了相应的高要求,从而逐渐形成城市桥梁设计的新概念,现代城市桥梁设计观念也得到了迅速发展。现代城市桥梁在现代桥梁和现代城市的大背景下获得了综合发展,并成了双重发展的标志,从而也逐步形成现代城市桥梁自身的特点。

1. 现代城市桥梁技术的发展

(1) 在混凝土桥梁方面,主要是预应力混凝土桥的发展,及其悬臂浇筑和悬臂拼装方法,并实行大跨度预应力混凝土连续梁和连续刚构体系。其中,现代城市混凝土桥梁具有优美的曲线形态和柔和的截面造型(图 1-3),有其独特之处。

(2) 随着钢箱梁和计算机的发展,斜拉桥从稀索体系发展为密索体系,由双索面可以成为单索面。随后,混凝土斜拉桥也向着密索和主梁柔薄方面发展,出现了矮塔(部分)斜拉桥等多种形式。斜拉桥的复兴往往从城市斜拉桥开始,同时由于斜拉桥的索塔形状可以与索型密切配合形成富有特色的造型,还可将城市景观和城市文化融入斜拉桥造型,从而城市斜拉桥设计也赋予了新的内容。

(3) 在欧美大跨度悬索桥发展的同时,城市悬索桥也得到相应的发展,并且不断出现了预应力混凝土悬带桥、组合梁悬索桥和自锚式悬索桥等。

(4) 随着钢桁梁和钢拱桥及钢箱梁桥、组合结构桥梁发展,城市桥梁就会相应出现各种类型的桥梁结构,其中组合结构的桥梁已经遍及梁桥、斜拉桥、悬索桥和拱桥四种基本类型。

(5) 中国现代城市桥梁的发展。新中国诞生后,先学习苏联建造城市跨河大桥,再自力建设黄河、长江上的城市大桥。改革开放是我国城市桥梁技术崛起的时代机遇,20 世纪 80 年代中国城市桥梁迅速发展,许多城市还开始兴建斜拉桥

图 1-3 法国奥利机场跨线桥（1958年）

与悬索桥，以及城市高架桥。其中，上海南浦大桥建成是一个有里程碑意义的突破，促进 90 年代和 21 世纪我国自主建造大跨度城市桥梁。21 世纪初，中国建成了各种跨径规模、各式桥型的城市桥梁，具有大跨度、新结构、新技术的特点，标志着城市桥梁技术的快速发展与成熟。其中，所建成的斜拉桥和钢拱桥还明显具备超大跨度的特征。如南京长江二桥为 628 m 主跨的双塔双索面钢箱梁斜拉桥，南京长江三桥为 648 m 主跨的双塔双索面钢塔钢箱梁斜拉桥，重庆朝天门大桥为三跨连续（190 m + 552 m + 190 m）中承式钢桁系杆拱桥双层设计，上海卢浦大桥为 550 m 主跨的中承式拱梁组合体系全焊钢拱桥等。随后，我国又相继建成了不少有一定特色的、成功的城市桥梁，涌现出一部分总体水平高、在现代城市建设中具有较大影响的城市桥梁作品。如天津海河大沽桥为主跨 106 m 大小钢箱拱肋外倾的拱梁组合桥梁，沈阳动漫桥为六跨（35 m + 84 m + 120 m + 88 m + 68 m + 35 m）中承式内倾连续钢拱桥，宁波明州大桥为主跨 450 m 中承式拱梁组合体系的双肢钢箱系杆拱桥，杭州九堡大桥（主航道桥）为 3×210 m 组合梁钢拱组合体系拱桥，太原北中环桥为五跨对称五拱非对称斜跨拱塔斜拉桥，太原祥云桥为主跨 155 m 异型独塔钢混组合梁斜拉桥，宁波甬江庆丰桥为主跨 280 m 的钢混组合梁双塔双索面自锚式悬索桥，武汉江汉六桥为主跨 252 m 的钢桁架门式塔自锚式悬索桥，长沙梅溪湖中国结桥为3条步行道、5个节点相互交织而又蜿蜒盘旋的跨河人行桥，广州珠江海心桥为主跨198 m斜拱曲梁组合结构人行桥等。当今我国城市桥梁建设，在建桥数量、类型和桥梁技术上都在赶超世界先进水平，城市桥梁正在为中国桥梁大国走向世界桥梁强国而不懈努力。

2. 现代城市桥梁设计观念的发展

20世纪80年代以后，城市现代化促进桥梁逐步成为城市景观和城市文化的组成部分，日益受到人们的关注。在城市桥梁发展过程中，存在着一种明显的趋向，以西班牙圣地亚哥·卡拉特拉瓦、法国Marc Mimum和美国贝聿铭等及其相关公司的作品为范本，将许多城市桥梁（特别是人行桥）当作艺术品进行设计。同时也出现了一些非常怪异的桥梁，这类桥梁的结构形式大致有：特殊斜拉桥（塔形变化、布索变化、索塔布置在一侧的曲线斜拉桥和斜拉拱桥等）、异型拱桥、特殊型悬索桥和各类仿生的桥梁等。现代城市桥梁是多学科知识的综合体，是高科技成果的结晶。

随着我国城市化建设的快速发展，城市对桥梁设计的要求逐步提高，提出"移步换景""一桥一景"的景观要求，相继出现了有城市特色的景观桥梁，不少重要桥梁还成了城市地标性建筑。如"日月生辉"的天津海河大沽桥（图1-4），充分表现了桥梁的结构美，体现出人的本质力量和创造能力，代表着现代城市桥梁的一种趋向。通过外国公司的参与和合作，甚至在国内外公开招标中，广州、重庆、天津等一些城市桥梁由国外著名公司中标担任设计，这表明发达国家的先进技术和成功经验，对于中国现代城市桥梁的发展是十分有帮助的。

3. 现代城市桥梁的特征

现代城市桥梁具有现代城市和现代桥梁的双重特征，既要满足城市美观和城市活力的需求，又要反映桥梁的技术创新。城市桥梁除了自身最基本的交通功能外，根据桥梁在城市形态发展中所起的作用还显示出其他方面的特征：城市的景观属性、城市开放空间与公共场所、城市文化的载体和城市象征等。

1）景观属性

"城市景观有着自然环境、社会环境和人工构筑物三大类构成要素。"[6] "桥之结构是功力，桥之形态是风景"，城市桥梁景观是现代城市景观的延续。桥梁是构成城市景观的一种特殊的人工构筑物，常以如下方式表现其景观属性：以自身强烈的水平延伸感与周围环境巧妙结合，创造出多维的景观效果，既可与优美环境共同形成景点，又可与著名建筑一起组景构成景观；桥梁也可与历史文化建

图 1-4 天津市大沽桥（2005 年）

筑、公共建筑、社会风情建筑等组成城市独特的人文景观；桥梁还往往是城市天际线的构成要素等。

2）场所属性

城市桥梁是一种供人驻足、逗留的场所，是市民喜欢的去处。水上桥梁更是觅得一处以天为顶、以河为底的三维空间，具有区别于其他公共场所的独特优势。积极发挥城市桥梁互动价值的参与性，在城市桥梁中融合景观、文化、旅游、休闲等多种复合型功能，从而创造出新型的城市场所空间。城市人行桥和桥梁人行道除了满足通行功能和美观外，更应注重发挥桥梁的场所属性。

3）文化属性

桥梁也是城市文化的载体，自然承载着城市的文化与历史。城市桥梁注入现代城市的内涵，保护和弘扬传统优秀文化，延续城市历史文脉。桥名、桥栏杆、桥身装饰等都表征着当地文化。对于桥梁工程本身而言，每座城市桥梁都是当地生产力水平的反映，是当时建桥技术、掌握建桥材料性能和力学分析能力的综合体现，蕴含着当地建桥的技术文化。

4）地标与象征属性

城市地标的主要作用是指示和表征，地标建筑具有鲜明的视觉与象征的双重作用。桥梁从外形上比其他建筑更易识别，在所处环境中具有唯一性，往往成为城市景观的地标，更是市民心目中天然的地理标志。

"桥梁可谓人类最有象征意义的建筑。它以独特的方式将美学融入结构之中，是和谐统一与乐观精神的有形体现。"[3] 桥梁的象征属性是它交通功能的抽象化、符号化，同时桥梁作为连接、沟通的象征还延伸到其他相关方面。莫斯塔尔桥（Mostar Bridge）是波黑的一个著名地标，它不仅是两个城区连接的象征，而且还是基督教与穆斯林、东方与西方连接的象征。

1.1.4 城市桥梁设计发展概况

为了便于阐明城市桥梁设计历史的发展概况，探索梳理出建桥材料、建桥技术、建桥侧重面、桥梁特征、设计原则、设计内容与主题、社会主流思想对设计影响、引领设计的思想等八个方面内容，从历史演进的角度分析比较各时代的城市桥梁设计，以明确现代城市桥梁概念设计的重点所在。为此，尝试着拟出如下概况表（表1-2）。

表1-2　　　　　　　　　城市桥梁设计发展概况表

分项	古代		近代	现代（1945—2022年）
	中国	西方		
建桥材料	天然石料、木材		铸（熟）铁、钢、钢筋混凝土	预应力混凝土、高强度钢材、碳纤维等
建桥技术	凭经验造桥，工具简陋，技术落后，不会修建深水基础，施工周期长		从结构分析上讲，有强度、刚度和稳定三个基本原则，开始理性的桥梁结构设计。广泛采用新材料和新结构，传统的建桥方法和工艺不断被改进	现代创新的桥梁、新材料及连接技术、创新结构构造及附属设备、创新工法及装备、创新理论及分析方法等五方面，约60项创新技术
建桥侧重面	既分工又合作，建桥过程实行一体化操作		采用新材料建造城市桥梁，相应创造了桥梁新结构和新工法。城市桥梁的主流是钢桥，趋向单纯的结构设计与满足城市的交通功能	随着现代城市的发展，城市桥梁再也不是单纯的结构设计，更重要的是设计的创造能力，需要多学科思想融合进行城市桥梁创新设计

(续表)

分项	古代		近代	现代（1945—2022年）
	中国	西方		
桥梁特征	桥梁结构形式众多，以薄墩薄拱的石拱桥著称，以石墩石梁为特色融进地方文化的石梁桥而闻名。桥梁成就辉煌、技术精巧、细节合理，是实践经验的结晶。古桥文化是灿烂华夏文化的重要组成部分。城市园林桥梁建筑艺术在中西方古代桥梁中占有极其重要的一席	中世纪建桥，以街道的形式穿越河道，栖居式桥梁极为普遍。流行桥身采用尖拱券、尖端厚墩的石拱桥，桥上建筑毗邻，既有哥特式建筑与装饰，又有小尖塔的小礼拜堂和小教堂。文艺复兴时期，不仅出现多种形式拱轴线的石拱桥，还诞生了桁架式桥梁。排斥在桥上采用哥特式建筑与装饰，摆脱中世纪工程质量低劣的面貌，桥梁实行技术与艺术相结合，既有较高的艺术造型，又有较多附属建筑装饰，并逐步向坦拱薄墩方向发展	以桥梁学科理论和技术进步形成城市桥梁特征：①由新材料建桥而出现新结构和新的施工技术，如钢桁架、钢拱等；②开始进入科技造桥时代，结构设计不断趋向受力合理，城市桥梁新增了多种结构体系，并向增大跨度方向发展；③城市桥梁曾被当作一种可批量生产的"工业产品"，仅满足交通功能，普遍缺少人文情怀和文化气息	出现了许多作为现代桥梁工程标志的创新技术，桥梁的新技术丰富了现代城市桥梁，赋予许多新的内容。同时，现代城市理念不断促进形成现代城市桥梁的特征：桥梁除了具有最基本的城市交通功能外，还明确成了城市景观的构成要素、城市开放空间与公共场所、城市文化的载体和城市象征等
设计原则	因地制宜、就地取材，实行功能、技术与艺术、文化相结合	古罗马《建筑十书》提出"坚固、实用、美观"建筑三原则；《建筑四书》提出桥梁"实用、美观、耐久"的设计原则	"方便、美观和寿命"的设计原则，还有一定的规范，开始有了经济性的概念	国外早期的3E原则（功效、经济和美观）；我国现行"安全、适用、经济、美观"八字方针；21世纪国标桥梁的"安全、适用、经济、美观、耐久、环保"六项基本原则
设计内容与主题	内容紧扣主题，桥梁的形态和建筑内容充分表现设计理念。例如，中世纪哥特式建筑的形式和内容与"向上升华、天国神秘"的幻觉主题高度一致和统一		主题淡化，逐步转向以交通功能为主要内容	不仅设计主题明确，而且要求设计内容充分表现主题，并体现创新的理念
社会主流思想对设计的影响	长期的奴隶社会和封建社会，宗教思想和观念直接控制桥梁建设，决定了当时城市桥梁建筑的内容与风格		工业化大生产追求高效率，不容忍"不经济"的操作，开始出现单纯的结构观念。19世纪前桥梁建筑注重艺术部分，19世纪初期之后，科学逐渐取代艺术的地位	随着全球化的深入，现代化的理念不断融进城市桥梁设计，城市桥梁日趋同质。为此，运用特色化理念进行设计目标策划和增强活力的设计，以提升现代城市桥梁的个性特色

(续表)

分项	古代		近代	现代（1945—2022年）
	中国	西方		
引领设计的思想	科学家、艺术家帮助造桥人,实行桥梁技术与艺术相结合,建桥逐步向实用、人性化发展,桥梁结构不断趋向理性		1900年,哈佛大学开设"景观设计"课程,将桥梁作为景观的一种人工元素,为逐步形成新的桥梁美学观念和桥梁景观概念奠定基础	2006年,柏林工业大学M. Schlaich教授提出"概念和结构设计",不仅要求结构设计的基本功,更需要概念设计的创造能力[5]。2007年,同济大学对桥梁硕士生开设"桥梁概念设计"课程,注重创新理念和能力的培养。2011年,《桥梁概念设计》正式出版

通过城市桥梁设计发展概况分析比较,可以了解到城市桥梁设计的特点与时代特征有关,需要适应桥梁和城市双重发展的需求。古代城市桥梁设计实行技术与艺术相结合,桥梁设计符合城市的需求,城市桥梁体现城市和桥梁的共同发展。近代城市桥梁注重新材料建桥,新增多种结构类型,专业化突出,设计形成单纯的结构观念,普遍缺少人文气息。现代城市桥梁是现代桥梁与现代城市双重发展的标志物,不仅赋予了许多桥梁新技术,还融进了现代城市的多种功能和含义,为此,更需要城市桥梁设计的创新能力。现代城市桥梁概念设计是城市桥梁设计历史发展的必然结果,只有通过概念设计,现代城市桥梁设计才能有准确的目标和可行的措施,并且概念设计还要成为城市桥梁设计的核心。

1.2 城市桥梁设计思想探索

城市桥梁设计作品是设计师思维活动的直接反映,城市桥梁发展与其指导的设计思想密切相关。我们平时看到的只是城市桥梁的本身或它的特点,而更重要的是形成它们背后的设计思想,以及这些设计思想的演变过程。在了解城市桥梁发展历史及其设计发展概况的基础上,为了贯通古今、古为今用、洋为中用,本节先探索城市桥梁设计思想的演变过程以及伴随发展的桥梁景观概念,再尝试分析现代城市桥梁设计思想的主要影响因素和重点内容,从而进一步把握城市桥梁概念设计的思想。

1.2.1 城市桥梁设计思想演进

伴随着城市桥梁发展历史和设计观念的演变,城市桥梁设计思想也在相应地不断演进。"一个懂得尊重思想的民族,才会诞生伟大的思想。一个拥有伟大思想的国家,才能拥有不断前行的力量。"[7] 各历史时代的城市桥梁特征,决定于当时主导的设计思想。为了寻求现代城市桥梁主导的设计思想,在上一节城市桥梁设计发展概况的基础上,再进一步探索理出各历史时代城市桥梁设计理念与设计思想的演进过程(表1-3)。

通过表1-3分析可知,城市桥梁设计思想和设计理念直接影响着时代的建桥特征;设计思想不仅随着桥梁和城市共同发展而发展,而且还受到当时社会主流思想的影响,且与设计理念有着相应关系。在此基础上,也明确了现代城市桥梁概念设计的基本思想:概念设计的目标是让桥梁与城市融合在一起,既要有结构设计的基本功和设计的创造能力,又要让桥梁成为城市空间有机整体的组成部分,并通过概念设计把握设计的目标及其保障措施。在设计思想演进分析的基础上,还需要进一步把握现代城市桥梁设计思想,深入探索城市桥梁概念设计的真谛。

1.2.2 城市桥梁景观概念的发展

在城市桥梁设计思想历史演进中,设计理念和审美观念的逐步进展,不断地伴随着城市桥梁景观概念的发展。与此同时,人们对城市桥梁造型美的探索,对城市桥梁与环境协调美的追求,以及人们关于城市桥梁景观的理念,可追溯到城市桥梁景观概念的演进。

中国古代有三条审美观念:"天人合一,道法自然",强调人与自然和谐统一,从整个自然的大系统出发进行审美;"礼乐相和,美善一体"成了当时审美文化的基本特征;"诗情画意,中庸之道"形成了形式严谨而题材多样的民族特色。古代城市桥梁从布局到具体形象及装饰都是功能与艺术的密切结合,并且所形成的桥梁文化浓郁而深刻。"建筑群中的桥梁是有机整体的一部分,桥的含义和作用均融合在整体之中,其结构装饰则退居第二位。"[2] 城市中的桥梁配合园林或当地胜景,起点缀、陪衬、强调作用,趣意盎然,相得益彰[4]。中国古代城市桥梁从属于城市的整体布局,结构与建筑及装饰浑然一体,以功能、结构、技术与艺术相结合而形成城市桥梁景观。中国古代的园林桥梁更是造型优雅美观,

表1-3 城市桥梁设计思想历史演进表

时代	中国 设计理念	中国 城市桥梁设计思想	西方 设计理念	西方 城市桥梁设计思想	建桥特征
古代	基于封建社会主流思想形成的传统设计观念，体现礼制，品质分明，给人庄严、肃静感，使得城市以法天思想布局河道和道路，桥梁布置在中轴线上。城市建筑群中的桥梁，人为地设水架桥，一与建筑配合，有机整合，从而为城市建筑形成具有民族特色的体制	以封建理念为基础的城市桥梁设计主导思想，城市桥梁从布局思想到具象及装饰、艺术的密切结合。建筑群中的桥梁是有机整体的一部分，桥梁布置在整体含义又均融合在城市起点中，桥梁配合城市建筑，陪衬或强调作用。园林桥梁造型优雅，是园林景观的重要组成部分，也为游人提供极佳的观景场所	中世纪以哥特式的设计理念，极度运用宗教的感觉表现主题，造成一种向上升华、天国神秘的幻觉，体现基督教观念和中世纪城市发展的物质文化面貌	教会和牧师直接领导造桥，宗教观念束缚了城市桥梁设计思想，不仅按哥特式理念设计城市桥梁，而目桥被建成后又直接服务于基督教活动	少数民族入侵中原的混乱时期，中国大都由地方和僧徒参加造桥。西方教会牧师参加，后期出现由地方和教会领导建桥。西方艺术家来帮助造桥人
古代			在人文为中心，实行技术结合，更多地注重桥梁的考虑，桥梁成为城市景观与生活环境的一部分	以艺复兴思想为基础，摆脱宗教的思想束缚。设计思想解放，提出"实用、经济、美观"的设计原则。设计城市桥梁实行技术与艺术密切结合，既有较高的艺术造型，又有许多附属的建筑装饰	
			文艺复兴		
近代	理性主义是西方文艺复兴之后的最大遗产，也是"现代性"[8]。"科学主义"的核心[8]。随着桥梁技术的进步，形成了理性、科学的桥梁设计理念。伴随着桥梁专业化发展的同时，城市桥梁设计也出现了单一的工程技术理念	随着桥梁科学理论和桥梁技术的深入发展，开始有了桥梁结构分析理论，确定了强度、刚度和稳定的三个基本原则。与此同时，在单一工程技术理念的支配下，单纯的结构设计成了城市桥梁的主导设计思想。随后，由工业化带来对城市环境的不利影响，城市导的新景观设计思想也开始萌芽			工业革命带来工业化大生产，以理性、科学和专业化为主导事业
现代	结构造型美是城市桥梁最基本的美，以"自然、简洁、原创和协调"为桥梁美的准则。概念设计是城市桥梁设计的核心，"以新的理念去创造价值，创新桥梁的个性和特色"。这个值得注意的思想贯穿整个设计的全过程	随着现代城市化的深入发展，在全面实行"六项基本原则"的条件下，城市桥梁不仅要结构美，还要设计能力，更需要多学科思想融合进行创新的概念理念的去创造价值。同时，现代信息社会促使城市桥梁趋向共性，从而通过城市桥梁概念设计才能得到解决			城市化促进城市桥梁发展，建桥注重创新，美观，耐久和环保，桥梁与城市和谐发展

而且是园林景观的重要组成部分,也为游人提供极佳的观景场所。

西方中世纪政教合一的哥特式建筑,将技术、艺术和文化结合得淋漓尽致。城市桥梁上建有与两岸中心街道两侧建筑相同样式的房屋与商店,并且建筑面向街道,保持与街道连贯一致,以城市街道的形式跨越河道,城市桥梁成了名副其实的"市桥"。桥与环境以完全相同的形式和风格形成城市桥梁景观。而文艺复兴人文主义让艺术源于人的生活,并服务于生活的主人,所建的城市桥梁达到精美的水准,桥梁已开始成为城市环境和生活环境的一部分。流行用古典建筑形式和风格装饰桥梁,以建筑装饰艺术和雕塑艺术吸引人的视觉,从而形成城市桥梁景观。

近代城市桥梁偏重于满足交通的需求,桥梁以本身的结构迎合城市环境。随着工业化带来城市环境的日益恶化,人类开始关心自身的生存环境,逐步树立起以保护自然为主导的新景观概念,同时桥梁的新景观思想也开始萌芽。1863年,美国出现以奥姆斯特德(Olmsted)为代表的景观设计师和景观设计学。1900年,哈佛大学开设景观规划设计课程[5],随后逐步形成建筑—景观规划—城市规划三足鼎立的格局。桥梁作为景观的一种人工元素,从视觉美观效果出发,景观设计思想逐步受到人们的重视,也为形成新的桥梁美学观念奠定基础。

最早的几部桥梁美学著作是德国卡尔·舍希特勒和弗里茨·莱昂哈特于1936年出版的《桥梁造型》,日本加藤成平于1936年出版的《桥梁美学》和鹰部屋福平于1942年出版的《桥的美学》。直至20世纪70年代,桥梁景观才被列为独立的项目出现在现代化桥梁规划中。1988年,日本率先成立了"本四联络桥景观委员会",专门负责联络桥景观设计方案的审查和研究,并提出了"追求世界一流景观"的目标。随着大量现代桥梁兴建,20世纪八九十年代又有大量桥梁美学专著问世。最具代表性的著作有弗里茨·莱昂哈特于1984年出版的《桥梁建筑艺术与造型》,日本山本宏于1980年出版的《桥梁美学》,以及松村博于1988年出版的《桥梁景观的演进》。

20世纪八九十年代是中国现代桥梁美学的形成、发展期,国内先后出版了不同版本的桥梁美学和桥梁景观专著,同时把桥梁美学纳入工科院校的桥梁工程专业选修课。出于桥梁景观属于应用科学,涉及桥位周围环境的景观问题,不同于属于理论科学的桥梁美学。因此,随着桥梁景观问题的突出和审美观念的提高,桥梁景观便从桥梁美学中分离出来,成为一门独立的新学科[9]。

城市景观是由街道、广场、建筑物(含桥梁建筑)、绿化等形成的外观及氛围。要形成有特色的城市景观，必须对各种景观要素进行系统组织，并结合风水使其形成完整和谐的景观体系和有序的空间形态。多样丰富、优美的城市空间和景观环境，让人们生活在其中感到舒适、愉快、得益健康，并有着丰富的物质生活和精神生活内涵[10]。城市历来是人口密集的区域，是人们聚集活动的中心，而桥梁既是城市交通的纽带，又是城市重要的组成部分，人们对城市桥梁的需求历来很高。随着现代城市化的不断进展，城市对桥梁的要求更是逐步提升，城市桥梁不仅要有完备的使用功能，还要具备景观属性和城市多样化的公用空间。城市桥梁是构成城市景观的重点要素，并有桥梁以外的环境空间相辅，二者融合在一起，才能形成城市桥梁景观。城市桥梁景观概念随着审美观念发展而发展，现代审美观念是人、建筑与环境协调统一，人与自然和谐共生。现代城市桥梁景观既是城市景观的延续，又是城市景观有机整体的组成部分。因此，城市桥梁景观需要与当代城市景观的价值取向相符，并沿着与城市景观的关系发展。城市桥梁景观是当代城市景观发展的一种需求，也是现代城市桥梁发展的新趋向。城市桥梁景观建设是桥梁设计师不可推卸的责任，城市桥梁景观设计任重而道远。

1.2.3 形成城市桥梁设计思想的主要影响因素

桥梁工程技术是城市桥梁发展的保障，这方面已充分体现在现代城市桥梁技术发展上，桥梁工程学科思想支撑着城市桥梁设计思想的形成。除此之外，形成城市桥梁设计思想的还存在着以下三方面主要因素：社会主流思想影响、城市因素和借鉴历史成功经验。

1. 社会主流思想的影响

"城市桥梁是社会政治、经济和文化的符号，具有鲜明的社会属性"[7]。社会现实随时随地都会有可能改变设计师的观点和态度，深刻影响着城市桥梁的设计思想。其中，社会主流思想对设计思想的影响最为显著。

在漫长的封建社会里，宗教思想和观念长期控制桥梁建设，城市桥梁的建筑内容与形式高度统一，桥梁的布局和设计内容直接受封建宗教思想影响。中国古代城市法天思想控制着河道和桥梁的布局，古代城市建筑群是一个有机的整体，具有中华民族古代的体制特征，体现中国建筑布局的特点——中轴对称，而古代城市桥梁通常布置在不同的轴线上。城市建筑群中，人为地设水架桥，这些桥梁"在建筑群的总体布置中作为一个有机的组成部分，服从社会生活中一定时代的政治礼制或宗教思想，使人产生庄严肃穆或清虚幽静的感受"。[2] 西方中世纪城市桥梁受宗教思想的严重影响,教会和牧师既直接领导造桥,桥建成后又直接为基督教活动服务;流行设置哥特式的桥上建筑,栖居式桥梁极为普遍,桥的作用和含义完全与城市融合。文艺复兴时期人文主义影响城市桥梁设计思想,提倡以人为中心,实行桥梁技术与艺术相结合,不仅为城市桥梁增添艺术性,还更多地注重人性的考虑。

工业革命带来工业化大生产,追求高效率,以理性、科学和专业化发展桥梁事业。随着桥梁学科理论水平的提高和桥梁技术的进步,开始有了桥梁结构分析理论。伴随着桥梁专业化发展的同时,单纯的结构设计成了城市桥梁主导的设计思想。随后,由于工业化带来对城市环境的负面影响,城市桥梁新景观思想也开始萌芽。

随着"全球化"的深入,现代化的理念不断地融进城市桥梁设计,城市桥梁出现了许多作为现代桥梁工程标志的创新技术。与此同时,由于信息社会促使现代城市日趋同质,全球化与地方性成了一对明显的矛盾体。所以,现代城市必须实行特色化建设,城市桥梁建设又受到城市特色化主流思想的影响,桥梁也要成为城市特色化的参与者。城市桥梁设计偏重于城市环境的考虑,更需要运用城市桥梁特色化的理念,通过桥梁设计的目标策划来体现城市特色主题。

2. 城市因素的影响

城市桥梁历来与城市建筑物相伴,城市是桥梁的建筑环境和自然环境。桥梁不仅能解决城市的交通问题,而且与城市环境共同构成景观,同时还能让人们在桥上观察到城市生活的缩影。时代变迁促进城市发展变化,不同时代的城市都会对桥梁建设提出各种不同的要求,直接影响城市桥梁的设计思想,城市因素有时甚至还会主导着城市桥梁设计。

中国古代城市建筑富有强烈的民族特色,古代城市对桥梁的艺术要求普遍较高,城市桥梁的用材、栏杆、护岸、装饰等都有很强的艺术性,从布局的主导思想到具象及装饰,均具有强烈的民族风格。古代城镇的独特风貌也表现在入城镇之前必经一桥。"重要的城市,驿路远来,于是有八里桥、五里桥、三里桥等,虽然离城市较远,但已需要在艺术上作一定的处理。"[2] 桥梁的这种布局和处理方法,逐渐地引人入胜,烘托出城市的雄壮气派,全是古代城镇对桥梁设计思想的影响所致。

伦敦位于泰晤士河下游两岸,中世纪从罗马帝国的一个小镇开始逐渐变成大英帝国的中心。伦敦众多的城市名胜和中世纪城市格局与哥特式建筑相交融。

12世纪末开始建造的伦敦老桥,受城市建筑的影响,桥上建有桥门和小教堂,后期又陆续建造大量木质房屋,有"公寓式"四层高楼并开设店铺,以适应新兴资产阶级的需求。伦敦老桥随着时代的变迁,受伦敦城市变化的影响,相应经历了七个形式演变阶段(详见第5章5.1节),充分反映了伦敦在中世纪和文艺复兴时期城市对桥梁设计思想影响的演变过程。

文艺复兴时期法国较为活跃,使巴黎从中世纪的一个小镇成为壮丽的文艺复兴新城市。当时的巴黎桥梁受城市影响最为突出,城市桥梁特别精美,既是工程设计,又是艺术创作,被称为"文艺复兴时代最佳建筑物"[3]。著名的埃菲尔铁塔和卢浮宫、塞纳河上久负盛名的桥梁、川流不息的香榭丽舍大街,这一切巴黎城市的风貌都已成为世人心目中的精彩定格。而在桥梁上,还可观察到巴黎城市生活的缩影,桥梁与城市完全融合在一起。

纽约是19世纪中叶世界上发展最快的城市,可称近代新兴城市发展的代表。其中,布鲁克林区在1898年前还是独立的城市,高层建筑鳞次栉比,文化、社会和种族均富有多元性,带有艺术情调以及建筑传统。在曼哈顿岛跨东河的布鲁克林悬索桥(图1-5)上,多元文化、社会和种族的城市对桥梁设计思想的影响,集中体现在花岗石砌筑的"M"形桥塔上。古典风格的桥塔不仅富有建筑传统,而且高塔参与了城市天际线的构成,成了纽约城市的标志,高塔的悬索桥增添了这座发达城市的繁华与喧闹。正因为有了布鲁克林悬索桥的成功,此后又在东河上相继建成其他两座高塔悬索桥(曼哈顿桥和威廉斯堡桥,图1-6),并开始逐步形成悬索桥"索轻、梁劲、塔薄、墩重"的美国式风格。

图1-5 美国纽约布鲁克林悬索桥(1883年)

3. 借鉴历史成功经验

为了古为今用、洋为中用,在分析历史上城市桥梁设计思想的基础上,尝试以新的手法演绎传统经验,为设计现代城市桥梁提供借鉴。

图 1-6 纽约东河上的三座高塔悬索桥

1) 桥梁与城市融合

中国古代城市桥梁从布局设计、建筑结构设计到装饰设计，都是功能、结构与艺术的密切结合。古代城市重视桥梁布局，所建的桥梁成为城市有机整体的一部分，桥的作用和含义均融合在城市整体之中。中世纪将桥梁与城市主要街道、广场及重要公共建筑一起成为构成城市景观的重点要素。栖居式桥梁设计将"融和法"运用到了极致，使在街道上人们信步通过桥梁时，完全感觉不到桥的存在。文艺复兴时期城市桥梁设计在人文主义的主导下，实行桥梁技术与装饰艺术相结合，城市桥梁设计逐步合理与理性，桥梁坡度趋向平缓，桥梁空间不断人性化，城市桥梁开始成为城市生活环境的一部分。

中西方古代城市桥梁都把技术与艺术结合在一起，注重桥梁融入城市的建筑环境和生活环境。古代城市桥梁传统设计经验表明，城市桥梁设计的实质就是通过功能、技术与艺术的紧密结合，实现桥梁与城市融合的目标。现代城市桥梁设计借鉴古代传统经验，需要将现代城市需求作为桥梁设计的基本目标，发挥城市设计思想和城市规划思想的引领作用，运用技术创新与艺术表现相结合的方法，以新的理念去创造城市桥梁的价值。城市桥梁不仅在功能上与城市融合，而且还要将桥梁的形态美、技术美和文化内涵分别融入城市环境，使桥梁与城市完全融合在一起。

2) 以多学科思想融合设计城市桥梁

文艺复兴时期科学家、艺术家帮助造桥人，建桥逐步实现技术与艺术相结合，桥梁结构逐渐趋向理性，"理性主义"是文艺复兴之后的最大遗产。近代学科之间相互独立，结构与建筑分离，专业化是 20 世纪的一种趋势。现代城市桥梁设计是

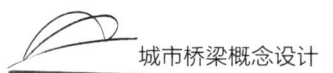

多学科综合的系统问题,近代的模式不能适应现代城市桥梁概念设计,而古代建桥既分工又合作,各专业进行一体化操作的模式,却有借鉴之处。20世纪八九十年代尝试过由多学科组成的团队共同进行城市桥梁设计。其结果大多只停留在合作的模式上,实质仍是结构与建筑的分工,各学科的长处难以充分发挥与结合。

"到底是要建筑师参与桥梁设计,还是要把建筑艺术引入桥梁设计之中,是人的参与还是思想的参与。奈尔维说'并非技术加艺术',即二者的融合。"[11]我们需要理性地从城市和市民对桥梁的需求出发,将多学科的思想融合在一起进行城市桥梁设计,只有思想的融合才能多学科贯通,才有可能综合形成整体效果最佳的设计方案。

3) 桥梁设计内容与表现主题密切结合

中国古代城市桥梁的布局和桥头设置格局都充满着封建观念,桥梁装饰和桥梁文化饱含着封建的内容,桥梁设计的内容与表现封建的主题紧密配合。"封建皇权在石桥中的表现,以明代开始尤为明显。特别是皇家陵园石桥,御用花园内的石桥,象征着封建王朝至高无上的权力。[12]"

中世纪城市桥梁,运用哥特式表现宗教的主题。哥特式建筑魅力来自比例、光与色彩的美学体验,画家、雕塑家们比起用现实主义的方法表现主题,更多地运用宗教的感觉。换言之,中世纪城市桥梁运用宗教的感觉直接表现宗教的主题,为世人留下了很多宝贵的文化遗产。

文艺复兴提倡人文主义,反对哥特式建筑风格,表现为科学、文学和艺术的高潮。为表现文艺复兴以人为中心的主题,桥梁技术与艺术相结合,城市桥梁采用丰富多彩的外部装饰,开始走向精美的水准;桥上空间追求理性与舒适,逐步成为市民的生活环境。威尼斯利雅托桥的总体布局和建筑艺术成就是体现文艺复兴主题的极好例证,不愧是文艺复兴时期最佳建筑之一。

古代城市桥梁设计内容紧扣设计主题,桥梁的布局、形态和建筑内容充分体现设计思想。现代城市桥梁借鉴这条历史经验,概念设计也需有一个表现的主题,不仅要运用设计的城市理念使桥梁设计主题与城市主题在内容和形式上贯通,而且还要将桥梁设计的各项内容围绕主题进行充分表现。

1.2.4 城市桥梁设计思想的重点内容

1. 创新思想是城市桥梁发展的动力

中国古代城市桥梁成就辉煌、技术精巧、细节合理,是长期实践经验的结晶，更是长期不断创新的结果，为人类留下了许多宝贵的桥梁遗产。而中国近代城市桥梁，特别是上海、天津、广州等大城市的一些桥梁均由洋商承建的，我国近代城市桥梁建设得不到创新发展。由此可以认为，城市桥梁发展的每个阶段都是创新的结果，城市桥梁发展历史便是创新成果的累积过程。

邓文中院士指出"进步是创新的积累"，"创新是人类文明进步的引擎"。创新是引领发展的第一动力，只有创新，人类才能进步，社会才会发展；桥梁技术创新，桥梁美学和城市桥梁景观概念的发展带动着城市桥梁发展。创新思想是创新行为的前提，创新概念是产生原创性桥梁的必备条件，只有设计思想的创新，才能带来设计形式的飞跃，城市桥梁才能得到发展。创新思想便是城市桥梁发展的原动力。

2. 设计思想中需要融进城市桥梁景观的概念

城市桥梁由于建造在人口密集的区域，美观的要求历来都比较高。中西方古代城市桥梁实行技术与艺术相结合，注重桥梁融入城市的建筑环境和生活环境，世界上每座著名城市均对桥梁所形成的景观确实很重视。在城市桥梁设计思想历史演进中就伴随着景观概念的发展，城市桥梁设计的确需要桥梁景观的概念。因为桥梁设计思想是城市桥梁设计的前提和指南，要使桥梁与城市融合在一起、桥梁成为城市景观的要素，就必须将城市桥梁景观的概念融入设计思想。

随着现代城市观光旅游事业的发展，人们审美观念的不断提升，现代城市对景观的要求越来越高。现代城市桥梁更需要与城市环境共同构成景观，城市桥梁设计需要将景观概念作为支撑之一。在城市桥梁概念设计中，通过城市桥梁景观设计不仅能对桥梁进行城市定位，而且还能把握桥梁造型的特征、形态与风格，同时还能提供桥梁的景观措施，促进桥与环境完美结合，共同构成景观。现代城市桥梁确实需要与城市相融合，不仅桥梁的功能、形态和文化内涵要分别融入城市环境，而且桥梁所形成的景观还要成为城市景观的延续。城市桥梁概念设计的目标就是使桥梁与城市融合在一起，而城市桥梁景观设计是桥与城市融合的保障，所以现代城市桥梁设计思想中更需要融进桥梁景观的概念。

3. 城市桥梁设计理念是设计思想的灵魂

在探索城市桥梁设计思想的过程中，我们不但明确了构成城市桥梁设计思想的主要影响因素，而且还进一步领悟到城市桥梁设计思想与设计理念的内在关系。在内容上，城市桥梁设计理念属精神上的观念，而设计思想则是策划设计项目时的一种具体思维方式。设计理念在先，设计思想在后，设计思想总是在设计理念的基础上逐步综合形成的。比较分析表1-3的设计理念与设计思想的关系可知，同一时期二者都是一脉相承的。中国古代封建传统的设计理念与法天思想、局部服从整体的设计思想都是一致的。文艺复兴在人文主义的主导下，设计理念也是以人为中心，所设计的城市桥梁则成了城市环境和生活环境的一部分。中世纪的设计理念和设计思想与基督教观念更是一脉相传。

在分析形成城市桥梁设计思想的主要影响因素时可知，社会主流思想对设计思想的影响是显著的，但这种影响却不是直接的，其中还存在着对设计理念影响的转换过程。实际上，设计理念大多源于时代的主流思想，城市桥梁设计理念受时代主流思想的直接影响。理念是思想的先导，要有多种设计理念的储备及其相互融合，才能在设计过程中逐步形成正确合理的设计思想，设计理念是设计思想的起源和基础。同时，设计思想历来是在设计理念的引领下逐步形成，即在设计过程中设计理念支配着设计思想的形成，从某种意义上可以认为设计理念是设计思想的灵魂。在现代城市桥梁设计中，也存在着设计理念把握设计思想的形成过程，所以要以新的设计理念去创造城市桥梁的价值。对于现代城市桥梁概念设计，探索新的设计理念十分必要，如何准确把握新设计理念更是势在必行。

1.2.5　现代城市桥梁的基本设计理念

借鉴历史上城市桥梁设计理念与设计思想的关系，基于我国"创新、协调、绿色、开放、共享"的新发展理念，出于现代城市桥梁设计的特点，现代城市桥梁设计理念主要有以下几方面：

其一，我国"五位一体"的新发展理念是现代城市规划和建设的灵魂、纲领和主线。对于城市桥梁设计，新时代的主流思想直接反映在城市规划和城市设计的理念上。同时，根植于城市环境的桥梁又是构成城市景观的重要元素，桥梁总体设计更是城市设计的一个组成部分，设计城市桥梁需要城市的理念。

其二，历史上的城市桥梁设计均重视桥梁自身美的表现，随着人们审美观念的不断提高和桥梁美学思想的发展，城市桥梁设计需要注重桥梁美的理念。

其三，当今社会主流思想是把创新置于发展的首位，创新是引领桥梁发展的原动力，现代城市桥梁设计需要创新理念。将创新置于设计的核心地位，不断推进设计理论创新、桥梁技术创新和城市桥梁文化创新，以新的理念引领城市桥梁设计创新。要让设计思想不断发展进步，关键就是设计理念的创新。概括起来，设计的城市理念、桥梁美的理念和桥梁创新理念构成了现代城市桥梁设计最基本的设计理念。通过设计理念引领城市桥梁概念设计的思想,赋予概念设计工作的意义与价值,从而以新的理念去创造城市桥梁的价值,这便是追求现代城市桥梁设计理念的根本出发点。

1. 设计的城市理念

历史上,不同时代的城市发展均会影响城市桥梁的设计,在城市中建桥历来是从城市环境的实际出发,因地制宜、因时制宜地进行设计,建桥处的城市环境与城市桥梁设计的关系最为密切。城市对桥梁设计的要求随着城市发展而不断提升与扩展,现代城市设计要求城市桥梁除了本身完善的交通功能外,还需要成为城市景观、城市活力及宜居环境的增进因素,桥梁与城市和谐发展。

2. 城市桥梁美的理念

城市桥梁历来是市民关注的重点之一,城市桥梁美的要求一贯较高。现代城市桥梁的价值蕴含着功能价值、社会价值和美学价值,现代文明的城市对桥梁美的要求更为突出。城市桥梁美包括桥梁环境美、结构美、功能美和形式美[13]。其中,环境美是现代城市桥梁美的核心,设计城市桥梁需要绿色设计理念;结构美是人类长期追求技术与艺术相结合的目标。环境美和结构美是当代城市桥梁美的时代特征,成了现代城市桥梁的必要条件。

3. 桥梁的创新理念

在城市桥梁发展史上,创新的事例层出不穷,城市桥梁发展的每个阶段都是创新的结果。事物的活力在于创新,只有创新才是显现人的本质力量,现代城市桥梁的价值源于创新的理念。城市桥梁概念设计特别需要立足于创新,树立创新的设计理念,以新的理念和运用高新技术去创造城市桥梁的价值,尤其是创新理念必须贯穿至整个设计的全过程。

本章参考文献

[1] 王小兰.建筑文化解读丛书:桥[M].北京:中国人民大学出版社,2007.

[2] 茅以升.中国古桥技术史[M].北京:明文书局出版社,1991.

[3] 马丁·皮尔斯,理查德·乔布森.桥梁建筑[M].吴静姝,王荣武,译.大连:大连理工大学出版社,2003.

[4] 韩伯林.世界桥梁发展史[M].北京:知识出版社,1987.

[5] 项海帆,等.桥梁概念设计[M].北京:人民交通出版社,2011.

［6］张莉娟.城市景观构成因素与构图规律[J].黑龙江工程学院学报,2002,16(1):39-41.

［7］王应良,高宗余.欧美桥梁设计思想[M].北京:中国铁道出版社,2008.

［8］仇保兴.城市规划学新理性主义思想初探:复杂自适应系统(CAS)视角[J].城市发展研究,2017(1):1-8.

［9］徐风云,赵勇,陈启圻,等.桥梁景观概论[J].桥梁建设,2003(4):30-33.

［10］赵慧宁,赵天逸.当代城市景观文化的价值取向[J].东南大学学报(哲学社会科学版),2017,19(2):142-145.

［11］饶少臣.美经得起岁月无声:桥梁美学与玻璃桥工程的思考[J].桥梁,2020,93(1):74-79.

［12］陆德庆.中国石桥[M].北京:人民交通出版社,1992.

［13］林长川,林琳.桥梁设计美学[M].北京:中国建筑工业出版社,2014.

第 2 章
城市桥梁概念设计研究

2.1 桥梁概念设计概述

2.1.1 桥梁概念设计简介

桥梁概念设计为桥梁设计的策划、构思和可行性研究,在既定的建桥环境下,按照桥梁定位的设计思想,基于现代创新的设计理念,运用桥梁结构的基本元素构思出简洁、自然、新颖以及与周围环境协调的桥梁方案。国外将桥梁的预可研究和工可研究归属于规划阶段,在桥梁设计竞赛阶段就是参赛的各家设计公司不同概念设计的竞争,最优秀的概念设计将获胜并成为实施方案[1]。具体来说,桥梁概念设计是指设计者运用桥梁(结构、建筑)知识、经验与结构理论所形成的概念,在合理的总体方案设计的基础上,构思桥梁造型,选择适配的桥型,确定结构布置、拟定构造措施和判断计算结果。通过概念设计决策、判断初步设计和施工图设计的主要内容(如桥梁结构体系与桥跨布局、桥位环境适应性、计算结果的定性/定量判定、经济指标、施工与检修的考虑、耐久性等),概念设计贯穿于整个桥梁设计的全过程。

桥梁概念设计包括概念生成和概念选择两个阶段。概念生成是在充分考虑建桥条件和功能定位的基础上,根据需求所产生的多重目标、指标和约束条件以形成多种合理、可行的解决方案的构思过程。其构思的重点有:合理的总体布局,全面体现设计的基本原则;运用新理念和高新技术,创造具有突破意义的创新点;以桥梁造型表现设计目标等。概念选择则是对所有可能的备选方案进行评估和比较,从中筛选出少数几个优秀方案再进一步分析、研究和详细比较,选择和综合优化出最佳的解决方案。

桥梁概念设计阶段需要充分考虑桥位的自然条件、工程条件、使用功能和周边景观要求等因素，设计成果体现设计者对设计对象的独特理解、对设计任务的具体驾驭和对设计目标的总体把握。整个概念设计过程必须遵循最基本的原则，如我国目前的"安全、适用、经济、美观"八字方针，21世纪国际上的桥梁"安全、适用、经济、美观、耐久、环保"六项基本原则。

2.1.2 桥梁概念设计的特点

1. 桥梁概念设计关键在于创新

桥梁概念设计不仅需要结构设计的基本功，更需要概念设计的创新能力[1]。基于创新为基础的桥梁概念设计，是设计者创意的出发点和设计创造能力的体现，它必须立足于创新（详见本章2.2节）。创新是概念设计的关键所在，创新的程度体现概念设计的价值大小，只有创新才能体现概念设计的价值观。

当今，人类的智慧与计算机网络相结合，使知识创新成为最有价值的产品，逐步成为经济的主体和各行业的核心。在这方面，桥梁概念设计便形成很多新概念和新设想，且付诸实现。创新设计理念和运用高新技术对桥梁概念设计的创新有着极大的推进作用。

现代桥梁设计再也不是传统的师徒模式，而是运用系统的工程知识进行创造。各座桥梁的客观条件和功能需求千差万别，只有通过深入研究和巧妙构思、创造出具有突破意义的创新点，才能成为桥梁方案中的创新。一个桥梁方案中有1～2项真正的突破性创新，值得成为桥梁设计师追求的目标，并为此付出成倍的努力。

2. 为设计提供准确的目标和可行的措施

国际桥梁与结构工程协会副主席、美国科学与艺术院外籍院士Jorg Schlaich在《桥梁设计的多样性——桥梁概念设计》中指出："概念设计是一个结构或者建筑诞生的源头。在这个阶段，设计者必须具有专业知识而且勤奋、细致、有直觉，愿意听取别人的意见，与人坦诚合作。他在这个阶段所付出的，决定着产品的特征和质量。"概念设计是整个桥梁设计的灵魂，也是设计者创造价值的源头。正确的概念设计能给设计者提供准确的目标与可行的保障措施，是桥梁设计取得成功的基础；而错误的桥梁概念设计却会将设计引入歧途。为此，桥梁概念设计必须具备正确的设计目标与设计内容，即设计者运用正确理念、现有高新技术和成功经验，对桥梁进行精准定位，明确桥梁结构体系和设计创新内容，通过概念设计决策、判断后续设计的主要内容，城市桥梁概念设计还为桥梁融入城市环境奠定基础。

3. 注重桥梁结构的力学概念设计

桥梁概念设计不仅要求设计者具备结构设计的基本功，更要拥有概念设计的创新能力。桥梁本身就是大型复杂的受力结构，需要设计者拥有结构体系和结构受力分析的功底，设计的创造能力主要体现在对桥梁结构的创新上，结构的力学概念设计贯穿桥梁方案的整个构思过程。

各种桥型和基础的适用性、建桥的经济性均建立在桥梁结构的合理受力上，需要注重结构的力学分析。结构分析的主要目的是论证结构方案的可行性，包括强度、刚度（变形或稳定性）和疲劳全局性的控制，结构体系的成立必须通过结构的力学概念设计。施工的可行性是设计方案成功的关键，在某种情况下，创新的桥梁方案完全取决于创新的施工工法，需要在准确的施工受力分析的基础上，再去发挥施工技术和设备的作用。

桥梁创新也是建立在创新设计方案安全可行的基础之上，桥梁结构体系创新是为满足特定建桥条件而对基本结构体系进行改变、组合或对其受力状态的变化所做的创新工作，更需要系统地进行结构体系的力学概念设计。例如创新的组合结构是充分发挥不同材料的强度，减少桥梁造价的有效结构形式，不管组合截面结构还是组合体系结构，都要充分发挥不同材料的受力性能。需要在熟悉不同材料性能的基础上，注重组合结构系统的力学分析。

4. 概念设计需要"耐久"和"环保"的原则

随着社会经济的高速发展，所建桥梁的规模越来越大、系统趋向复杂化、功能在不断提升，在国际上被称为"越级工程"。作为桥梁概念设计，在"安全、适用、经济、美观"原则的基础上，还要考虑可施工性、可检修性以及保证全寿命使用功能的耐久性。近年来，为节约资源、保护环境的可持续性工程理念逐步成为概念设计的原则。"耐久"和"环保"两项原则是设计理念创新的要求，针对我国四十多年来桥梁快速发展的现状，基于全寿命设计思想，桥梁概念设计需要更多地考虑耐久性和环保要求，全面实行六项基本原则。

5. 概念设计是多学科共同创新的设计

专业化是20世纪的一种发展趋势，把工程分成若干更窄、更专的领域。而21世纪的工程师必须通晓本专业以及其他领域的相关知识，做到相关学科的知识相互渗透。太专于一个狭窄领域的人可以是一个伟大的专门家，但绝不会是伟大的工程师,因为工程师必须对许多门相关学科有深刻的了解。

2003年,马丁·皮尔斯在他的著作中指出:"桥梁要代表与之相关联的独一无二的地点和历史环境,因此许多桥的材料和样式都是根据这个要求设计的。为迎接这一挑战,工程师、建筑师、艺术家、灯光设计师和许多其他方面的专家通力合作来建造这些公共建筑,从而打破了传统设计学科之间的界限。"[2]

桥梁概念设计涉及桥梁结构与建筑、桥梁施工与材料、桥梁美学与环境景观等多个学科,它的技术因素包括自然条件、功能定位、各种桥型、基础的适用性和投资等。桥梁概念设计再也不是桥梁结构工程学科独立封闭的设计,而是由相关多学科组成的团队提出不同个性、不同风格、不同角度和侧重面的设计方案,从而形成具有独创性的设计概念和构思。因此,桥梁概念设计是多个学科共同进行创新的设计。

2.2 进入城市层面的桥梁设计

2.2.1 历史城市中的桥梁

我国古代城市桥梁从布局到具体形象及装饰都是功能与艺术的密切结合,所建的桥梁是城市有机整体的组成部分,桥梁的作用和含义均融合在城市整体之中。西方中世纪的栖居式桥梁以城市街道的形式穿越河道,桥梁具备与城市建筑几乎相同的形式和风格。文艺复兴时期城市桥梁实行技术与艺术相结合,既有较高的艺术造型,又有较多的附属建筑装饰,桥梁空间以人为中心,桥梁开始成为城市环境和生活环境的一部分。

中西方古代城市桥梁设计均把技术与艺术结合在一起,来实现桥梁与城市在功能、景观、文化等多方面的融合。而近代城市桥梁仅限于满足交通功能要求,趋向单纯的结构设计。对历史城市桥梁的评价,历来是以城市的需求和市民的意愿为主要目标,桥梁适应了城市的各种需求,就会得到人们的称赞和欢迎。威尼斯利雅托桥完全与城市融合在一起(详见第5章5.4节),便成了文艺复兴时期最佳的建筑之一;在日本隅田川大桥上,能看到下游的永代桥和上游的清洲桥都很美,而此桥自身却过分突出交通功能,因忽略桥梁美观而难以与上下游桥梁相协调,常受到人们的指责(详见第3章3.2节)。

2.2.2 现代城市桥梁设计适应城市需求

城市是由景观、文化、公共活动、生活等多种功能空间组成，城市空间环境不仅要给人看，更要供人活动使用。美观是城市空间令人愉悦和满足的基本外在需求，而城市空间内部各项运动的有序组织便是基本内在需求。我国城镇化水平已达到63.9%，当前城市建设面临着宜居质量与健康水平不高，交通拥堵、文化保护传承不够，城市的包容性、创造性不足等突出的"城市病"问题[1]。城市桥梁跨越街道、河流，把人和车辆从一处带到另一处，在不同两地的连接中，桥梁将沿途公共空间穿接在一起，这实质便是穿接城市层面的问题。与此同时，桥梁在连接城市不同空间中还带动周边环境开发，促进和引领城市建设，桥梁在城市发展中担任着重要角色。因此，城市桥梁建设不单是工程结构与自身美观，还在城市主轴上引出各种不同的课题，如城市桥梁景观、桥梁与城市功能互动、桥梁地域文化和城市建设发展，等等。城市桥梁需要与城市相融合，成为城市品质的增进因素，决不能再使"城市病"雪上加霜。

城市是地貌、景观、文理的综合体，城市地块其实是城市地表的肌理，城市桥梁就是连接城市肌理空间的最好形式。因为通过城市地貌、景观和文理能够提高城市的渗透性和表现桥梁的连续性，所以要以城市为立足点，紧扣城市要素，考虑不同的界面和肌理设计构思现代城市桥梁。在城市桥梁总体设计中，因其本身带有地域特征，更需要体现城市的各种界面和肌理，反映所在地域的意向和使用者的各种需求。

进入城市层面的桥梁设计，就必须适应城市景观和城市活力的双重需求，通过桥梁的形体和概念去适应城市不同的空间、不同的文化、不同的地域。在桥梁连接城市不同地块和不同空间的过程中，桥梁在城市意向上扮演着连续流畅的角色，以各种流畅的线型将城市公共空间交织在一起，做到与城市不仅是空间的连接、功能的连接，而且还是景观上的延续。城市桥梁既要参与城市功能互动，将城市各项运动有序地组织在一起，又要与城市环境共同构成景观，从而适应城市空间的内在与外在需求。

---

[1] 王凯. 开展城市体检，让大城市没有"城市病". 城市更新网 URN 2022.1.13.

2.2.3 探索现代城市桥梁设计

1. 现代城市桥梁的设计趋向

在城市空间规划上让桥梁成为一个设计主轴,使各类桥梁形成丰富多彩的桥空间,创造出独特的城市公共空间;打造充满吸引力的场所成为城市的标志;增添绿色环境而促进城市可持续发展。城市 24 小时昼夜不息,在不同时间段均会有不同功能产生,城市桥梁不单是点线面的空间形式,还能很好地与城市景观休闲空间融合在一起。如图 2-1 所示,人们活动在丰富多彩的桥梁空间中,其实桥梁连接的是景观休闲空间、商业发展的空间。

图 2-1 现代城市桥梁的景观休闲空间

城市桥梁能将人引入不同的空间形式,同时也能巧妙地将自身融合进城市空间,从而除了跨越连接城市的公共空间外,还可在桥上创造出满足城市多样性的空间,成为城市生活空间的一部分。充分运用新技术、新材料、新的设计理念去创造城市桥梁新的价值,将传统的桥梁设计转化为创造现代城市多样性的公共空间,这是当今城市桥梁设计的重要转变,也是现代城市设计发展的一种趋势。

然而,现代城市桥梁是现代桥梁与现代城市双重发展的共同标志,城市桥梁本身就是大型复杂的受力结构,桥梁工程是城市桥梁设计强有力的结构技术支撑,城市桥梁概念设计需要以桥梁概念设计为基础,再结合城市因素实现上述现代城市桥梁的设计趋向。

2. 对桥梁设计城市定位的思考

城市桥梁既是城市一道风景线,又是展示人们精神风貌的标志物,具有多层次空间，多功能复合的特点。城市桥梁设计，除了本身设计合理、精巧构思、形态各异、与城市环境协调等要求外，还需要从城市的需求出发，按城市景观和城市功能（含城市精神、历史文化、人们行为习惯等）进行桥梁的城市形象定位。如宁波庆丰桥设计的城市形象定位是宁波市对外开放的门户，荷兰银河桥设计以皮尔默伦德市的地标进行城市形象定位，广州大桥设计的城市形象定位是城市新的天际线和城市活力标志；等等。

从城市的需求出发进行桥梁设计的城市定位，既可充分发挥城市桥梁多种空间与功能复合的重要特征，又能促进将建筑景观引入桥梁设计，力求从城市景观和城市活力的高度进行桥梁造型，使桥梁与城市环境、城市功能全面融合，从而让桥梁成为城市的构成要素，自然融入城市景观。

3. 探索不同类型的城市桥梁导向性的设计思想

城市桥梁中存在着三种不同的类型：城市河道桥梁、陆道桥梁和人行桥。桥梁处在不同的城市环境就相应具备不同的地域特征，从而使三类桥梁具有各自的设计特色。在深刻认识现代城市桥梁及其设计特征的基础上，按照不同类型城市桥梁的特点及其桥梁美表现的侧重面，分别探索各类城市桥梁导向性的设计思想。

（1）城市河道桥梁序列化。河道桥梁需要适应河道水域空间和滨河空间环境，桥梁应与河道景观融为一体，突出河道景观的整体美。在城市景观河道中，出于沿河动态观游的需求，群体桥梁需要从组织城市水流风景线的角度进行桥梁序列设计。在群体桥梁与城市河道景观双重序列中，还要求有秩序地使不同目的及行为自然交替，使得桥梁与河道二者并行的序列构成并进的双重序列。

（2）城市陆道桥梁景观化。尽管城市陆道桥梁在解决城市交通问题的同时，也带来了诸多的负面影响，但现在仍然发挥着难以替代的作用。从城市陆道桥梁特点出发，按城市景观设计原则进行陆道桥梁景观化，这是缓解其与城市景观和人文环境矛盾的有效途径。城市陆道桥梁景观化设计是由桥梁自身美观、城市环境和城市人文三方面组成：注重陆道桥梁自身美观，以柔和、饱满的桥梁形态主动适应城市环境；除了运用桥体绿化，穿插、融合其他城市空间与城市环境协调外，桥梁还需要努力传承地域文化。

（3）城市人行桥的艺术思维。人行桥是人们密切接触的桥梁，其体量和尺度在城市桥梁中均是最小的，造型自由度大，同时具备艺术思维的必要条件和充分条件。对艺术观念的借鉴与吸收，将艺术融入人行桥的设计理念，不断拓展设计的城市理念、丰富桥梁美的理念、增强桥梁创新理念，从而以新的理念创造城市人行桥的价值;从人行桥建筑的艺术属性出发,运用多种艺术手法和形式美的基本法则进行城市人行桥艺术构思,尤其是从雕塑艺术中获取形式感,打造人行桥成为城市标志性建筑。此外,通过众多艺术构思的人行桥典型实例分析,从而体验到城市人行桥艺术思维的可行方向。

4. 探讨城市桥梁概念设计需要有一个主题

每座城市应有特质性、系统性、创新性的主题文化。日本著名建筑师山本理显提出:"成功的城市规划要有一个主题,围绕主题进行规划建设。""没有主题的城市就没有了灵魂。"城市主题文化发展战略规划(以下简称"概念性规划")是当今世界最前沿、最创新的城市规划设计理念[3]。国内许多城市已经先进行城市主题文化发展战略规划,再按概念性规划进行城市总体规划,然后针对具体项目进行详细规划。

城市桥梁是城市景观的一个节点,城市对桥位区域有着具体的规划要求。城市桥梁需要延续城市主题文化理念,成为体现城市主题的元素。因此,城市桥梁概念设计需要有一个与城市主题相关联的自身表现的主题。在城市桥梁概念设计中,以城市对桥梁设计的要求为出发点,结合桥位的地貌、景观、文理可以形成桥梁建筑表现的主题。桥梁有了立足于城市的设计主题,设计目标便会清晰明确、设计内容就能突出重点,以利围绕主题安排概念设计的各项内容:将主题要素进行系统组织与安排,合理置于设计不同层面的主要内容之中,使非主题要素处于设计的次要位置,让城市主题文化发展战略思想在城市桥梁设计中占有主导地位。

2.3 城市桥梁基本设计理念

本节在第1章概括提出的桥梁设计的城市理念、桥梁美的理念和桥梁的创新理念的基础上,再深入探索这三类最基本的城市桥梁设计理念,为后续城市桥梁概念设计奠定思想基础。

2.3.1 设计的城市理念

1. 城市形态的发展趋势

第二次世界大战之后,人类历史进入前所未有的发展期,随着快速的城市化进程,城市人口高速膨胀已使土地成为一种稀缺资源,所以城市在向空中发展的同时积极向地下开拓，高速发展地下空间成为现代城市形态发展的必然趋势。与此同时，各种城市功能日益活跃，随着信息网络的快速发展，城市生活更为丰富和多元化，各类功能的叠加和复合带来城市空间的交混与渗透。网络联系的有机化提升了城市的活力，也促使城市空间系统不断地有序化，这也是当今城市发展的趋势。

在更近的几十年，交通方式从机动车时代转向以人为本的公交优先时代，这一变化为城市发展带来了巨大的动力。公交优先促使城市内出现大量的交通枢纽，交通枢纽的体系化发展也促进了地区的集约化与有机化，使城市人流密集的区域实现多元交通支持下的步行地带。

总之，"20世纪中期以来，城市形态的发展趋势有三个重要方向：城市空间立体化（尤其是重视地下空间）、空间系统有机化和交通枢纽集约化"[4]。

2. 城市规划与城市设计方法的主要特点

城市规划设计以"分"为主，分区的优势在于方便操作，侧重于二维的、用理性进行逻辑演绎、自上而下的特征，具有系统划分、理性控制的特点。在城市形态研究领域中，建筑学是笼统形象的概念，而城市规划则以"分"来取代建筑学笼统的"合"，这是一种方法上的演进。

功能分区的城市规划思想，在当时有着鲜明的现实意义。但随着城市建设的不断发展，特别是旧城更新等实践的经历，发现城市形态变化后，严格的分区已经无法实现活力的和高质量的城市环境。当城市空间立体化、空间系统有机化和交通枢纽集约化等城市空间三大新的趋势出现后，红线分离的地块、系统分离的设施，又等待着设计者再来集零为整，平衡视觉、经济、社会之间的各种效益。

城市设计主要研究城市各项因素三维布局的设计，包括城市与自然环境之间的联系和城市内封闭空间与开放空间的关系，其设计目的是求得人工环境与自然环境的有机结合，使城市有序发展。城市设计恰好能满足上述情况设计的需要，在城市规划的基础上进行多个要素、多个地块、多个系统的整合，从而现代城市设计自然地就从城市规划的轨道中分离出来，它承担的主要是以"整合"为主的职能，表现为强调三维的、个性化的、自下而上的特征。

城市设计以"合"的思维模式对"系统划分"进行补充完善，对"理性控制"进行柔化，从而成为城市规划方法的补充，城市规划与现代城市设计形成了"分""合"互补。

3. 城市设计的理念与目标

信息网络时代经济变革推动了城市设计不断完善，现代城市设计需要考虑社会生活、经济发展、环境和能源的可持续发展。落实适用、经济、绿色、美观的新时代建筑方针，建设宜居、创新、智慧、绿色、人文、韧性城市。按照城市的尺度进行设计，思考如何让城市生活融入更多的性能；用开放的设计模式，非常关注人，为社会打造宜居的环境，向市民展示一个创新、智慧、和谐与可持续发展的城市。现代城市设计的目标体现在宜人、有特色、有活力和公正四个方面[4]。其中，宜人环境的内容十分丰富，而环境优美和运动有序是它主要的两项。表2-1列出了城市设计目标。

表2-1　　　　　　　　　　　城市设计目标简表

分项	环境美观	运动有序	特色鲜明	活力盎然
内容	城市美建立在建筑、自然环境和硬质景观等城市要素之间，在尺度、走向、色彩、肌理、虚实等关系上获得和谐的效果，塑造一种富有美感的空间形态	城市空间均具备各种使用功能，由于各项运动在同一场所的交织，必然带来相互的交流与干扰。需要理清空间中各种运行方式和轨迹，整合好影响运动方式的各种要素	城市的全球化与地方性是一对突出的矛盾，而城市一旦失去特色就意味着失去核心的价值和魅力。需要在理解地域的自然和文化环境资源的基础上，从城市主题文化发展战略思想出发，通过城市设计的目标策划来体现城市特色	环境活力是环境具有旺盛生命力和促进环境生存发展的能力。城市活力是优质城市环境的重要需求，需要研究场所中各种人的行为与场所环境相互促进的需求与途径，探索和运用行为与环境互动的方法
要点	外在要求	内在需求	表现对象	显示特征

4. 桥梁设计的城市理念

现代城市形态发展的三个重要方向与城市交通系统是直接相关联的，城市空间系统立体化和有机化促使立体交通整体化、系统化和序列化，而立体交通功能的整体化又促进城市桥梁形态的系统化和序列化。枢纽地区的体系化不仅促使城市桥梁形态的整体化与序列化，也促进城市桥梁绿色设计理念的发展，更加促进步行系统和城市人行桥系统的形成。城市桥梁是景观艺术与桥梁技术的有机结合，连接着城市不同层面的空间，城市桥梁设计不仅要进入城市层面，而且还要更好地符合城市对桥梁的需求。

1）树立城市桥梁的建筑理念

建筑是建筑物与构筑物的总称，是人们为了满足社会生活需求，利用所掌握的物质技术手段，运用科学规律、风水理念和美学原则所创造的人工环境。其中，建筑物是指供人们生产、生活和活动的房屋或场所，而构筑物是指房屋以外的工程建筑。建筑包含着内涵和外延的两个方面，建筑内涵多指建筑属性，建筑是复杂多样的形体，具有多向性，建筑的基本属性有时空性、工程技术性、艺性、民族性和地域性、历史性和时代性。建筑的外延是指与其相关的应用性和艺术性，既有建筑空间的外延，又有建筑内涵的外延。

城市中的桥梁是构成城市人工环境的特殊建筑，虽然桥的跨越空间既由技术标准和工程条件决定，又取决于桥跨结构物的形式，窄长的桥体均向两端有序延伸，拥有一条由通行功能决定的、与桥型无关的空中道路，但是通过梁式、拱式、斜拉桥、悬索桥四种基本结构体系的巧妙组合，仍能构成丰富多样的建筑造型。相比房屋建筑，城市桥梁建筑即使有着自身特有的构成方式，也仍然具备建筑的时空性、工程技术性、艺术性和社会文化属性的内涵。城市桥梁建筑大多是敞开的空间，桥梁空间处处都在外延，需要与变化多彩的环境空间彼此交融、相互渗透。

城市桥梁建筑形象既因城市而形成，又要通过桥梁结构来实现。桥梁建筑是表现桥梁结构成为城市需求的形象，而结构又是形象表现的载体和支撑，城市—形象—结构既彼此制约，又相互依存。城市桥梁建筑的本质就是形象与结构在城市环境中的对立统一。城市桥梁建筑设计的核心是在城市环境下如何协调形象的创造性与结构自身规律限制的矛盾，取得城市、形象、结构三者和谐统一。桥梁建筑设计是城市桥梁设计的重要内容，即在城市环境中合理发挥桥梁建筑的内涵和外延，与其他城市建筑一起共同满足城市景观和城市活力的双重需求。城市桥梁建筑设计必须以城市为立足点，紧扣城市要素，考虑不同的界面和肌理进行构思与创作，将城市的双重需求转化为桥梁建筑的特征；充分表现桥型有利环境景观的形态特征，善于通过桥梁自身的形象和概念去适应城市不同的空间、不同的地域、不同的文化。需要特别指出的是，当代城市景观的最大特征是综合美，具有多元性和多层次性。城市空间系统有机化要求桥梁空间与城市空间有机结合，共同构成城市整体景观。桥梁建筑设计要主动适应城市整体景观的需求，合理表现桥梁景观，比如桥梁与环境融合和注重桥梁构景，重视桥梁布局和桥梁总体布置设计等，力求使桥梁建筑成为城市重要的景观要素。

2）桥梁与城市全面融合

城市空间立体化、空间系统有机化和交通枢纽集约化均要求城市桥梁要有完善的交通功能和交通设施，交通便捷、安全和畅通，使桥梁在使用功能上更加有机地融入城市的交通系统，桥梁完善的城市交通功能是城市对桥梁最基本的要求。

城市特色化要求城市桥梁要有自身的特色，并使桥梁的特色成为城市特色的组成部分。城市桥梁要成为城市特色化的参与者，除了城市桥梁参与城市特色的构成外，必要时还可将桥梁作为表现城市特色的载体，形成适合特定环境空间的造型，成为城市某方面的标志性建筑，从而进一步体现城市特色。

现代城市的"运动有序"，即将城市的各项运动进行有序组织，达到城市的内在需求。城市运动活力要求桥梁有序参与城市功能互动，在桥上融合景观、旅游、文化与休闲等城市相应的功能，通过有序组织，创造出新型的城市多种复合型空间，以增强城市活力。

3）城市桥梁需要宜人的设计

城市桥梁是市民直接使用、密切接触的城市公共构筑物，需要"以人为本"的设计理念。采用宜人的尺度和体量，并进行相应的人性化设计，形成丰富多彩的绿色空间系统。通过精美宜人的桥梁空间，让市民享受舒适的空间环境，感受有温度的城市生活。

2.3.2 城市桥梁美的理念

随着现代化建设的快速发展，环境成了社会的普遍问题。现代社会，人的审美观念从功能美、结构美扩展到人本主义环境美，追求人与生存环境总体和谐、舒适、愉悦。人们着眼于把技术与审美结合起来，进行环境再创造。城市桥梁美的理念是桥梁个性特征在城市环境中的体现，"当今的桥梁美应该是环境美、结构美、功能美和形式美多种形态的统一"[5]。环境美是现代城市桥梁美的核心，其他三种美只是为实现人类理想生存环境服务的，其中结构美是人类长期追求技术与艺术相结合的目标，成了现代城市桥梁的必要条件。环境美和结构美代表着人类的文明进步，是当代桥梁美的时代特征，也是城市桥梁设计理念的重点内容之一。

1. 城市桥梁环境美

1）城市桥梁必然要环境美

环境美需要达到自然环境、人工环境和社会环境三者高度统一。城市环境美不仅可供市民观赏与享受、提高市民的生活质量，还直接影响所在城市的兴衰。城市环境是一个综合的系统工程，城市桥梁与众多建筑物相伴，有着景观的多元性和多层次性，具备城市景观综合美的特征。城市桥梁与周围环境完美结合，就会展示出多样统一、整体和谐之美。同时，城市桥梁是供人使用、观赏和感受的，这些都是系统性很强的城市功能，绝不是局限于单体桥梁。桥梁只是城市环境的构成元素，城市桥梁必然要与环境融合在一起，要树立城市桥梁环境观，突出城市景观的整体美。

当然,城市桥梁设计不仅要从使用功能和结构受力出发,由内向外地进行结构设计,还要从整体环境出发,从外到内地进行规划与美学设计。桥梁建筑设计也不只是考虑桥梁的单体,必须从城市桥梁环境观出发,以城市设计的视角进行桥梁建筑造型与环境设计,以利构成完美的城市整体景观。

由于桥梁有自身独特的形态,在城市环境中具有异质性,容易取得视觉诱导力而成为环境景观的聚焦点,同时也能丰富空间的景观层次。在形成城市桥梁环境美的设计中,还需要树立城市桥梁绿色设计理念,充分发挥桥梁自身的特征,主动参与城市环境美的创造。

2)城市桥梁需要绿色设计理念。

(1)绿色城市概念。在保护自然资源的基础上,以人为本建设生态型城市,为人们提供健康、宜居和高效的城市空间,创造与自然和谐共生的环境。绿色城市的精髓就是可持续发展,生态和谐是绿色城市的核心理念,以自然为源、创新为魂、保护为本。其设计原则是尊重场地特征,因地制宜;确立整体性原则,体现系统的整体和谐;减轻建筑对环境的负荷。其措施为:倡导城市园林化,建造绿色建筑(节约资源、保护环境和减少污染,与自然和谐共生的建筑),鼓励绿色创新等。

(2)绿街系统理念。街道是"城市廊道"的功能类型之一,传递着城市各种要素(如交通、经济、生态等)。为了维持城市活力的有机循环,街道往往连成各具特色的城市道路网系统。中国古代的街道既是交通运输的动脉,又是组织市井生活的空间场所,承载了聚会、交易、沿街叫卖等各种式样的公共活动。同样,中世纪街道主要是在步行条件下形成的,其功能、结构和艺术造型是一个有机的整体,并保持文化连续,街道的特征十分明显。而以小汽车通行为主的城市道路系统,在给人们带来便捷的现代化城市生活的同时,但也带来了街道活力丧失、生态景观破坏及环境污染等一系列问题,严重影响人们的逛街活动。现行街道空间形态与人的生活矛盾突出,街道性质发生了质的变化。

"绿街系统"是城市发展中关于现行街道系统整改的概念,旨在打造更具人气、生态、健康、快捷并满足未来城市发展的空间骨架与格局[6]。绿街系统设计理念的演变过程见表2-2。

绿街系统设计理念,即改变城市道路设计的工程学思维为"以人为本"的理念,使城市道路向多样性的街道及城市公共活动方向发展,以保证城市生活的活力与特色。具体讲,改变以"速度与效率"为目标的道路分级体系的观念,构建以公交优先、慢行网络和景观特征为划分依据的城市道路系统,形成以步行为

主、以特色活动为主、以机动交通为主的三种"绿街"基本类型，通过三种基本类型的有机组合，构成完整的城市道路体系。

表 2-2　　　　　　　　　　绿街系统设计理念的演变过程简表

道路系统	时间	设计理念
人车混行 人车分行	19 世纪中期	交通空间与生活空间共存。以人体尺度为依据，创造生态宜人的环境，聚集街道人气与活力，并形成当地城市特色。利用绿化形成"绿色"街道空间
由小汽车动态主导	20 世纪 40 年代	动态主导要素从行人转向了小汽车，追求"速度与效率"，打造快速路与步行街，形成"快—主—次—支"的道路分级体系。以工程学思维构建城市道路系统，忽略了街道作为市民活动的使用功能
绿街系统	20 世纪 70 年代	通过交通理念创新，使私人汽车从属于公共交通系统的发展，以"绿街系统"整合和优化现有街道类型。以人为本的道路分类思路：以公交优先、慢行和景观特征作为道路类型划分的依据

（3）城市桥梁绿色设计理念。在城市中，桥梁是街道的功能节点和建筑节点，城市生态文明建设和绿街系统必然要求桥梁绿色发展，城市桥梁绿色设计理念与绿色城市概念、绿街系统理念一脉相承。即基于绿色城市概念，与绿街系统理念对接，强调城市发展的可持续性与和谐的系统性，创造生态与和谐的城市桥梁空间。城市桥梁绿色设计理念主要体现在以下三方面：

① 桥梁力求成为城市的绿色建筑。城市桥梁要成为绿色城市的元素，构成城市环境的主要因素之一。城市桥梁在提供高效而舒适的交通空间基础上，还要尊重场地特征和保护环境、考虑节能减排、运用绿色材料，力求成为与自然和谐共生的建筑（绿色建筑）。例如，福州城市森林空中步道，从设计到建造始终坚持保护生态，空中高架栈道与森林共存，当地称之为"福道"（第 5 章 5.3 节）。

② 体现与城市和街道的整体和谐。城市桥梁需要符合城市的总体布局，其外观与城市环境和谐。按照景观生态区域和文化廊道，把握桥梁空间在环境空间序列中的秩序，均衡处理开放空间的布局，达到空间形态和空间资源的优化组合。城市桥梁也要体现绿街系统理念，根据"绿街"三种基本类型的特征相应设计城市桥梁，充分表现设计桥型的有利形态特征（本章 2.3 节），使桥梁成为绿街系统的增进因素。

③ 营造生态、环保、和谐的桥梁空间。尊重城市生态环境和人文环境，桥梁注重连接城市界面和肌理，同时还应强调城市空间特色在桥梁上的延续。善于

在桥梁上融入城市相应的功能,以人为中心,创造生态、环保、和谐的桥梁空间,将桥梁与城市和街道的各项运动有序地组织在一起,共同满足城市的内在需求。

2. 城市桥梁结构美

结构受力合理、传力路径简洁明了,所有构件协调抵抗外力,"当清晰的结构得到精确的表现时,它就升华为建筑艺术"(密斯凡德罗),即构成了结构美。桥梁的核心当然是结构和工程技术,结构美成了当代桥梁美的一个重要特征。

对于城市桥梁,结构创新给予桥梁结构美带来了强盛的生命力,最能显现人的本质力量。城市桥梁结构美必须是结构受力的紧张感所显现的美,体现力线简洁、无多余构件以及断面恰如其分,以最少的材料构成最有效的传力路径。同时,"新颖、巧妙和惊奇是创造桥梁结构美的充分条件"。[5] 表现城市桥梁结构美通常有四个层次:桥梁结构受力合理,体系内部构件传力有效、主要构件间恰当的受力分配(合理的刚度搭配),这是结构美表现的第一层次;结构形式美,桥梁结构外观符合美的法则,这是结构美表现的第二层次;通过关键点的创新(如新构造细节、新工法、新材料和新技术等),使得桥梁结构更加完美,这便是结构美表现的第三层次。第二、第三层次的桥梁结构美都是在第一层次的基础上形成的,所以均属于符合力学的理性要求。而结构美表现的第四层次,则在特殊需求的条件下,结构受力超越力学的理性范围,体现人的超常本质力量,造价特别高。城市桥梁各表现层次的结构美见表2-3。

表2-3 城市桥梁各层次的结构美(举例)

表现层次		梁式桥	系杆拱桥	斜拉桥	悬索桥	组合体系	备注
第一层次	受力合理	一般简支梁	利用系杆平衡拱肋的推力,总体受力合理	合理的受力呈结构美	合理的整体受力	—	理性的结构受力
第二层次	形式美观	"柔"性立面的梁式桥	拱与吊杆形成形式对比,吊杆韵律美、整体轮廓美	刚劲挺拔的形态,呈崇高的时代感	柔和的形式美	—	
第三层次	局部创新	原创的连续梁	原创的单承载面拱或靠背拱	变稀索为密索,变双索面为单索面(原创)	地锚式进入自锚式(原创)	梁拱组合斜拉-悬吊协作体系……	
第四层次	形式新颖结构精巧	异型整体式梁桥原创的分岔梁	形式创新、结构难度高的拱桥(如天津大沽桥)	原创的无背索或曲梁斜拉桥	单主缆自锚式悬索桥,曲梁悬索桥(原创)		超越力学的理性范围

3. 城市桥梁功能美

美的桥梁不完全在于它的视觉形象，还在于它在使用中能使人感到舒适而产生美感。出于城市环境的特殊要求，城市桥梁除了交通功能外，还需融合城市相应的功能，并进行有序组织；合理设计桥梁的各种复合型空间，提高城市桥梁完善的功能与舒适度。在桥梁发展的整个过程中，经济观念占有重要地位，经济原则是实用美的起码条件。总之，实用、经济、美观三位一体的美是城市桥梁功能美的必备条件。

4. 城市桥梁形式美

有关桥梁形式美和美的法则，在众多的桥梁美学著作中均有阐述，在此不作赘述。

2.3.3 立足于创新的理念

1. 建立创新理念

创新显现人的本质力量，是人类进步的原动力、时代发展的标志。"进步是创新的积累""创新驱动发展"，只有创新社会才能进步。当今社会信息技术和大数据技术高度发达，知识经济比重逐步增大，在城市建设中形成很多新的概念。我国新发展理念将创新摆在发展全局的核心地位，以创新实现更高质量的发展。新时代主流思想直接推动城市规划和城市设计思想的创新、桥梁技术不断提高，城市和桥梁的双重发展不断促进形成城市桥梁设计的新理念，从而推进城市桥梁概念设计创新。

"概念设计要表现出设计者的洞察力和创造力"，并且"创新思想或创意则必须贯穿在整个概念设计过程之中"[1]。相比一般环境中的桥梁，城市桥梁便增添了不少创新因素和创新需求，城市桥梁概念设计在桥梁概念设计的基础上，更需要立足于创新。现代城市桥梁的价值源于创新理念，城市桥梁概念设计创新需要从建立创新理念开始。

（1）创新需要新的理念。"想象力比知识更重要，因为知识是有限的，而想象力概括着世界上的一切，推动着进步，并且是知识进化的源泉。"（爱因斯坦）创新的想象力是创新的前提，创新概念是产生原创性桥梁的必备条件，只有设计理念的创新，才能带来设计形式的飞跃。

在桥梁发展历史上，创新的事例层出不穷。例如：苏美尔人在两河流域建造叠涩拱时，将砖块转动，变横砌为竖砌，不觉成了拱圈，是新设想。四川羌族人创悬臂木梁桥，李春建赵州桥创四穴敞肩圆弧拱，帕拉第奥创桁架式桥梁，弗兰西奈创预应力概念，无锡农业工人创双曲拱桥；等等[7]，都是当时桥梁建设中的新思想和新概念。创造新型的桥梁结构基于创新理念，新颖别致的桥梁造型始于新的巧妙构思，城市桥梁概念设计需要创造性的思维。在知识经济、现代城市和现代桥梁技术快速发展的今天，新设想、新概念不断出现，有些创新机会就在我们身边等待发现。只有对创新有足够的认识，充分具备创新的概念和能力，创新的机会才被感知。

综上所述，城市桥梁创新需要新的理念，因为创新理念能够促进创造出具有突破意义的创新，它是城市桥梁概念设计创新的源头。

（2）创新需要"效法自然"。达·芬奇说："画家如果努力从自然学习事物，他就能得到很好的效果。""艺术不但要模仿自然事物的形象，还要模仿自然那样创造事物形象的方法，这就是说要按照自然规律来进行创作。"唐寰澄先生在《桥》一书中提出桥梁建筑艺术创新的四个方面：总结改进、推陈出新、旁搜博览和效法自然。新的事物是在原有的成功基础上创新，保存已有的优点，加入创新内容，通过新与旧的有机结合、相互渗透，进行开拓创新。宇宙规律是奥博的，效法自然是创新最丰富的源泉。效法自然，只看形式，便是粗浅的"形式联想"。效法自然，深入内容，便是正确的"性质联想"[8]。创新需要效法自然，不管是运用新的理念或高新技术进行创新，还是同时运用二者进行创新，都必须首先遵循自然完美的法则，即尊重自然本身的原则和秩序，懂得自然自身化解问题的能力，然后深入内容再进行科学的"性质联想"。

（3）创新需要灵活的思维。客观事物总是处于不断地运动、变化之中，一切随时间、地点、条件变化而变化。网络时代促进信息交流和共享，信息技术和大数据技术的发展变化更促进客观事物日新月异。现代城市和现代桥梁技术的快速发展，给城市桥梁带来了许多创新的机遇和极大的挑战，我们需要学会适应持续的变化，那么思维必须是灵活的。在城市桥梁创新中，灵活的思维能够促进创新理念的形成，在此基础上再执着地赋予创新的行动、充分发挥创新的能力，创新才能逐步成为现实。

灵活思维即善于根据客观实际的变化而及时、灵活地改变思路，并提出新方案的设想，采用新方法、新途径去解决问题。"因地制宜""量体裁衣"是思维灵活性的表现，而"因循守旧"的定型思维则阻碍灵活性的发挥。同时，思维的灵活性和深刻性相结合，就表现为机智、敏锐、富有独创性。例如，在处理城市桥梁与环境协调中，遇到的情况变化多端，通过灵活性与深刻性的结合，将协调的问题深化为桥梁与城市融合：桥梁融进城市空间共同构成景观；桥梁以自身的特征来体现城市特色；桥梁融入城市的文化环境，保护和延续城市文脉；桥梁参与城市功能互动，增强城市活力；等等，因而就能成为城市桥梁设计的种种创意。

（4）"以新的理念去创造价值"。邓文中院士在2018创新驱动桥梁发展学术报告会上指出，创新可以从发明、改良和组合三个方面来定义：一个新的理念的发明，对一个理念的改进和突破，将已有理念进行组合创造出新的价值。

关于城市桥梁创新，邓院士还在《浅谈城市桥梁创新》报告中提到，创新可简单地定义为"有意义的改进"，"有意义"必须是价值的增加，它们"体现在改善功能、降低成本（经济性）、增强耐久性和美观效果"。运用新的理念去创造桥梁的价值，提高安全、实用、经济和美观四项要求的总体价值，这便是城市桥梁概念设计的本质所在。

现代城市桥梁是现代桥梁和现代城市共同发展的标志物，不仅桥梁新技术赋予城市桥梁众多的技术创新，而且现代城市多种功能和现代城市景观不断地注入城市桥梁的设计内容。运用桥梁和城市两方面综合、系统的新理念，既可创造桥梁技术的价值和体现城市桥梁特征的价值，还能创造两方面结合的创新价值，从而体现城市桥梁概念设计的价值观。

2. 城市桥梁创新理念系统

城市桥梁设计需要具备系统的创新理念，前文已分散提及一些创新理念，以下尝试梳理关于城市桥梁多方面创新的理念，力求在系统创新理念的引领下，运用高新技术，与艺术相结合，创造城市桥梁新的价值。

（1）城市桥梁设计是多学科相结合的问题，需要交叉学科知识的有机结合，城市桥梁创新更需要把握相关学科的交叉点，并形成综合的创新理念。在新理念的引领下，进行创意与构思、造型与桥型两种互动，梳理出创新的路径，以新的理念进行技术创新和艺术创意（本章2.7节）。

（2）城市是有机的整体，桥梁需要与城市融合成为城市整体的组成部分，共同构成城市景观。运用这条理念，基于城市不同类型桥梁的特征和桥梁美所表现的侧重面，分别形成各类城市桥梁导向性的设计思想（第3章、第4章和第5章）。

（3）现代城市需要体现有特色、有活力、宜人和公正的特征，其中有特色就意味着能体现城市的核心价值。城市桥梁贵在有特色，需要成为城市特色化的参与者。按照城市特色充分表现桥梁自身某方面的形态特征，促进成为城市特色的增进因素。桥梁还要参与城市功能互动，需要为市民提供绿色、开放、共享的公共空间，以增强城市活力。

（4）地域文化环境中的城市桥梁，需要传承当地人文，在桥上保持与地域或城市的文脉相通（第4章）。

（5）随着新技术和创新理论的发展、高强材料和新材料不断启用，促使多种材料组合结构逐步发展，为创新结构的不断涌现开拓广阔前景。深入研究高性能混凝土在城市桥梁上的应用、适合大城市施工条件的桥梁结构形式，如低高度梁、深化曲线梁等；研发各种适应现代城市特征的新结构和新桥型，注重环境保护，与城市环境完美结合。

（6）桥梁设计、建造、运营各阶段呈全新面貌。从国家高质量发展的战略出发，实行智能化设计、高效施工、远程监测系统、维护保养策略，基于BIM技术智能设计建造、智慧运维、智能审查与监管，推行桥梁建设智能化、数字化、信息化和工业化。

在桥梁规划和方案设计阶段，以计算机辅助手段进行有效、快速的优化和仿真分析，虚拟现实技术的应用可预见成桥的外形、功能，模拟地震、台风和海浪袭击下的表现等，为决策提供动态的虚拟现实图像。

在智能建造和架设上，实现高效、低碳、环保的桥梁技术，智能化的制造系统在工厂加工和大型施工设备整体化安装成为施工法的主流，然后运用全球定位系统与遥控技术，管理和控制桥梁施工，从而整体提高工程质量。

运营阶段实行数字化和智能化，通过大数据自动监测和管理系统，避免桥梁超载而发生危险，保证结构安全和正常使用。若有故障或损伤，健康诊断和专家系统将报告损伤部位和伤害程度，并提供修复、养护对策。

（7）创新是一个系统工程，科技创新需要与制度创新协同发展。创新需要完善的保证机制，如何因地制宜地发挥城市的优势，为科技创新和文化创新创造条件，建立完善的创新体制和机制是保证创新的前提条件。城市需要注重创新政策引导和创新环境营造，建立创新计划体系，健全知识产权保护运行机制和创新管理体制。就设计而言，城市桥梁规划必须对拟建桥梁提出创新要求，新建的城市桥梁招投标设计也需要具备某方面的创新等。

2.4 城市桥梁景观设计

2.4.1 从城市景观到桥梁景观

城市景观是城市形态、特征对人们视觉的感受,即由街道、广场、建筑物(含桥梁建筑)、自然景观等形成的外观及气氛。城市景观不只是对形式美的追求,更强调景观的体验和持续变化的过程(詹姆斯·科纳)。随着城市化进程的不断加快,城市优美的生态环境对市民生活显得尤其重要。要从城市的整体和市民生活方式的角度看待生态环境问题,注重城市的自然生态与人文价值。

城市景观是一个完整的有机整体,其设计创意在很大程度上具有整体性。需要以整体观和生态观为指导,严格把握好艺术与科学、感觉满足与精神需求之间的关系,对各种景观要素进行系统组织,并结合风水使其形成完整和谐的景观体系。对于融合生态景观文化的认识,人们倾向于一种自然生态与人文价值的融合,使城市景观成为一个融会贯通的整体。

城市桥梁是城市重要的公共建筑物,人们观赏桥梁时,桥梁本体和所在城市环境一起映入眼帘。城市桥梁景观是城市景观的重要组成部分,它指的是桥梁与周围环境共同构成,引起人们视觉审美与欣赏的景象。具体地说,城市桥梁景观是由桥梁的形态、特征与城市环境(如街道、广场、绿地、水域等)共同构成的,作为景观主体的桥梁需要桥梁以外的环境空间相辅。就城市桥梁景观内容而言,包含着"桥梁"与"景观"两个部分:城市桥梁是创造交通功能和人们休闲观光的空间场所,表现为功能、实用、经济和造型美观等;而"景观"则要求舒适、安全而更具观赏性。城市桥梁发展历史表明,优美的城市桥梁多半是桥梁与环境和谐统一、刚柔相济、相得益彰。

要让城市桥梁融入城市景观之中,就要以城市资源为本打造城市桥梁景观,需要做好以下三个方面:

(1)既要以城市为中心,紧扣城市要素,考虑城市不同的界面和肌理设计城市桥梁,也要充分发挥城市桥梁的连接作用,主动将城市空间、文化、地域紧密地联系在一起。同时还要注意,由于桥梁与城市其他建筑物的形态有着明显差异,在体现桥梁形态特征上,要着重表现桥梁对于城市形态有利的特征,以缩小上述二者之间的差异。

(2)相比城市建筑空间，城市桥梁常位于较宽敞的空间之中，且桥梁环境空间多姿多彩，拥有丰富的景观资源（如河道桥梁的滨河空间、陆道桥梁的街道空间等）。桥梁环境空间是联系桥梁景观与城市景观的纽带，要注重桥梁周边环境的景观资源开发，充分发挥其调节作用。

(3)在桥梁上融合城市相应的功能，创造与城市互动的复合型空间。在此还值得一提的是，出于城市桥梁交通功能的重要性，桥梁必须拥有结构的稳定性和协调性，给人以充分的安全感。那些非常怪异的桥梁和惊险的玻璃桥等，会使人们对其缺乏安全感，从而丧失美感，这类桥梁应该不能属于城市桥梁景观之列。

城市桥梁景观设计需要在城市建设规划的基础上，根据建设单位要求，结合桥型特点、交通特点以及桥位处城市环境实况先确立景观设计主题。围绕景观定位，遵照美学原则创造桥梁景观，开发桥梁景观资源。本书偏重于阐述城市桥梁景观的创造，即兼顾桥梁的内在美（结构美）和外在美，并与城市环境相协调。这是城市桥梁设计师必须具备的要求，也符合国内大多数建设单位的做法。城市桥梁设计师应该同时具备桥梁结构、桥梁建筑和桥梁景观等多方面知识和能力，不仅能使桥梁满足"安全、适用、经济、美观"的要求，而且还要最大限度地发挥桥梁及周边环境的美学效应和资源功能，同时做好上述城市桥梁景观的三方面工作，切实设计好城市桥梁景观。

2.4.2 城市桥梁概念设计中的桥梁景观

城市环境中的桥梁，既立足于城市又服务于城市，城市桥梁需要同时满足城市的外在需求和内在要求。城市桥梁景观源于城市景观，桥梁景观在城市桥梁概念设计中所起的作用与城市桥梁的城市因素密切相关，具体如下：

(1)对桥梁实行城市定位（含桥梁的景观定位和城市功能定位），明确概念设计的景观取向和城市功能目标，使桥梁成为城市的构成要素。

(2)把握桥梁造型的城市特征与风格。

(3)合理表现桥梁的形态特征，提供桥型的景观措施，充分发挥城市桥梁的景观效果。

(4)促进桥梁与城市环境和城市功能完美结合，使桥梁不仅与环境共同构成景观，而且还与城市功能融合在一起。

(5)传承城市地域人文，表达文化内涵，通过桥梁景观设计体现地域文化的核心价值。

2.4.3 城市桥梁景观设计特征

城市桥梁具有一定的景象意义，设计构思应符合形式美的法则，满足人们的景观审美情趣。桥梁形态是否美观、空间构成是否得当、各部比例是否适宜、与环境是否协调等都直接作用于人的感官，都会给观者留下城市景观的整体印象。城市桥梁景观成了城市桥梁设计的一种新趋向，城市桥梁景观设计是桥梁与城市融合的保障。

1. 城市桥梁景观是城市景观的延续

空间美和意境美是景观艺术的本质，景观空间并非景观设计的全部，除了塑造景观空间美，还需讲究营造意境美。桥梁景观与城市景观具有景观艺术的共性，即运用自然、人文、工程、技术等综合知识、技巧解决环境与空间问题，同时创造出新的空间秩序与意义。

城市桥梁不仅使城市实现旅游休闲空间一体化，而且城市桥梁景观还是城市整体景观的重要组成部分，二者景观的审美价值和生态价值均具有一致性。城市桥梁景观由桥梁建筑空间与桥梁环境空间两部分组成，桥梁建筑自身含有景观的要素，而桥梁环境空间直接联系着城市空间，与城市景观起到连接与协调作用，城市桥梁景观延续着城市景观。在城市桥梁景观设计中，设计师需要以延续城市景观的视角，在桥位环境中寻求获得视觉和意境连续性的依据，从而塑造出城市桥梁景观与城市景观的协调性和整体感。

2. 景观设计构思的复合性

城市桥梁景观设计面临着城市空间、行为、美观、生态、桥梁技术等多种因素，针对城市的有机体、无机体、功能、空间、意境等多重要求，需要通过交叉、统一、协调等环节，将不同城市层面的要求整合成为一个有机的桥梁景观整体。城市桥梁景观设计构思需要在同一时间、空间内解决生态、行为、空间及意境等多重问题，设计过程存在着二维与三维（甚至四维）之间的生成与转换过程，还存在着桥梁形式与意义之间的相关性。城市桥梁景观设计构思过程大致为：城市环境分析—科学判断—权衡取舍—整合决策—桥梁与环境艺术表现，由理性到感性的过程。城市桥梁景观设计构思的本质就在于不同的桥梁景观目的与城市要求之间建立起合乎规律的内在联系。

3. 景观设计构思的独特性与创新性

"意念"和"意境"是景观中两个重要的概念,其中意念是指为了达到设计目标而确立的观念。城市桥梁景观的意念,首先必须进入城市层面,桥梁景观应成为城市景观的组成部分;其次是对桥梁形状、空间、轮廓与环境关系的创造,充分发挥桥梁的形态特征以构成自身的景观特色。而意境即在有限的空间中生成超越空间之外的意义,是一种抽象的造型观念。城市桥梁造型的意境有着形态意境和文化意境之分,桥梁意境美可增强城市桥梁景观空间的表现力和感染力。城市桥梁景观构思明显具备景观的意念和意境,从而形成桥梁自身设计的独特性。处于城市景观节点上的桥梁还常被赋予一定的地标和纪念意义。

创新性思维是一种具有全新或开创意义的思维,"特异、新颖"是创新性构思的基本特征。景观构思的创新性需要运用创新的设计理念,以多方面研究为基础,创造性地发现桥位处所固有的规律和特征,巧妙地将不同层面的问题统筹处理。城市桥梁景观设计构思的创新性,即在研究城市景观环境过程中,考虑人的潜在行为、空间特征、生态条件等综合因素并结合城市桥梁特征,通过叠加、重组与融合而创造全新的桥梁空间,并形成和谐统一的城市空间环境,同时营造城市景观的意境。如上海五角场环岛立交,在桥梁上引入半封闭的巨型彩蛋空间构成五条道路的视觉中心,象征杨浦区充满生机与活力。

4. 图式思维的特征

"图式思维"即以图形帮助思考,又称图解思考。城市桥梁景观设计,是从形象(现场特征) $\xrightarrow{\text{抽象概括}}$ 抽象(设计目标) $\xrightarrow{\text{抽象思维"赋值"于形象}}$ 景观形象,从而以图示语言形成方案的雏形。创造性思维中大多数是将抽象思维赋值于形象,以形象为"载体"的思维,蕴含着一种极强的逻辑性。城市桥梁尺度较大、动态空间流程长,在抽象思维赋值形象过程中,充分体现出图式思维的特征,草图在城市桥梁形象的形成、表达、推演、发展过程中有着不可替代的地位和作用。例如威尔克森·埃尔建筑师事务所在构思蝴蝶桥方案中的概念草图(见本章2.7节),足以说明草图在设计立意中的重要作用。因此,图式思维几乎贯穿于城市桥梁景观设计的各个阶段。

2.4.4 城市桥梁景观设计与结构设计

城市桥梁概念设计中,在立意过程便开始思考桥梁景观—造型—结构三者贯通后的综合效果和可能性。在设计构思阶段,桥梁景观设计主要体现在造型设计上,而桥梁造型又是桥梁适配结构寻求的形象目标。也就是说,适配的桥梁结构便成了实现桥梁造型的载体,结构设计既要使结构适配造型,又要确保自身安全可行。构思中实行景观设计与造型设计相结合,围绕概念设计主题进行功能方面造型与视觉方面造型,并考虑与桥位的城市环境协调。当城市桥梁造型确定后,桥梁结构的基本形式往往也就确定了。因此,城市桥梁结构设计思想需要与景观设计保持一致。城市桥梁的特征要求桥梁进入城市层面,成为城市景观的组成部分,城市桥梁景观设计、造型设计和结构设计就需要融合在一起。如果按城市景观定位进行桥梁造型设计,则桥梁景观设计思想便贯穿设计构思的全过程。不仅出于景观需求而相应表现桥梁的形态特征,而且在选择适配结构过程及其相应的结构设计中,仍然需要体现景观设计思想,发挥桥梁的城市景观效果。

进入城市桥梁具体设计后,随着桥梁结构设计的不断深入,景观设计也逐步深化,譬如深入确定景观设计方针和景观设计项目,明确桥梁色彩、照明设计,并作出桥梁景观评价等。景观设计需要不断与结构设计相配合,始终贯穿于结构设计之中,以利桥梁景观与桥梁结构相配合,最大限度地实现城市桥梁的功能、技术、经济、美观的完美体现。

2.4.5 营造桥梁景观的造景手法

1. 主景与配景

景观空间中的主要景观称主景,它控制着全局的风格与特征,常位于空间序列的高潮处,前有铺垫,后有尾声。辅助主景的景观为配景,有点缀和点明环境内涵的双重含义,配景与主景相辅相成。在城市桥梁景观中,桥梁可成为主景或配景的不同类型。主景桥梁常为标志性景观桥,采用具有一定规模桥上建筑的拱桥、斜拉桥、悬索桥等形式代表所在区域的精神风貌,表示当地文化特征,而成为所在城市的特色桥梁,还常用强调法处理与环境空间的关系。配景桥梁常是生态型景观桥或一般城市桥梁,它与主景的配合有形态的适配,也有内涵的相融,以多姿多彩的形态实行多样的统一。配景桥梁与周围环境的协调,常运用融和法或消去法进行设计。

2. 桥梁构景[10]

桥梁与城市环境融合,是构成城市桥梁景观的重要方法。在一定程度上,城市桥梁有无特色,往往取决于设计者如何理解和运用环境条件去构景。在城市桥梁景观中,运用桥梁借景、对景和框景等方法增加桥梁景观层次,是利用城市景观资源的常用手法。

（1）桥梁借景是将景观空间之外的景象引入所需空间内，并与空间内景观融合的构图方式。借景的目的是丰富画面构图，使景色更具特色和变化，还能用来创造某种意境，以增强景观效果。借景手法主要有远借、邻借、仰借、俯借、应时而借等类型。远借主要在桥上借远处的风光美景。高处既可远借，也可俯借，凭栏静赏波光倒影。邻借与远借只是距离不同，四季景物均可应时而借，表现不同的意境。风景园林中，常利用桥梁借景形成"情景交融"而产生意境，还常以桥名、楹联点景立意。

借形组景是常用的构图手法，将有景效价值的远近建筑物、自然景物纳入画面。延安宝塔山前的延河桥如图2-2所示，在宝塔山和古塔的映衬下，石拱桥与宝塔、山水相映成趣，构成了象征革命圣地延安的动人画面，深深地感染着几代人。

图 2-2　延河桥借宝塔山和古塔为景

（2）桥梁对景。桥梁对景有两种类型：桥梁中轴线的一端有景物，称正对（图2-3）；两端皆有景物则为互对。桥梁的对景可选在行车的正前方有适当的目标，从而有明确的方向性和距离感，使桥梁与道路同时富有特征。宁波市琴桥与前方的天封塔成为正对景如图2-4所示。在琴桥设计投标中，当时的同济大学桥梁设计团队同时考虑了奉化江下游300 m处的灵桥（三铰钢拱桥）和西面的天封塔这两个关键因素，提供了净跨120 m的单承载面钢管混凝土系杆拱桥方案，便一举中了标。

图 2-3 苏州虎丘云严桥与云岩寺塔成正对景

图 2-4 宁波市琴桥

（3）桥梁框景。运用桥梁部件的形状特点，如拱肋、桥孔、索塔、门架和桥廊柱等开敞部分形成一个个取景框，引导视线在景框中可设对景或借景，产生内与外、暗与明、近与远、人工与自然景物对比的层次。因此，通过取景框观赏真实的景物，可将自然美升华至艺术美。框景手法若能在城市桥梁上灵活运用，桥梁则可收到移步换景的效果（图 2-5）。

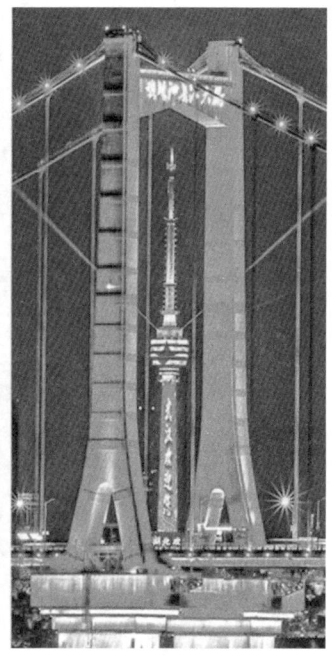

图 2-5 拱肋框景与桥塔框景

2.5 城市桥梁造型设计

城市桥梁造型是以设计目标为中心,合理运用设计理念整合桥梁功能因素、桥梁自身因素和城市环境因素,获得所需的桥梁形态。然而,"造型—结构—可行性"三者必须密切交织,城市桥梁造型最终还需通过桥梁的适配结构来实现。基于城市桥梁造型的特点,本节先从基本桥型形态特征的表现以及发挥其景观效果说起,然后再探索城市桥梁造型。

2.5.1 基本桥型的形态特征

1. 梁式桥形态特征

梁式桥是简洁、纯朴、实用、经济的桥型,直线梁刚劲挺直的形态展示梁式桥阳刚之美,沿水平方向左右伸展具有强劲的力动感与穿越感;曲线梁柔美和谐的形态体现了自由弯曲的自然美,人们行走在曲线梁桥上,随着曲线梁的曲率变化自然改变观景的方向。形态简洁明快、连续流畅是现代梁式桥的形态特征。

在立面上，梁体适当部位加厚容易获得视觉上的稳定感，变截面梁在桥墩附近逐渐增加梁高，既突出梁中传力路径，又获得视觉的平衡感，梁顶面线与梁底缘线有规律的配合在一起，产生刚中带柔的节奏感，柔美而生动。桁架梁的形态，上、下平弦杆对水平向产生延伸的动势起主要作用，而反复布置的腹杆则形成明确的节奏感与韵律感，但不同方向、不同尺寸腹杆的桁杆组合，极易产生视觉混乱。

2. 拱桥形态特征

实腹拱桥具有整体的均衡感，多孔实腹拱桥既统一又富有变化的韵律，而古老的石拱桥还具备朴实的自然色泽和质感。空腹拱桥拱上具有虚实、空透的变化，所形成的节奏韵律统一了全桥的整体形态。所以，拱桥特别适用于自然风光十分优美的环境。

系杆拱桥可通过调整拱肋和吊杆展示不同的力度感，也可将桥面设置在拱肋的上、中、下不同（高度）位置，还可以单拱、多拱及斜跨拱的形式出现，甚至可调整拱面的不同倾角，从竖直平行到拱肋内倾或外倾。系杆拱结构形式千变万化，既有结构优美的曲线造型，又有强劲的力度感，有序排列的吊杆可构成桥面内视点连续的节奏和渐变的韵律（图 2-6），多孔拱桥还有动感变化等，能够显现出丰富多彩的形态特征。

图 2-6　钢桁架拱桥面视点的节奏与韵律

偏态拱不仅具备拱桥的形态特征，而且因其以偏态曲线为拱肋轴线，重心偏向一侧，在斜向平行吊杆的配合下，具有强烈动感的形态特征，容易激发出栩栩如生的生命感，形成富有内涵的拱桥造型。

总之，拱桥具有曲线美、柔性和谐的形态，同时兼容自然景观、人文景观协调美的特征；优美的曲线造型赋予节奏与韵律，显得生动活泼；刚柔相济，具有丰富的审美情趣；连续流畅，有着极强的视觉诱导力。

3. 悬索桥形态特征

悬索桥的塔、梁、缆索简洁的几何构图、柔性曲线与刚劲直线有机结合，呈现出受力与形式统一的优美形态。在桥塔的均衡支撑下，强劲的主梁借助气势磅礴的曲线主缆和节奏排列的吊索在空中一跃而过，从而创造出宏伟壮观、形态优美的景观形象。曾有人根据在悬索桥上驱车行驶的心理感受，谱写出悬索桥优美曲线的主旋律，体现了悬索桥连续、富于节奏、反复、和谐的韵律[11]。

悬索桥形态特征：极富心理诱导力的曲线主旋律；排列有序的吊索，表现出节奏优美的主韵律；轻盈流畅、凌空气势磅礴的形态，呈现出刚柔相济、宏伟壮观的桥梁景观。

4. 斜拉桥形态特征

斜拉桥由索塔、斜拉索和主梁组成，三者不仅受力平衡，而且索塔向上伸展的动势和斜拉索的力动感，对水平延伸的主梁动势在视觉上也起到平衡作用。高耸的索塔均衡左右空间的稳定，主导桥位的环境空间，是构成斜拉桥景观最重要的元素。强劲有力的斜拉索有序排列成为索面，构成桥面内视点连续的节奏与韵律（图 2-7）。主梁由于密索体系和钢箱梁技术的发展可制作得更加轻薄，梁高与主跨之比大多为 1/300～1/200，纤薄的主梁跨越感极强。

在立面上，由塔、索、梁构成简洁、稳定的三角形，蕴藏着明确、强劲的力线，塔、索、梁三者动势平衡呈现均衡稳定之美。斜拉桥索面由众多刚性三角形连续排列

图 2-7 上海杨浦大桥桥面视点夜景

而成，构成通透有序的伞状立面，其外轮廓线如山形与城市环境协调。

斜拉桥以直线的刚性、挺拔为基调，由塔索梁形成简洁、刚劲、稳定的整体形态，呈现与现代的高速度、快节奏相适应的时代感。其形态特征还分别体现出：高耸挺拔的索塔形态多变，极富魅力；立面伞状索面和内视点索面连续的节奏与韵律，富有美感；纤细的主梁简洁、舒展和连续流畅，具有强劲的跨越感。

2.5.2 基本桥型如何表现桥梁景观

城市桥梁景观是衡量城市文明的一种程度，桥梁设计者既要了解桥型的形态特征，又要善于运用它发挥应有的景观效果，以增进城市桥梁造型的视觉效果。下面以四种基本桥型为例，阐述不同类型的城市桥梁如何表现自身的景观。

1. 发挥梁式桥的景观效果

根据梁式桥的形态特征，适宜采用融和法处理桥与环境的关系，尤其适合建造在原本较为杂乱的城市环境中。

除了选用恰当的尺度和合理的各部件比例外，发挥梁式桥景观效果的重点应放在主梁形态纤细、轻盈和连续流畅上。同时，还要推敲不同梁的结构形式和构造的细节处理，甚至附属设施的设计风格也要从属梁式桥的形态特征。

发挥曲线梁桥柔美的动感，容易形成生动的景观效果。曲线高架桥在规则的建筑环境中，不仅桥的自然弯曲、简洁流畅的线形与整齐的环境获得建筑形态的均衡，而且桥的柔美动感和桥上车流动态与静态建筑动静结合，则景出。如图2-8所示，曲线梁桥如巨龙般穿越在整齐划一的城市环境中具有和谐的动态美，桥梁与环境动静交织在一起，构成动态的现代城市景观。

图 2-8　现代城市中的曲线梁桥

2. 发挥拱桥的景观效果

拱桥是历史上经典的桥型，是在城市桥梁发展中用得最早、最多的一种桥式。拱桥形如彩虹、态似玉带，多孔拱桥节奏韵律感强，具有独特的艺术魅力。拱桥自身就是一幅美丽的图画，充满着刚柔相济、韵律优美的景观效果，还能适应各种不同的环境。瑞士萨尔基那山谷桥（图2-9），把桥梁内部力的传递规律与体现纤细轻盈感巧妙地结合在一起，堪称简洁明快的优美桥式典范而流芳百世。

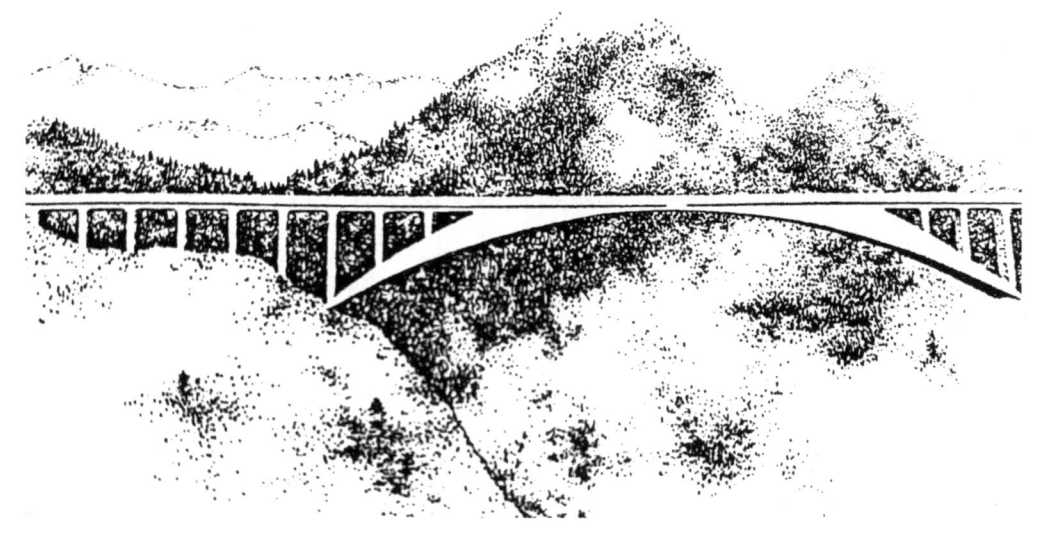

图 2-9　萨尔基那山谷桥

中承式、下承式系杆拱桥（尤其是多孔的）轻盈、起伏的造型给人以美感，在城市环境中具有较广泛的适应性。根据城市环境的需求，通过桥梁技术创新与美学创意相结合，可以系杆拱桥柔和多姿的建筑外形发挥其丰富多彩的景观效果。

出于城市环境的实际需求，还可充分表现偏态拱动感的形态特征，使桥梁拥有生命内涵的造型。例如，哈尔滨动物园1号桥为单孔偏态拱桥，构成"巨鲸遨游"的动势，成了动物园的标志。

归结起来，发挥拱桥的景观效果在于以柔美的拱肋（圈）为基调，展示刚柔相济、节奏韵律、连续流畅的形态特征。拱桥的结构设计就要维护这些特征，不能自我丧失，附属设施和照明设计也应与景观效果一致。

3. 发挥悬索桥的景观效果

1）重视立面构成的效果

在悬索桥塔、梁、主缆和吊索构成的立面中，主缆垂跨比是构成的关键因素，在主跨一定的前提下，塔高便是决定要素。桥面以上塔身高度由主缆垂度和主缆受力决定，通常将塔身选得高些，使立面雄伟，同时也减少索力以利锚固，而塔的材料数量增加并不多。就立面构成的点要素而言，塔顶控制着整个索面空间，没有足够桥面以上的塔高就起不了桥面空间的控制作用。

桥塔有了足够的高度，主缆就有优美曲线的垂度和离开主跨桥面一段距离，这些要素就能使整个悬索桥立面形成均衡的构图。主缆垂跨比一般为 1/11～1/9，城市悬索桥垂跨比可按实况适当增大。主缆适当显得粗些，可加强表现优美的曲线，使外轮廓线更加明确。桥面需要设置竖曲线以保持外观连续，并将主梁结构处理得轻盈而纤柔，使内外轮廓线相互协调，呈现柔中带刚、轻盈飘逸的总体造型和宏伟壮观的悬索桥景观。

由主缆和吊索构成的网状山形立面，除了直接给观者带来富有韵律的美感外，还有着曲线轮廓的帘隔效果。在网状立面的背后，城市形象有一种朦胧的神秘感，悬索桥与城市共同组成画面，"神秘"的城市更吸引人们去游览探索。

2）增强桥面动观的效果

与斜拉桥相比，悬索桥桥面内视点有着独特的视觉效果。主缆勾画出优美的悬竖曲线，从一座桥塔导向另一座桥塔，竖向有序排列的吊索将桥侧面分割成有节奏的空间。随着人们乘车的前进方向，连续流畅的主缆曲线高低起伏，同时伴随着吊索长短有序的节奏韵律，成了乘车过桥人们的一种视觉享受。然而，吊索与主缆及主梁的连接细部的不当处理，却往往成了不尽如人意的地方，应尽量克服避免。

4. 发挥斜拉桥的景观效果

1）注重立面的景观效果

在斜拉桥立面上，索塔主导着环境空间，均衡两侧索面的稳定，塔、索、梁形成的三角形加强了立面整体的平衡姿态，构成了自身刚劲有力、均衡稳定的独特景观优势。斜拉桥外视点的景观特点为：三角形几何不变而表现出刚劲稳定的特性；纤细的主梁和细密的拉索系统构成轻盈的特征；桥面在较大范围内设置竖曲线，略呈柔和的内轮廓线与外轮廓线形成刚柔对比；索塔向上的动势和斜拉索的力动感增强了斜拉桥的标志性和象征性。简捷流畅、连续舒展、轻盈纤细、刚性美乃是斜拉桥立面审美的主格调。

斜拉桥索面是一张张空透的帘面，通过斜拉桥的侧面能够增加城市景观的层次。辐射形布索有利于增强索塔向上的动势；竖琴形布索具备好的韵律感，有利于增进塔、索、梁三者之间的动势平衡；扇形布索则介于二者之间。可根据对斜拉桥景观的需求，选择不同的布索类型，但也要尽可能避免斜拉索交叉的不良视觉现象。

2）重视桥面内视点的效果

斜拉桥主跨通常较大，人们在两塔之间通过需要经历一些时间，所以要重视桥面内视点的视觉效果。除了上述辐射形、竖琴形、扇形布索对桥面内视点有不同的视觉效果外，斜拉索在塔顶和梁上锚固的方式也会影响内视点的效果。如果塔顶拉索按多层多列锚固，下端分组锚固在主梁上，各索之间会有视觉干扰，索面的序列效果也会受到影响。而A形索塔，由于斜拉索在塔顶按单列锚固，索面形成帐篷式空间，会给内视点留下好的序列（图2-10）。为了使内视点有好的视觉效果，斜拉索在塔上按单列或两列锚固，另一端在主梁上锚固也需有序排列。

图2-10　A形索塔的桥面效果

视点由远及近，到了离索塔一定距离时，人们的视线就从强劲、均衡的索面开始转向高耸、挺拔的索塔，进入观赏的高潮。塔的比例和尺度、总体建筑风格、标志性和象征性一目了然，从而索塔的景观便得到充分展示。有关发挥索塔的景观效果，详见下文有关桥塔景观内容。

3) 发挥斜拉桥景观效果的其他事项

(1) 发挥均衡稳定美。在立面构图上，首先要进行合理分跨，注意视觉上的均衡感与连续性，展示分跨的节奏韵律感；其次是选择合适的塔高，使高耸的塔柱与大跨度主梁的比例尺度和谐，获得桥上空间与桥下空间均衡。此外，还要从整体立面出发，考虑斜拉桥外轮廓线与内轮廓线均衡构图，发挥桥梁整体均衡的稳定美。

(2) 运用对比手法表现立面效果。索塔、索面、主梁是构成斜拉桥景观的不同要素，它们之间可以形成不同类型的对比，以增强景观效果。立面中的索面为"虚"，而塔和梁为"实"，可以巧妙地进行虚实对比，强劲有力的索面与柔性的塔型进行刚柔对比，不同类型的索面与塔型进行形状对比和色彩对比；等等。运用对比手法处理塔、索、梁三者关系的对立统一，使对比的双方有机地结合在一起，可以形成美观的立面构图、优雅的桥梁色彩和多彩的夜景效果。

(3) 将斜拉桥建在合适的城市环境中。人们观察桥梁时，桥梁与环境一起映入眼帘，城市桥梁景观是桥梁在城市环境中整体的视觉形象。在城市桥梁景观中，造型各异的斜拉桥未必都能提供很好的景观效果，因为斜拉桥的形态特征不完全适合各种类型的城市环境。其关键就是将斜拉桥建于合适的城市环境之中，要让所设计的斜拉桥成为城市景观适合的构成元素。

德国塞弗林桥位于莱茵河左岸古老城市著名教堂附近，高 77 m 的钢塔矗立在右岸的桥墩上，独塔斜拉桥不对称的布局与左岸的建筑取得均衡，A 形索塔也与对岸教堂高耸的尖塔十分协调（图 2-11）。这座桥以大主教的名字命名，巨大的索塔成为主教的纪念碑，桥梁与周围环境获得形与意的双重融合。如果将独塔置于左岸或者采用两岸均有索塔的双塔斜拉桥，都是不合适的。

5. 发挥桥塔的景观效果

桥塔主导着建桥处的景观空间，是城市索式桥梁景观最重要的视觉单元，如何发挥桥塔的景观效果决定着桥梁景观的成败。对于不同的城市环境，各种桥塔并非都适合，只有塔型跟桥体相称、与环境相融时才能有好的整体景观效果。为此，先比较索式桥梁的桥塔，再叙述桥塔的形态特征，然后结合桥型和所在环境表现桥塔的景观效果。

1) 斜拉桥与悬索桥的桥塔

斜拉桥索塔高度（桥面以上塔高）大致为 $(1/5 \sim 1/4)L$，而悬索桥塔高大

图 2-11 德国塞弗林桥夜景

致为 $(1/11 \sim 1/9)L$，式中 L 为主跨长度。因此，除矮塔斜拉桥外，对于同等主跨长度的斜拉桥塔高约为悬索桥的 2 倍。斜拉桥索塔的形态多样，既有刚性塔，又有柔性塔，还有雕塑性塔，而悬索桥的桥塔形状变化相对少些。

在景观要求采用斜拉桥或悬索桥时，就表明该桥型的形态特征较能适合所在的场地环境。桥塔造型是艺术与结构技术的有机结合，桥塔的建筑形态除了自身高耸挺拔外，还需主导体现整体桥梁的景观特征。所以，桥塔景观表现的重点就在于体现桥型自身的形态特征。斜拉桥索塔需要表现刚劲有力、均衡稳定、简洁舒展的特征，呈现刚劲挺拔的个性。同理，悬索桥桥塔需要表现刚柔相济、宏伟壮观、形态优美的特征，还需呈现柔美的个性，对细部也有必要进行恰当的柔化处理。

2) 发挥悬索桥桥塔的景观效果

桥塔是表现悬索桥景观的主要对象，而桥塔沿桥轴方向的正立面又决定着塔的特征与风格，乃是桥塔景观设计的重点。出于现代桥梁建筑外形简洁的特点，桥塔以简洁的刚构式为主，需要从表现悬索桥的形态特征来发挥桥塔的景观效果。

① 表现桥塔高耸的特征。悬索桥桥塔本身要有足够的高度，主缆曲线中央才能离开主跨桥面一定距离，从而维护主缆线型完整性。同时，为了表现桥塔的高耸、增强桥塔向上的动势，还常用以下手法：桥面以上的塔高与塔宽之比大到一定程度就会给人"高"的形象；运用竖向线条对塔身进行竖向分割；运用递减

法，随塔上升而塔柱截面逐渐缩小。

② 表现桥塔均衡简洁的特征。刚构式桥塔的横梁要与塔柱尺度相适应，避免塔顶横梁过厚、过复杂而显沉重感。桥塔顶部超高笨重的横梁或复杂的直线图案装饰，既不简洁，又造成塔顶沉重感，复杂刚性的桥塔会削弱悬索桥的形态特征。

③ 表现桥塔刚柔相济的特征。以柔和的形态为基调，对塔柱、横梁、塔冠、塔座顶面均可作圆角化处理，体现悬索桥典雅柔和的基本特征。日本大岛桥主塔为双层刚构结构（图2-12），塔顶横梁上缘设置凹曲线的饰墙，让主缆"镶嵌"在塔顶上。塔顶横梁下缘也设置了适合塔柱的复合曲线，使桥塔呈现出一种有机整体的外形。大岛桥桥塔如此柔性化处理，突出柔和优美的体态，不仅表现自身的形态特征，而且以简洁柔和的格调与因兰海优美的自然景色融合。与上述相反，如果让刚性的桥塔与柔和的主缆曲线相处在一起（图2-13a），就显得二者形态反差过大，难以体现悬索桥以柔美为主的景观效果。而广州的猎德大桥运用大量的曲线元素，采用了柔性桥塔（图2-13b），不仅发挥出悬索桥较好的景观效果，而且成了珠江上的一座标志性桥梁。

图2-12 日本大岛桥

图 2-13 悬索桥的刚性塔与柔性塔

④ 主导桥位环境空间的桥塔是最重要的景观元素，也是索式桥梁造型的关键。然而，出于桥塔在索式桥梁景观中的重要地位，桥塔建筑一旦处理不当，所产生的负面影响也是不可小觑的。

3）发挥斜拉桥索塔的景观效果

高耸的斜拉桥索塔刚劲有力，且与斜拉索及主梁形成三角形构图，均衡左右两侧桥空间的稳定。索塔向上伸展的动势，再加上三角形两条斜边指向塔顶，塔顶部位自然成了斜拉桥整体的建筑收头，构成斜拉桥标志性和象征性的聚焦点。相比悬索桥的桥塔，斜拉桥索塔形状多变，设计制约条件少而塔型选择余地大，便于索塔按景观要求进行造型。

① 表现刚劲挺拔的特征。斜拉桥索塔较高，且以直线为基调，通常采用矩形（含直线切角截面）或多角截面，形成直线形塔或折线形塔，更显得索塔高耸而挺拔，表现出斜拉桥刚劲有力的形态特征。

② 表现均衡稳定的特征。以高耸的索塔为轴线的构图呼应左右两侧空间均衡稳定感，除了确保索塔有一定高度外，索塔自身的形态还需稳定。均衡美的关键在于主构要素比例与尺度的和谐稳定，统计资料表明，桥面以上塔高与主跨之比在 1/7～1/4 范围内，视觉上的稳定感是合适的。同时，也要保证桥下有足够

的净空高度，使桥上空间与桥下空间在视觉上也能形成均衡的美感。

为增加观赏性，沿桥纵向采用斜塔。由于向桥跨外倾的斜塔和索面都比内倾的斜塔展示得充分，而且内倾斜塔还带有"倾倒"不稳之感，所以绝大多数的斜塔都是外倾（后仰）的（图 2-14）。

图 2-14 斜塔比较

③ 发挥索塔高扬的动势美和标志性作用。索塔高耸入云，蕴藏着强烈向上的心理诱导力。当人们仰视观塔时，诱导力就会将视线引向高处。即使视线到达了塔顶，仍然会继续上升，潜藏着向高空伸展的动势。索塔的动势不仅在于塔高的绝对值，而且当塔高与塔宽之比很大时，就能表现出强烈的向上动势。利用"凹槽"的光影效果进行有效的竖向分割，增强索塔的纤细感而发挥出高扬的动势美，还可利用凹槽位置锚固斜拉索，以减少锚具外露的杂乱感。

出于高耸挺拔的索塔在斜拉桥景观中的重要地位，斜拉桥的标志性和象征性往往就体现在索塔上，还能引导人们由桥梁景观的"情境"进入"意境"层面。这类景观效果，概括起来有两种类型：一是索塔形状对斜拉桥景观起到决定性的作用，所以索塔自身需要美观、新颖的形态，甚至选用象征意义的造型。如索塔在上升超过锚索区之后，有将索塔的动势表现得很充分的实例（图 2-15）；港珠澳大桥有采用白海豚造型的索塔等。二是索塔顶部设置标志的元素，如尖形吉祥物、标志物、宗教标记、民族图案等。

图 2-15 荷兰鹿特丹哈姆森斜拉桥

④ 增添相应的城市功能。必要时，可在塔顶或环绕索塔四周附设观光厅或咖啡厅等旅游观光设施，与城市功能互动，以增强城市活力。

2.5.3 城市桥梁造型

城市桥梁造型并非为造型而造型，造型设计之前就必须明确以下两项内容：一是桥梁与城市的关系，充分运用好造型的城市因素；二是城市桥梁造型的目标与出发点。

城市桥梁是城市景观的重要构成要素，城市桥梁造型要与城市景观相一致，并遵循城市的轮廓线控制，桥梁绵延的形体有时甚至也能构成城市的轮廓。组织城市轮廓线关键在于如下两方面：

（1）合理控制景观要素（常指建筑物的高度、体量和体型），使主要因素成为轮廓线的主体，次要因素处于从属地位。斜拉桥和悬索桥因有高耸的桥塔和索面，很容易与城市其他要素一起共同构成轮廓线，桥的形式和桥塔所处的位置显得特别重要。桥塔不应遮挡背景中的重要建筑物，桥体形状也要与轮廓线相协调，而不是相冲突。

（2）充分展示城市的自然轮廓线，如山水园林城市就必须"显山露水"。城市景观中的桥梁，就应强调其与其他建筑组成的轮廓线并从属自然山体的轮廓线。

桥梁自身就是流畅的形体，在城市环境中穿接着不同的空间，起到连接空间与功能互动的作用，城市桥梁设计的目标除了完善的功能外，主要是为了增进城市景观和城市活力。城市桥梁造型设计的立足点在于借地利、显特色、延文脉、呈活力，造型的实质就是考虑城市地貌、景观、文理和文化，通过桥梁在不同地块和不同层次上进行城市连接，以各种流畅的线条将相关的公共空间交织在一起。桥梁在连接城市不同空间时，也要巧妙地将自身融入都市空间。城市桥梁通常按城市环境、城市标志、城市活力和城市特色等四种类型进行造型。

1. 源于桥位城市环境的桥梁造型

1) 按桥位环境进行造型

出于桥位的城市环境，紧扣周围城市要素进行桥梁造型，能使桥梁空间与周围空间紧密结合，还能相应发挥城市桥梁的各种属性。所以，按桥位环境进行造型的前提就是基于城市的不同界面和肌理。此外，还需要在桥位环境中挖掘、提炼能够代表当地特征，表达某种象征意义的环境元素。在以上两方面的基础上，对形式的抽象和结构的具象进行综合构思，就会形成既能用于桥梁结构又能具有一定象征意义的造型概念和造型元素，于是该类桥梁造型便有了基本的保障。

长沙梅溪湖中国结步行桥，跨越龙王港河，连接梅岭公园、支路九、梅溪湖路、银杏公园的人行交通。业主要求通过一座桥实现两侧公园、两岸道路、两岸河边步行联系互通。NEXT建筑事务所从桥位环境的景观、地貌、文理出发，以联结环境要素为主题，运用东、西方文化的结合，将莫比乌斯环和中国结无限联系的思路贯穿起来[①]，再加上对湖南红文化的理解，综合提出了中国结的桥梁概念造型（图2-16）。该桥由3条步行道、5个节点，直线形"散步道"和拱形"登山道"多段桥身交叉组成，弯曲环绕的曲线与热烈浓郁的喜庆寓意相融合，充满着桥上空间相互穿插、桥梁空间与环境空间交织在一起，与桥位景观完美结合。

图2-16 长沙中国结步行桥

2）以构景的方式进行造型

城市桥梁是具有特殊几何形状的人工构筑物，主要以"线"的形态展现在城市形象的画卷上。桥梁形象中的曲线或直线简洁而优美，充分展示出力度的魅

---

① 蒋晓飞. 从建筑到桥梁——NEXT桥梁设计实践. 国际桥梁工程美学线上论坛. 2020.9.1。

力，而斜拉桥、悬索桥等特殊形式的桥梁则由水平桥身、垂直桥塔和索面构成空间的"面"。组织城市形象画面的实质就是以构景的方式，通过桥梁几何形体与城市非几何形体的合理组织，共同构成城市形象绵延不断的画面。譬如采用对比手法，处理水平伸展的桥梁与垂直的高层建筑；斜拉桥、悬索桥的山形立面与自由绵延的山水互相协调；以高架桥的桥下空间形成框景等。桥梁有时还成了进入城市的必经之路，它与城市特定的地形、水面、绿化等组成丰富的空间轮廓线。处在重庆渝中半岛景观中的滨江高架桥，设计者将高架桥成功地处理为半岛风光的轮廓线（图 2-17），桥梁与半岛景观构成一幅美丽的城市画卷。

图 2-17　重庆渝中半岛的滨江高架桥

3）按城市景观节点主题进行造型

在城市景观序列环境中，景观节点的主题一般比较明确。而对于城市节点景观而言，凭着桥梁独特的形态优势往往都能成为景观的主景，所以把握桥梁形成的主景与景观节点主题的相应关系十分重要。这类城市桥梁造型便是按景观主题选择桥梁形式，其关键在于选择适配主题的桥型。当然，必要时还可进行桥梁技术与艺术的综合创作来表现景观主题，从而构成设计在景观方面的创意与创新。

上述造型中需要注重以下两方面内容：一是以景观节点主题为中心，寻求与主题相关的桥梁元素和城市要素，以此为基础组织桥梁构成要素，以桥梁的形和意表现景观节点主题。同时，还要充分表现被选桥型有利主题的形态特征，挖掘桥址场所环境、地域文化以及其他造型条件的有利因素，给予加强表现。二是需要以增进城市景观和城市活力两项内容共同体现城市景观节点主题。即桥梁造型不仅让桥梁空间与城市空间有机结合，而且造型还要主动参与城市功能互动，构筑新型的城市复合型空间。

港珠澳大桥珠澳口岸上岸的人行·管线桥全长 2 150 m，该项目由东南大学设计。桥梁总体景观主题为"情系珠海"，由四个景观节点组成，每个节点均有分主题，共同表现总体景观主题。表 2-4 列出了分主题与总体主题的关系、各景观节点造型概念及其桥梁造型。

表 2-4　　　　　　　　　珠澳口岸上岸桥梁景观主题构成简表*

分项	上岸通道桥梁				上岸侧地域
总体主题	情系珠海				海珠映月
景观节点	1	2	3	4	
节点主题	系 情系	情 情丝	珠 湾海明珠	海 海浪	以娱乐设施建筑为主
概念	联系相通 丝丝入扣	情归一处 永结同心	珠光璀璨 珠联璧合	海城相拥 乘风破浪	
节点桥梁造型	连续的平面曲线形桥梁	交叉的系杆拱桥	桥面上设置三个球形建筑空间（D = 15 m、20 m、12 m）	将桥梁表现为起伏的海浪形	

* 资料来源：丁建明. 从城市发展趋势看慢行桥梁设计变迁. 国际桥梁工程美学线上论坛. 2020.9.1

2. 按城市标志进行造型

城市标志的主要作用是指示和表征，城市标志性建筑具有鲜明的视觉与象征的双重作用。城市桥梁景观因具有以下优势，客观上容易成为城市的标志。其一，城市的建筑空间常为密集而拥挤，而城市桥梁却处在相对空旷的空间中，具有环境优势而显得特别重要；其二，桥梁从外观上比其他建筑更易识别，在所处环境中具有唯一性；其三，桥梁本身就是城市的地理标志，尤其是斜拉桥和悬索桥因有高耸的桥塔更容易成为城市的标志物。

作为城市形象之一的桥梁建筑，其造型务必要充分发挥城市桥梁的景观优势，重点放在产生一个充满吸引力的外观形象和使用场所空间，以桥梁的特殊空间形成城市桥梁的特点。值得注意的是，城市环境是城市桥梁造型的立足空间，运用强调法进行城市标志造型的城市桥梁，不能因"强调"而脱离城市环境，而是更应以城市因素为基础进行某方面的重点强调。

荷兰 Melkweg 桥俗称"银河桥"（图 2-18），横跨 Noordhollandsch 运河，连接着皮尔默伦德市历史中心区和新区，设计旨在新、老城的中间打造特定的地标。巨型拱桥高出水平面 12 m，拱的制高点高于老城建筑的最高点，能让人们登高远望，提供独特的城市视野，感受城市的变化。该桥由两条通行路线组成，一条是行人从地面走到制高点过桥，另一条是自行车沿"Z"字形转折骑行过河。需要通船时，自行车桥可平转开启。

图 2-18　荷兰银河桥

该拱桥建造在城市轴线上，选择正对老城大街的方位，在城市文脉和肌理上均作了多方面考虑，桥梁成了城市历史的延伸。在此基础上，还对拱桥进行重点强调（包括拱高、弧度、造型等），精美的拱桥吸取了中国古代拱桥的许多美学要素，各个视角的效果都是美的，具有完美的整体形象，银河桥成了整个城市的地标。

3. 按城市活力进行造型

城市活力是城市具有旺盛生命力和促进城市生存发展的能力，现代城市的"运动有序"就是将城市的各项运动有序地组织在一起，满足城市的内在需求。桥梁的连接是空间与空间、功能与功能之间的互动，这便是城市需要的活力所在。因此，在城市桥梁上需要融进城市相应的功能，并通过有序组织创造出多种复合型空间。在此过程中，设计者需要深入研究场所中各种人的行为与场所环境相互促进的需求与途径，探索和运用行为与环境互动的方法。桥梁在进行各种空间连接和功能互动中，必然会在桥上增添一些必要的设施，如桥上观光平台、塔顶观光厅、桥与摩天轮结合等，同时还需要注重相应的人性化设计。山东潍坊白浪河大桥（图2-19），采用无轴式轮桥合一的摩天轮，集交通、商业、旅游功能为一体，该桥便是按城市活力进行造型的案例。

图 2-19　山东潍坊白浪河大桥

4. 按城市特色进行造型

全球化使城市空间日趋同质，城市将会逐步丧失个性与特色。需要在理解地域的自然和文化环境资源的基础上，从城市主题文化发展战略思想出发，通过城市设计的目标策划进行城市特色化。城市特色主题体现城市主题文化发展战略思想，延续城市主题文化理念，按城市特色进行桥梁造型，可让桥梁成为体现城市特色主题的元素。

城市特色化要求城市桥梁有自身的特色，并使桥的特色成为城市特色的组成部分。在这种情况下，需要以城市特色主题把握桥梁造型设计的方向，既要确保桥梁满足城市的要求、体现所在城市的特征，又要促进桥梁围绕城市特色进行设计。桥梁的城市特色造型，需要将桥梁作为表现城市特色的载体，构成适合特定城市环境空间的造型，更需要有一个与城市特色主题相符的桥梁自身表现的主题，使造型的各项工作围绕自身主题逐步展开。

桥梁城市特色造型也离不开城市因素，需要以当地城市特点为基础进行桥梁造型特色化：

（1）深入分析城市要素，研究桥梁环境空间组合的取向和城市元素整合、夸张取向，充分运用城市的有利因素进行桥梁造型。

（2）做到地方特色、民族风格与时代精神有机统一，并体现当地传统建筑风格和工艺特色，借鉴其造型、色彩和装饰等融进桥梁造型之中。

桂林山峦重叠、水清见底、山水灵秀甲天下。桂林城市桥梁以花桥多孔薄墩连拱桥为著名。在设计桂林解放桥时，面对桂林"山水灵秀"的城市特色主题，选取"桥梁秀美"为造型设计的主题；对应桂林"山峦重叠"而选用大小拱叠置的轻盈拱桥造型（图2-20），以大小拱形成的节奏和韵律体现桂林城市的秀美特色。在解放桥桥底还刻有各种图案，引入城市元素，人文底蕴深厚。

图 2-20　桂林山水与解放桥

2.5.4　案例分析

案例一：浙江衢州市书院桥

衢州有着1800年的历史，始建于479—502年的八座古舍书院，彰显着当地的人文历史特色。同时，书院桥穿越衢州职业技术学院，且与书院西路相接，桥梁处于重学、尚学的地域文化环境。设计采用V形墩梁式桥的简单结构形式，以翻开的书本作为V形墩的造型（图2-21），并在书本页面上镌刻衢州的古地图和论语。翻开的书本顶面设置玻璃弧形人行通道作为观光平台，特色人行通道与桥面空间充分贯通，将桥梁的功能、空间与文化寓意融合在一起。

一座普通的V形墩梁式桥，如果不作文化和景观上的表现，只能是一座平淡的城市桥梁。而书院桥出于桥位城市环境的独特需求，以衢州历史文化的城市形象进行设计定位，将桥梁艺术与当地人文历史结合在一起，打造历史文化寓意。该桥不仅将桥梁结构形式与桥文化寓意相融合，而且为河道桥梁构筑水上活动和

图 2-21　衢州市书院桥

近水休闲空间,给人们带来富有内涵的体验感,从而提高了桥梁的整体价值。书院桥设计以新的理念去创造城市桥梁的文化价值,获得了 2020 年上海市优秀工程勘察设计一等奖。

案例二:伦敦泰晤士河九榆树人行桥[①]

泰晤士河九榆树人行桥位于南岸巴特西地区是港口、仓库、中低档商贸区和住宅区,此处还屹立着一座著名的发电厂(图 2-22)。这座 20 世纪 30 年代由著名设计师斯科特设计的发电厂,至今仍是伦敦最大的建筑之一,被当地人视为与圣保罗大教堂同级别的伦敦地标。而北岸的切尔西·肯辛顿地区是伦敦最传统的城市中心之一,当地的金融业、零售业发达。

该人行桥设计必须满足桥下的通航要求,整体施工要求在距河面 11 m 的空中完成,且施工不影响两岸的既有交通。同时,桥的接坡不能太大,以利骑车和其他非机动车通行,还要保证双向交通的安全性。此外,桥两端应留出足够的公共区域空间,以适应周边环境。

经过一年多的竞标角逐,伦敦政府 2015 年底宣布采用丹麦贝斯特鲁普团队的设计方案(图 2-23),该方案为单索面双塔人行斜拉桥,以纤巧如箭般的塔柱

[①] 《泰晤士河又添新桥》,桥梁杂志. 2019.3.1.

图 2-22　巴特西发电厂与桥位南岸建筑环境

图 2-23　九榆树人行桥概念图

为主轴单侧回转布置的拉索巧妙地与螺旋式引道相结合，充分利用两岸的河道空间，为桥头留出足够的公共空间。桥梁整体造型独具匠心，很有创意，纤巧的塔柱与发电厂高耸的烟囱建筑相呼应，流畅、旋转、轻柔的桥梁形态与两岸的城市环境相协调。通过充分表现单索面双塔斜拉桥的形态特征，构成新型的城市公共空间，从而展示了现代城市人行桥景观。

设计团队自豪地表示：优雅而简洁的设计使我们最终胜出，该方案正是展现此桥是真正美观的桥梁，桥两端着地点的轻巧处理方式是设计的最大亮点，将对周边的影响控制到最低。桥梁既是交通纽带，又是新的城市公共空间，成了城市最有吸引力、令人愉悦的场所。政府部门的评价是：设计作品优雅而富有表现力，与环境相适应；对行人和自行车交通设施的设计有独到的见解。

对于城市桥梁，通行和美观是市民最关切的两个因素，九榆树人行桥方案从桥址的实际条件出发，对这两种因素均作了恰当的安排而成为设计的特色。此方案能否实施，关键还在于解决相关的技术难题，譬如全桥统一采用空间拉索，整体空间受力复杂，单侧布置曲线主梁的拉索更会使主梁受力复杂化，塔柱顶部有限的截面需要锚固众多不同方向的拉索和塔柱的受力稳定等，对设计仍有不少挑战。作者期待该方案能够如期实施，使有特色的九榆树人行桥早日问世。

2.6　城市桥梁适应性分析

适应性便是设计者从整体出发，通过不断调整建筑自身构成要素，使其设计适应客观环境条件的系统行为。"适应性体现了外部需求和内部能力的协调过程——充分利用现有资源，最大化地适应环境需求，从而提出最佳的解决方案。需求是适应性生成的前提条件，能力是适应性的解决途径。"[12] 进行适应性分析的目的在于使设计成为可行的方案。

在城市桥梁适配城市环境的分析中，往往需要通过造型适应性和结构适应性两方面的分析来实现。即先通过造型适应性分析与调整，使城市外在和内在的需求成为设计的意象，再通过结构适应性分析与优化，将设计的意象转变为具象，形成可行的设计方案。城市桥梁适应性分析就是桥梁造型适应城市需求，桥梁结构适应造型及其结构自身可行的设计过程。

2.6.1 造型适应性分析

1. 场所环境适应性

场所是城市桥梁的依存空间,反映城市环境和区域性的城市生活情境。场所环境需求是城市桥梁设计的前提条件,对场所环境的深度剖析是城市桥梁概念设计和城市桥梁规划的必需工作。场所环境适应性体现桥梁设计与现有条件之间的适配程度,需要统筹考虑桥梁与场所环境的空间契合、文化价值、生态价值和人们对城市环境的心理感受。城市场所环境适应性要求桥梁设计合理利用区域环境资源,并与各项环境要素呼应与衬托;桥梁采用适从城市场所环境的造型,需要协调城市环境的形态和建筑风格。

2. 地域文脉适应性

桥梁的地域感来自所在地域的多种特性(自然、生态、文化、社会、科技和经济等),文脉特征指一种文化的脉络,从民族、地域中发觉文化的亮点,让历史的记忆得到延续。"地域文脉适应性要求桥梁具备社会赋予的多重属性,将地域的、历史的、文化的、习俗的等抽象情感因素通过感知和认知传递出丰富的联想,形成舒适、和谐的个体体验。"[12]

桥梁既受到历史文化因素的影响和制约,又是历史文化特色表现的载体。历史文化体现在城市桥梁上,就是桥梁要与地域文脉相通,满足地域文脉适应性。清晰的历史文脉和鲜明的地域特色才能令使用者感受到文化底蕴,城市桥梁的景观价值才有厚实的基础。

3. 桥梁自身适应性

出于城市桥梁造型适应性的需求,不仅桥梁主体造型适应场所环境和地域文脉,而且桥梁各组成部分的形态服从总体设计。桥梁自身适应性必须关注桥梁的整体形态及其每个组成部分(构件)的形体与细节的适应性,至少需要考虑桥梁主体、局部构件及桥上附属设施三方面内容:在视觉上,桥梁结构主体被认为是桥的整体轮廓,是辨认桥梁与周围环境的空间界面。城市桥梁需要既合理又因地制宜的总体设计,桥梁主体既适应河道景观,又与所在城市街道达到视觉上的均衡、连续与稳定,保持和谐的整体性。

桥梁局部构件(如塔、墩、台、碇、梁、拱等)造型遵循总体设计,各造型体之间形成良好的呼应,表达出适宜的桥梁特征与风格,使城市桥梁形成协调统一的整体结构。这是城市桥梁自身适应性的关键所在。

附属设施适应性要求各种桥面设施把握住各自"从属"的地位，决不允许"各自为政"。设施的形式、形态及空间布置与桥梁的主体结构或构件均需要有一定的主从关系。

2.6.2 结构适应性分析

在桥梁造型演绎成为结构受力体系的过程中，需要进行结构适应性分析。城市桥梁结构适应性既要结构适从桥梁造型的需求，又要确保适配结构合理可行，需要对结构进行安全、耐久的受力分析，还要进行施工方案适应性的论证。

1. 结构体系适应性

结构体系适应性分析，先是结构体系必须适配桥梁造型，然后对适配结构进行结构技术设计。桥梁造型是适配结构寻求的目标，造型设计往往决定了桥梁结构的基本形式。所以结构体系适应性主要体现在合理的结构受力上。首先，结构体系的每个节点都要满足力的平衡，这是结构受力体系成立的基本条件。其次，需要评价景观需求的代价，充分考虑结构体系的经济性。通过调整和优化结构设计参数，可使结构的受力性能和经济性达到最佳状态。桥梁结构设计参数可分为总体布置参数和体系参数，它不仅体现结构体系的外在形式，而且也反映结构在自重下的受力状态和活载等作用下的受力响应。其中，常规桥梁的合理尺度是结构设计参数的经验取值，是用来指导常规桥梁结构设计最便捷的方法。此外，对于因适配造型需求而结构有所突破的非常规结构体系的桥梁，其局部受力复杂，明显呈现三维特点，更需要深入分析和优化，还要为后续设计和施工中可能出现的问题预留一定的调整空间，对结构体系进行适应性分析时务必考虑一定的冗余。

2. 施工方案适应性

建造的可行性是制约城市桥梁概念设计从意象向具象转变的前提条件，桥梁的可施工性是施工方法评价的关键，需要在施工方案适应性分析中予以充分论证。同时，施工难度直接影响桥梁的总体造价，所以还需要结合地质条件、交通需求、运输能力、结构特点和城市环境等众多因素，即从城市环境施工的特殊条件出发进行施工便捷性分析研究。此外，城市桥梁的许多结构即使在建造完成后仍处于巧妙平衡的状态，其施工过程的平衡稳定便显得更加重要。因此，局部应力和整体稳定往往成为结构验算的重点。

2.7 城市桥梁概念设计流程与设计操作

城市桥梁是以城市环境为背景，与城市相得益彰的市政构筑物、城市整体景观的一种构成要素，现代城市桥梁而且还是现代城市发展和现代桥梁技术进步的共同标志。城市桥梁概念设计是城区桥梁的设计策划、构思和可行性研究，需要在桥梁概念设计中融进所在城市的特殊因素。即桥梁不仅与其城市环境协调，而且考虑城市形态发展的需要，营造现代化的城市氛围，满足城市的外在需求和内在需求。因此，城市桥梁必须进入城市层面进行概念设计，除了满足城市的约束条件和桥梁自身的要求外，既要以桥梁美增进城市整体美，又要桥梁参与城市功能互动，将桥梁功能与城市功能有序地组织在一起，运用新的设计理念去创造城市桥梁的总体价值。

2.7.1 城市桥梁概念设计流程

邓文中院士强调："工程是多方案的，所以工程师的职责就是要选择一种最适合的方案。"在城市桥梁概念设计中，不能只停留在"可行"和满足规范上，而要追求"卓越"。为此，设计要从研究约束条件和桥梁的城市定位开始，先确立设计目标（或设计主题），然后根据设计目标进行设计方案构思，再进行多方案比较，在众多可行的方案中选择、完善，并形成最优的解决方案。概括起来，城市桥梁概念设计的流程如下。

1. 立意

先介绍英国贝德福德（Bedford）蝴蝶拱桥的设计方案作为立意内容的开始。该桥位处于船坞川流不息的乌斯河上，相互竞争的航运交通使河面生机勃勃，尤其在千禧年的划船大赛中，会期一周的"大河节"就有超过50万人在两岸和桥上观看比赛。桥位下游是贝德福德悬索桥，桥位附近还有双拱桁架的伯斯特桥。

威尔克森·埃尔建筑师事务所在现场考察时，设计灵感来自河道的生机和环境的动感氛围，形成桥梁方案的概念草图（图2-24），两条拱弧从此岸的一点出发，逐渐向上、向外张开后，又汇聚到彼岸的另一点。两条斜置的钢管拱肋就像蝴蝶的

图2-24 蝴蝶人行桥方案概念草图

两只有生命的翅膀,远望该桥的造型便是一只停飞在水面上的蝴蝶。该方案不仅桥身造型新颖而生动,而且体现下游悬索桥吊索式的基本体系,为体现与双拱桁架桥协调而将高拱抛物线形表现得更充分,以利新建桥梁与周围环境完美结合。此方案在一场公开大赛中胜出之后,逐步成为贝德福德城具有地标性的一座蝶形人行桥。

在上例城市桥梁方案设计中,表明了立意的重要作用。立意过程就是运用设计理念整合桥的功能因素、桥梁自身因素和环境因素,寻求各种设计因素的契合点(图2-25),得到解决设计问题的切入点进行设计目标定位(如上例中,桥梁以蝴蝶的造型体现乌斯河生机活泼的河道景观)。当然,概念设计的立意是多样的,可按景观主题立意,也可按创新的题材立意,还可按城市标志性建筑立意,等等。

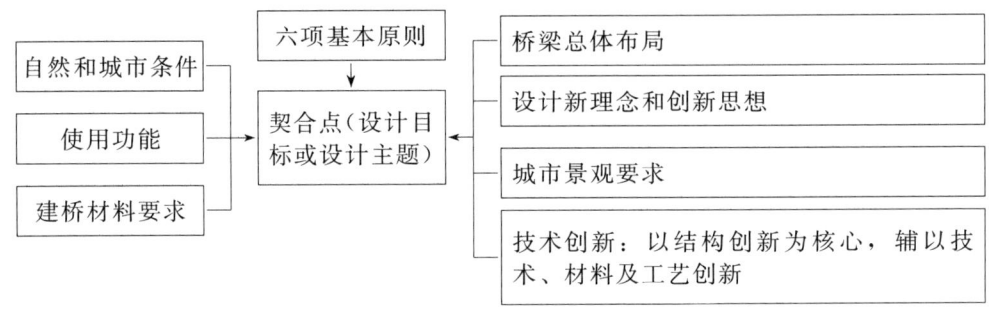

图2-25 立意示意图

2. 构思

城市桥梁概念设计构思是从立意到城市桥梁具象的过程,需要通过桥梁造型设计和景观设计、结构设计和桥梁适应性分析来综合完成,"造型—结构—可行性"三者密切交织,需要反复交融、不断调整。同时,构思过程不单是概念生成,还包括概念选择的过程,对各种备选方案进行评估、比较、选择和综合,以形成最佳的设计方案。

(1)造型设计与景观设计。方案的造型设计是在明确设计中环境要素的核心需求后,从立意所得的设计意象出发,综合考虑桥址场所环境、地域文脉和桥梁自身适应性进行构思、比选和优化,形成最具造型适应性的形象。造型设计是由设计目标的抽象概念逐步转化为建筑形态的过程,也是适配结构寻求的目标。在构思阶段,桥梁景观设计需要把握桥梁造型的城市特征、形态与风格、人文表达,并且提供造型的景观措施和表现桥型所需的形态特征,使桥梁与环境共同构成景观,以保证设计方案的景观效果。

（2）结构设计。构思阶段的桥梁结构设计，是将桥梁造型转变为结构受力体系的过程，包括结构体系构思和结构技术设计两部分。构思结构体系即在造型设计的基础上寻求适配的结构，由造型过渡到结构。而结构技术设计，则将结构体系抽象化进行建模，以近似方法和结构设计参数等手段进行分析计算和技术设计。满足力的平衡是结构体系成立的基本条件，局部受力问题的解决是整个结构设计的难点。这些内容已在"结构体系适应性"中分析过，而且结构设计是桥梁概念设计的主要内容[1]，也是结构工程师的强项，在本书中无需再进一步深入介绍。

（3）桥梁适应性分析。上述造型设计和结构设计各自所得结果的可行性，均需分别进行相应的适应性分析，逐步排除不切合实际、不可行的结果，以确保最终形成的设计方案合理可行。桥梁造型需要符合适应性法则，既要适从所处的区域环境，桥梁本体又要有较好的美学表现，同时造型还要有创意。城市桥梁造型适应性分析含有场所环境适应性、地域文脉适应性、桥梁本体适应性、造型创意和创新适应性等。桥梁结构适应性要求结构适从造型的需求，寻求结构比例和谐、受力合理、经济的桥梁结构，结构适应性分析包括结构体系适应性、局部构造适应性、施工方案适应性、结构创意和创新适应性等。

3. 完善设计

通过造型、结构、可行性综合设计构思之后，还需要进一步完善与深化，尤其是对方案的亮点和创新点进行优化完善、充实提高。通常需要着重完善以下四方面的构思内容：从立意到桥型结构，按实际需求进行创新；完善结构可行性分析，确保设计方案安全、合理和可行；充分表现桥梁所需的形态特征，加强桥梁与环境协调，促进共同构成城市整体景观；桥梁与城市进行相应的功能互动，满足城市的内在需求。本阶段可用少量文字和几张概念草图表达设计者的构思和创意，显示设计个性和风格，并对方案中的亮点进行重点描述，重在分析与比较。

图 2-26 示出了城市桥梁概念设计的基本流程。

在上述城市桥梁概念设计流程中，立意是设计方案灵感的体现，也是设计创意的出发点。只有准确地立意，方案设计才有正确的目标。构思是从立意的概念转变为城市桥梁具象的过程，也是设计创意和创新的思考过程，巧妙科学的构思能使立意得到实现。构思过程包含着造型设计、结构设计、适应性分析和景观设计的综合运用。其中，景观设计不仅体现在景观定位的立意过程，而且还在构思过程中与造型设计密切配合，在结构设计和完善设计中也要运用景观设计思想。

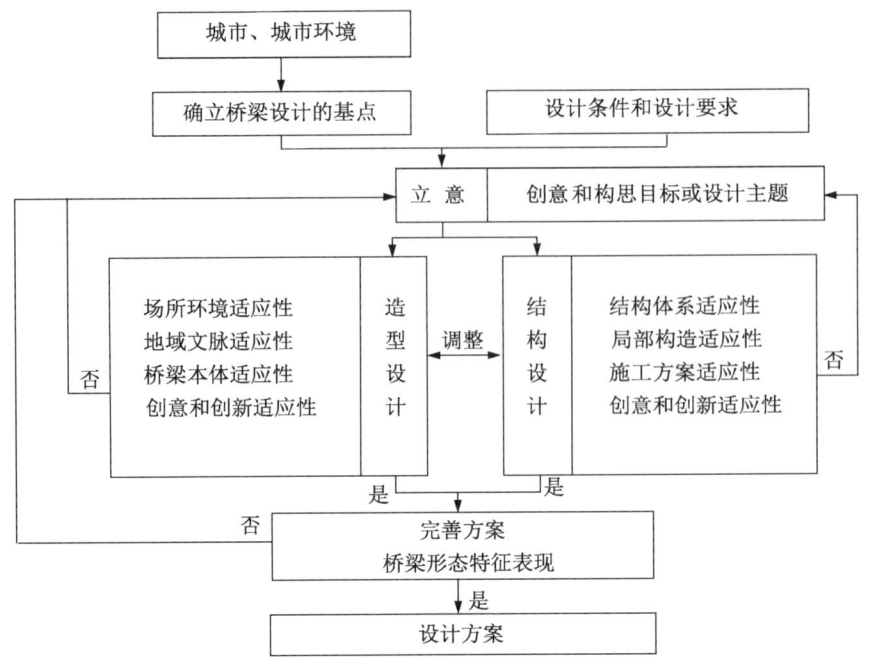

图 2-26　城市桥梁概念设计流程框图

只有将上述四项设计进行有序结合、不断相互调整，才能确保设计方案完美可行。在立意、构思和完善的各个流程中，均需要设计理念的支撑，以新的理念去创造城市桥梁的价值。设计理念贯穿概念设计的全过程，合理运用设计理念便是城市桥梁概念设计成功的基础。

2.7.2　运用设计理念进行城市桥梁概念设计

我们平时看到的只是城市桥梁的本身或它的特点，而重要的是形成它们背后的设计思想[13]。城市桥梁设计作品是设计师思维活动的反映，城市桥梁的发展与其设计的指导思想密切相关。设计思想直接支配着城市桥梁设计，而设计理念既是设计的起源，又是设计思想的灵魂所在。在城市桥梁概念设计中，如何合理运用设计理念便显得特别重要。下面，便从设计的源头开始，综合运用设计理念进行城市桥梁概念设计。

1. 设计流程中运用设计理念

城市桥梁概念设计有着内、外两方面的条件，外在条件主要在于城市对桥梁设计的要求、工程条件和桥梁环境美的条件；内在条件基本是桥梁结构构造与受力的要求。在概念设计流程中，就是综合运用设计理念形成正确合理的设计思想，再通过设计思想与设计能力的有机结合，逐步满足设计的外在条件和内在条件。

城市桥梁概念设计的基本目标就是基于桥梁设计的城市理念，按城市设计的视角思考桥梁设计满足城市的需求。设计创意既可由设计理念形成，也可从建桥条件和桥梁结构中产生，权衡设计内、外条件可在创意中进行立意。立意过程就是在城市发展目标主导下，运用设计的城市理念、桥梁美的理念和创新理念整合桥梁交通功能因素、桥梁自身因素和城市环境因素，寻求各类因素的契合点进行桥梁设计的目标定位。

设计立意之后，又会产生多种创意，在整合各类因素过程中也会出现各种构思。构思是设计创意和创新的具体思考过程，需要以立意的目标为中心，综合运用各种设计理念梳理创意与构思的种种关系进行融合，使构思的桥梁满足城市的外在需求和内在需求而成为设计的意象，逐步获得合适的桥梁造型。在此基础上，进一步运用设计的创新理念和桥梁美的理念进行桥梁造型与桥型互动，选择适配造型的某一桥型布置。有时为适配造型还需实行技术与艺术相结合，进行必要的桥梁结构创新，做到桥梁结构适应造型及其结构自身可行，将设计的意象转变为具象。在上述创意与构思、造型与桥型两种互动中，需要运用设计理念和设计能力综合处理功能需求和环境因素，去满足设计的外在条件；按照桥梁结构美的理念与结构技术相结合进行构思逐步满足设计的内在条件。准确的理念才能产生合理的设计思想，再在设计思想的指导下去发挥设计能力，造型—结构—可行性三者不断交融、调整与优化过程中都需要准确理念的支撑。从构思的整个过程可以看出，设计的城市理念、桥梁美的理念和创新理念需要有机结合、综合运用，不仅能使所构思的桥梁与城市空间融合在一起、桥梁结构自身也能安全可行，而且还能不断形成创意与创新内容。

在完善设计阶段，需要进行深入思考、细节推敲与结构受力分析相结合，以及关键节点构造研究、施工方案拟定、技术经济分析等必要的技术工作。在完善结构与细节调整这个环节中，仍然需要按照设计理念对方案的特色内容进行完善与深化，保持与立意、构思的一致性，进一步实现桥梁自身适应性和桥梁创新，以利桥梁方案达到造型满意、结构安全、经济可行且有创意。

2. 设计重点与设计理念

在城市桥梁概念设计中，设计目标定位和运用创新理念设计城市桥梁两项显得特别重要。

（1）设计目标定位把握着设计的方向，既能确保桥梁满足城市要求、体现所在城市的特征，又能成为设计构思的一种衡量标准，并围绕建设目标展开概念设计的各项工作。在设计目标定位中，不管是按城市定位或按创新进行立意，还是按设计主题进行表现，都需要设计理念和设计经验的支撑，通过把握精准设计思想而形成的。例如，正因为城市环境中的桥梁与城市建筑相伴在一起，设计中需要以城市规划和城市设计为出发点，运用设计的城市理念掌握城市对桥梁设计的要求，从而去把握城市桥梁概念设计的方向。

（2）在我国新发展理念引领下，"十四五"规划充分体现创新理念，所形成的城市总体规划是创新版的，相应的城市桥梁更需要创新型的。创新理念能够促进形成创新的设计思想，而创新思想便直接引领创新性城市桥梁设计。即创新理念推进城市桥梁设计创新，运用城市桥梁创新系统理念实现高新技术与艺术相结合，可创造出具有突破意义的创新点，不断形成技术创新和艺术创意。新时代下的新思想、新格局、新发展理念促进城市桥梁形成新的设计理念，从而以新的理念不断创造城市桥梁的价值，体现城市桥梁概念设计的价值观。

3. 贯通与融合设计理念，注重交叉学科的综合创作

随着现代城市化建设的迅速发展，城市对桥梁设计的要求全面提升，城市桥梁设计的艺术性和创新性不足的问题日益突出，由工程师设计城市桥梁的传统方式已经完全不能适应。通常的方法是由多个学科组成的设计团队进行城市桥梁概念设计，既要有相互协作的模式和精神，又要分别发挥各学科专业化的深度。事实上，这便是建筑师配合工程师合作设计的模式。

近些年来，同济大学为了培养跨学科人才做了多种尝试。其中，徐利平立足桥梁专业，运用建筑学专业的理论体系和技术研究路线，紧紧围绕桥梁与建筑等专业在城市桥梁理论与创作领域的交叉核心内容，构建起城市桥梁建筑理论，并提出基于交叉学科的城市桥梁创作。该方法把艺术创作过程扎根于桥梁工程技术，将"建筑师配合工程师的合作设计方式"转化为交叉学科的技术艺术综合创作[14]。城市桥梁设计创作中，以下三点值得特别重视。

（1）桥梁设计创作是为满足特定的建桥条件而对基本桥梁结构体系进行改变、组合或对其受力状态进行变化所做的创新工作，使结构的力学性能与经济性达到最佳状态，其核心就在于桥梁结构创新。

（2）只有艺术完全、充分地渗透进桥梁结构之中，技术与艺术才能很好地融

合在一起。

（3）整个创作过程需要综合运用各种设计理念，创新理念贯穿于综合创作的始终。

城市桥梁概念设计是运用准确的设计理念整合各类设计因素进行创意与创新的过程。随着我国现代城市品质和艺术审美需求的提高，城市桥梁需要进行综合创作：如按城市景观定位，形成融合城市的桥梁；表现桥的个性美，形成城市的特色桥梁；创新雕塑性桥梁，将桥梁技术、结构、艺术融会在一起，构筑城市的标志；实行结构艺术创新，展现桥梁技术美；创造与城市功能互动的（人行）桥梁等。在上述城市桥梁综合创作过程中均需要设计理念的有力支撑，概念设计的各项工作必须综合运用设计的系统理念，更需要在各种设计理念贯通与融合的基础上，实行设计理念创新，从而以新的理念进行技术、艺术综合创作。

2.7.3 城市桥梁概念设计实例分析

作者主持设计的浙江宁波庆丰桥，是宁波市东西向城市快速通道——通途路跨越甬江的大桥，与著名的三江口仅 4 km，桥梁的城市环境为甬江两岸大片绿地中的点式高层建筑。

1. 立意

庆丰桥方案设计运用城市理念进行桥梁的城市形象定位：桥梁是宁波市对外开放的门户，并为甬江以各类索式桥梁形成序列奠定基础，主桥选用三跨双塔悬索桥，主跨 280 m 一跃过江。由于该桥方案具备准确的城市定位，在 2003 年桥梁方案投标中一举中标。

2. 构思

在上述立意的基础上形成庆丰桥概念设计的主题和造型方向，从城市景观的高度追求桥梁形象的目标。由此，构成了庆丰桥设计构思的基本思路：以悬索桥概念设计为基础，桥梁造型体现城市门户的形象，在充分表现悬索桥形态特征的前提下，重点发挥桥面内视点门户的视觉效果。

（1）总体设计。由于桥位处的地质条件不适宜采用地锚，所以选用三跨双塔自锚式悬索桥。对于边跨方案，选择不设辅助墩和设一个、两个辅助墩等三种方案进行分析比较，最终选用了各根吊索力较均匀、钢箱梁应力较小而造价适中的设两个辅助墩的方案（图 2-27）。于是，主桥分跨为 34.85 m + 36 m + 38 m + 280 m + 38 m + 36 m + 34.85 m，全长 501.7 m。主桥如此分跨，对于全桥而言，实际上边跨成了引桥分跨的延续。因此，对于桥下空间边跨则成了引桥与主跨的过渡形式，充分突出了主跨之大；而对于桥面空间，边跨与主跨构成三跨连续悬索桥的完整形态，从而使全桥立面均衡统一，桥上空间与桥下空间完全融合在一起。

悬索桥主缆直径330 mm，选用较大的垂跨比使主缆线形优美。吊索按6 m间距有序排列，其长度由短至长，再从长到短规律变化，构成渐变的韵律（图2-27）。桥面对称设置3.535%的纵坡，中间布置4 000 m半径的凸型竖曲线。庆丰桥完整流畅的曲线主旋律、节奏优美的主韵律和气势磅礴的总体造型，呈现出宏伟壮观的桥梁景观，形成了当地的标志性建筑和游览景点。

图2-27　庆丰桥立面布局

（2）桥塔造型。桥塔高度主要决定主缆的垂跨比，还要与周围的点式高层建筑相协调。为了使桥面以上的门式桥塔形状有合适的比例，需要保证桥塔有足够的高度，故将主缆垂跨比选用了1/6。桥塔总高度75.2 m，桥面以上塔高占总高的73%，桥下部分塔高是桥上的28%。

庆丰桥桥塔作为宁波市对外开放的正门象征，造型旨在具有独特的个性和优美的形象。从表现悬索桥的形态特征出发，桥塔以曲线造型为基调，并进行以下的美学处理：

①门户象征，桥塔采用门式刚架结构，实行主塔与副塔有机结合，中间车行道之上为大门架，两侧人行道位于桥塔分叉之下，构成"大门"与"小门"有机结合的独特、雄伟的门户造型（图2-28）。

②桥塔侧立面上窄下宽，中心线上设置凹槽进行竖向分割，塔顶向外削成尖角，桥塔呈现高耸挺拔的力度感，体现奋进向上的主格调。塔柱高出上横梁顶面

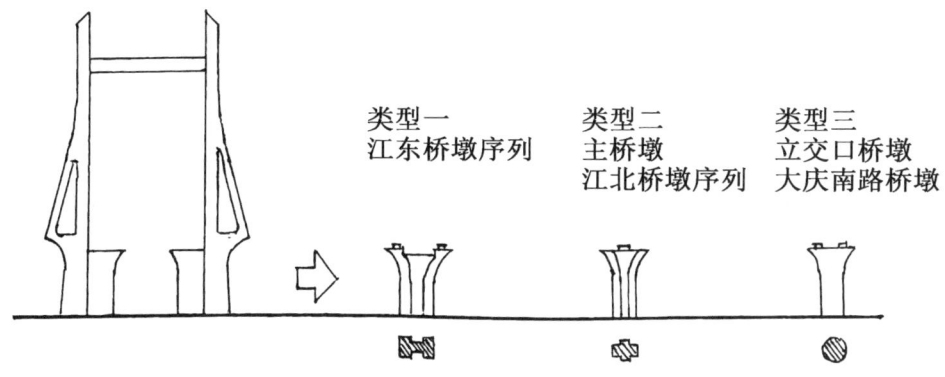

图 2-28　桥塔与桥墩造型

11.7 m，不仅保证了桥塔有足够的高度，而且还为了与两岸的点式高层建筑相呼应。

③ 柔化处理，桥塔外形除了多处作了弧线处理外，塔柱截面还以 1/4 圆弧倒角，着重表现桥塔柔和优美的特征。

（3）桥墩造型。出于庆丰桥总体造型的特征，桥墩造型设计的原则为：

① 桥墩造型与桥塔造型风格一致。

② 统筹构思主桥边墩、辅助墩、引桥墩、匝道墩的造型，以表现桥下空间序列韵律美。

③ 桥墩形状与主梁外形相协调。

以桥塔墩作为桥墩造型的雏形，选用带弧线的墩柱，且以 1/4 圆弧倒角，构成柔性的花瓶式造型。花瓶式桥墩不仅与悬索桥的形态特征相符，而且桥墩顶部向上展开的"瓶口"与箱梁趋势一致，上、下部形态和谐。图 2-28 示出了由桥塔墩雏形敷演出三类花瓶式桥墩造型：类型一是适合设置两个支座间距较大的桥墩，构成江东引桥的桥墩序列；类型二为适合设单个支座的桥墩，构成主桥墩和江北引桥的桥墩序列；类型三墩身为圆柱体，顶部弧线张开设置两个支座，适合位于交叉口中心的桥墩。

3. 完善设计

对设计的特色内容进一步完善与深化，尤其是对方案的创意和创新点进行重点描述和优化，以至成为概念设计的亮点。

（1）桥头堡建筑设计与都市门户的构成。主跨桥面高出水位 25 m 之多，主桥桥面乃是观赏甬江两岸景观的好去处，大桥只在主桥范围设置人行道，主桥两端各建两座桥头堡。桥头堡高 28.6 m，高出桥面 11.49 m，采用与主缆形状相似的波形屋顶，侧面设置玻璃幕墙。桥头堡中心安装垂直升降电梯，环绕电梯井四周设置人行楼梯,并在电梯井的三个外侧面设置广告灯箱。桥头堡不仅提供行人上、下桥和观光的所在,而且夜间在广告灯光的映衬下具有独特的夜景效果。

前面已述桥塔造型具有门户的象征,至于耸立在主桥端头两侧的四座桥头堡,既限定主桥与引桥的空间,又承担大桥与点式高层建筑相呼应,构成富有现代特征的桥梁空间(图 2-29)。桥头堡作为主桥的入口,采用敞开的门户造型,象征开放式的一道都市大门。庆丰桥有着两种类型的门户象征:桥塔构成的复合式都市门户,桥头堡形成开放式的玻璃幕墙大门。当人们乘车或步行通过主桥时,就会感受到先进入桥头堡的开放式大门,然后再进入桥塔的都市正门,以此彰显庆丰桥的城市形象。

图 2-29 庆丰桥侧面效果

(2) 完善主桥梁体结构设计。长 501.7 m 的主桥梁体为七跨一联的连续梁,主跨位于中间。钢箱梁自重相比混凝土梁要轻得多,适合用在中间的主跨上;主缆自锚端需要巨大的重量来平衡主跨,所以边跨的大部分采用混凝土梁。为此,主梁采用钢混组合梁结构,选择受力较小处作为钢混结合面,同时设置钢混结合段,并提出结合段特殊的构造措施。钢箱梁与混凝土梁外形一致,主桥梁体形成了统一的整体。

(3) 曲线匝道桥与日湖公园。由于宁波市地铁 2 号线的原有走向调整,而使江北的 C 匝道曲线尾部进入日湖公园水面。匝道桥梁进入园林风景区,需要增强景观性,相应具备园林桥梁的特征。曲率半径 68 m 的 C 匝道线形舒展流畅、轻盈简洁的曲梁结构配置圆柱形桥墩，再在桥面栏杆两外侧配置悬垂的绿化，并取消桥面的高杆照明为栏杆照明。如此的曲线匝道桥有机分隔日湖的水面空间，增加了水景的层次。陈从周教授在《说园》中写道，"园林景观中，静寓动中，动由静出……"，C匝道上行的车辆驶进宁静的日湖，"以静观动，以动观静，则景出"。曲线匝道在日湖水面上成了一道新的风景线。

4. 庆丰桥概念设计的特色

运用设计的城市理念进行桥梁的城市形象定位；按照桥梁美的理念，充分表现悬索桥的形态特征；运用城市桥梁创新的理念，在形成桥梁完美的整体立面构图的基础上，构筑庆丰桥都市门户的象征。从而荣获2011年教育部优秀工程勘察设计一等奖。

2.8 按设计理念规划城市桥梁

城市桥梁规划是城市总体规划的专项详规，也是城市设计的重要组成部分。城市总体规划确定之后，根据上位规划和交通专项规划，不仅要考虑城市对桥梁的要求、符合路网布局和道路性质，而且桥梁的功能作用、结构形式满足建桥条件，很有必要对城市桥梁进行系统规划，以形成符合城市总规要求的桥梁群体。

桥梁与城市在三维空间的相互作用具有宏观性、全局性和抽象性的特点。需要从城市布局的大空间中建立桥梁规划理念和目标，同时根据城市的总体规划和城市发展趋势，结合桥梁建造技术的趋势谋划桥梁造型，其目的不仅在于建立桥梁与城市规划之间的形态学关系，更在于谋求建立桥梁与城市规划理念与思想之间的逻辑关系，寻求桥梁与城市的本源统一[14]。

2.8.1 城市桥梁规划理念

城市桥梁不仅涉及与城市环境的种种关系，而且还涉及桥梁之间的协调相处。城市桥梁规划范围广、桥梁数量多，牵涉到城市的各种环境和不同空间，充满着城市对桥梁群体的要求。在城市桥梁设计理念的基础上，结合城市群体桥梁的特点再提出城市桥梁规划理念。

1. 城市桥梁完善的功能

第1章谈到过现代城市桥梁除了最基本的交通功能外，还具备城市的景观属性、城市开放空间与公共场所、城市文化的载体和城市象征。在城市桥梁规划中，还需强调从现代城市的基本外在和内在需求出发，城市桥梁需要桥梁形体美，力求成为城市重要的景观要素，增进城市整体美；城市桥梁还要积极参与城市功能互动，将桥梁与城市的相应功能有序地融合在一起，提高城市桥梁的总体价值。

2. 城市桥梁环境观

桥梁景观是一门环境艺术，作为特殊建筑物的桥梁处于周围环境中仅是景观的一个组成部分。建筑与环境是否相互适应，关系到风景整体的审美价值[15]。城市桥梁要突出景观整体的美感，桥梁需要从如下几方面协调环境：单体桥梁与所在（自然、建筑、人文）环境协调，以桥梁点缀环境；拟建桥梁要融入水流风景线和道路景观带，还要与上下游邻近桥梁在形态、风格和色彩上的协调；新建桥梁要符合城市总体规划，且适合城市的规划环境。

然而，城市的性质却能启示城市的宏观环境。所以，城市桥梁规划还需把握好桥位具体环境与城市宏观环境的关系。

3. 城市桥梁特色化

桥梁设计贵在有特色，失去个性和特色就意味着丢了核心价值。城市桥梁特色化可概括为以下两方面：

（1）以创新理念为主导形成特色化。城市桥梁发展的动力在于创新，创新的设计理念和应用高新技术可以推进城市桥梁设计创新，成为设计方案的亮点。以新的理念创造城市桥梁特征的价值，从而形成城市桥梁设计的特色，这是桥梁设计者值得追求的目标。

（2）以城市资源为本进行特色化。基于城市特点，因地制宜地做到地方特色、民族风格与时代精神有机结合。以当地传统建筑风格和工艺为特色，借鉴其造型、色彩和装饰等融入桥梁设计内容；就地取材，发挥传统地方建筑材料的艺术表现力；利用乡土风情景观具有异常诱人的魅力，以因借手法摄入桥梁建筑和桥梁环境之中；桥梁传承当地人文，体现历史文化、地域文化等。

4. 城市河道群体桥梁序列化

从建立城市河道连续景观出发，既要考虑河道"线性空间"的要求，又要思考地理和人文环境"面域场所"的表现特征，设计者需要从整体性、融合性、集合性建立设计理念，将桥梁加入河道景观序列，并将上下游相邻桥梁加以整合，形成更具系统的景观价值。

此外，还要考虑沿河观光的特殊要求，重视各座桥梁之间的有机联系、增强群体桥梁自身的系统性。提倡城市河道群体桥梁序列化，让游者在视觉上既连续又变化，观后自然获得桥梁序列的感受。

2.8.2 城市桥梁规划

1. 城市桥梁规划目标

（1）优化桥梁布局，充实城市总体规划。运用城市规划设计理念与逻辑分析，寻求与城市总体发展方向一致的桥梁整体优化目标；根据城市道路与交通规划，既统筹安排拟建桥梁的布局，又对现有桥梁提出处置对策，以满足城市交通发展的需求。

（2）建立桥梁景观系统，提升城市整体形象。通过统一规划，从宏观上给每座桥梁定位，系统考虑桥梁的形态和建筑风格，使桥梁与周边环境协调；把握桥梁之间的相邻关系，以形成一个完美、和谐的城市桥梁群体，从而有序提升所在城市的整体形象。

（3）桥梁表现城市的特色主题。通过城市桥梁规划的目标策划来体现城市特色，以桥梁造型创造富有特性的城市空间和心理环境，表现城市的特色主题和规划主题，满足人们的心理要求和精神需求。

（4）系统融入有特色的地方文化，发展桥文化。发挥城市桥梁的文化属性，尊重城市历史文脉和自然地理特色，体现桥梁与周围环境的内涵；桥梁融合地方历史文化，增进人文山水文化，因地制宜地发展当地特有的桥文化。

（5）引导城市桥梁建设方向。对城市桥梁设计方案实行控制性和指导性两方面同时控制，以利准确把握城市桥梁建设方向。通过桥梁投资总体规划，有助桥梁投资分配决策。

2. 城市桥梁规划设计方法

城市桥梁规划内容除了新建桥梁的策划、构思外，还包括现有桥梁修缮、改造与提升等。通过现状桥梁和环境的系统调查与分析，解读已有城市规划成果，把握城市发展的目标、战略与思路，然后进行城市桥梁规划的分区与划段，并确定相应的桥梁规划主题。依据城市桥梁设计的外在条件和内在条件及其相互关系，运用城市桥梁规划理念、桥梁的功能定位和景观定位，先形成规划区段的桥梁序列，再形成城市桥梁整体规划[16]。其中，规划分区及其主题、规划区段桥梁序列和城市桥梁整体规划的形成分别简述如下。

1）城市桥梁规划分区及其规划主题

（1）桥梁规划分区与划段。人们活动一般沿河道、街道观赏河（街）景，而河（街）景习惯上自成系统。遵循人们活动规律和城市规划要求，大多按河道进行桥梁规划分区，使桥梁按河道形成序列。如果规划区河道较长拥有很多数量的桥梁时，还需依据实况将河道再划分成若干规划区段。

（2）分区和区段的规划主题。各分区和区段的桥梁均需有一个合适的规划主题，不仅体现各自的表现重点，而且还要体现后者对于前者的衬托和深化。在对周边环境、历史文化以及市民行为等分析研究的基础上，遵循城市主题文化发展思路，寻找与规划目标一致的重点内容提炼为桥梁规划的主题。规划内容便围绕主题精心策划、合理安排，不放过任何环节加以表现。

2）城市桥梁规划的景观定位

根据城市桥梁沿河（街）道成串状布局的特点，河（街）道景观带将各座桥梁有序地穿接在一起，同一条河（街）道上的城市桥梁规划通俗讲便是"穿珠成链"的工作。城市线性景观带具有连续、系统的景观效果，而桥梁仅是景观带上的节点建筑物。宜从组织城市景观带的角度进行桥梁规划，各座规划桥梁以景观带上的节点景观进行定位，让桥梁融入整体景观之中。[17]

3）形成规划区段的桥梁序列

运用城市桥梁规划设计理念，规划区段的桥梁提倡序列化，将城市桥梁贯穿在一起体现景观带整体景观的价值。这一课题特别体现在城市河道桥梁上，上下游桥梁密度达到一定程度时，桥梁序列化的问题尤为突出。

按照"城市桥梁环境观"，区段的各座桥梁要自身形体美，桥梁形态和建筑风格与其所处的环境协调，规划的桥梁还要适合城市的规划环境；区段桥梁在多样中寻求构成规律，提取各种可以相互和谐的因素，构成由规划主题逐步展开的和谐统一的整体，而桥梁之间有序变化。

4）形成城市整体桥梁规划

在形成各规划区段桥梁序列的基础上，按照"总体协调、重点突出"的原则进行完善，并形成分区乃至整个城市桥梁规划。

（1）通常以河道为系统先形成桥梁序列，再以街道为系统进行规划效果校核，并加以调整。

（2）在整个规划范围内，统筹均衡重点桥梁的位置、体现的主要内容、突出程度等，还要衡量重点桥梁与邻近城市地标建筑的取向关系。

（3）按照城市轮廓线的构成要求复核序列桥梁的高度变化、过渡桥梁所处的位置等。

（4）专题衡量河道交叉口的桥梁规划是否合理。

本章参考文献

[1] 项海帆,等.桥梁概念设计[M].北京:人民交通出版社,2011.

[2] 马丁·皮尔斯,理查德·乔布森.桥梁建筑[M].吴静姝,王荣武,译.大连:大连理工大学出版社,2003.

[3] 付宝华.城市主题文化与特色城市构建[M].北京:中国经济出版社,2007.

[4] 卢济威,于奕.现代城市设计方法概论[J].城市规划,2009,33(2):66-71.

[5] 林长川,林琳.桥梁设计美学[M].北京:中国建筑工业出版社,2014.

[6] 金广君,朱超.城市街道空间的演变:从道路系统1.0到"绿街系统"[J].现代城市研究,2017(5):106-111.

[7] 韩伯林.世界桥梁发展史[M].上海:知识出版社,1987.

[8] 唐寰澄.桥梁美的哲学[M].北京:中国铁道出版社,2000.

[9] 成玉宁.现代景观设计理论与方法[M].南京:东南大学出版社,2010.

[10] 杨士金,唐虎翔.景观桥梁设计[M].上海:同济大学出版社,2003.

[11] 潘世建,杨盛福.桥梁景观[M].北京:人民交通出版社,2001.

[12] 陈修和,吴志刚,任丽莎.公路景观桥梁适应性设计[M].北京:中国建筑工业出版社,2017.

[13] 王应良,高宗余.欧美桥梁设计思想[M].北京:中国铁道出版社,2008.

[14] 徐利平.城市桥梁建筑理论[M].上海:同济大学出版社,2018.

[15] 齐康.风景环境与建筑[M].南京:东南大学出版社,1989.

[16] 杨士金.谈城市桥梁规划[J].城市道桥与防洪,2016(2):73-77.

[17] 尹德兰.邓文中与桥梁:中国篇[M].北京:清华大学出版社,2006.

第 3 章
城市河道桥梁序列化

城市河道是城市自然风景轴线，河道滨水空间是城市河道空间的核心。由建筑与水生态有机结合的水景观有着特殊的视觉效果，沿着河道水体活动就会体验到序列性水景空间的感受。城市河道桥梁是连接两岸交通的纽带，它不仅是城市河道景观中重要的跨河构筑物，而且随着桥梁数量的增多还会形成桥梁群体。城市河道群体桥梁也能构成具有一定规律的自身序列，形成秩序美和节奏美，同样会给人们带来美的享受。

本章以河道景观空间及其序列为基础，运用河道景观理论和设计的城市理念，将桥梁空间作为切入点整合城市河道桥梁各种构成要素，充分表现水中桥梁的特点；基于河道群体桥梁空间与河道景观空间的依存关系，提倡城市河道群体桥梁序列化。

3.1 城市河道景观空间及其序列

3.1.1 城市河道景观空间

河道空间通常由滨河空间和水域空间两大部分组成（图 3-1），其中滨河空间还可分为堤岸空间（河域空间）与陆域空间。水体富有灵性，河道景观因水而灵，水域空间是河道景观空间的主体。岸线是城市风景线和游步道，堤岸空间兼有限洪、步行和景观的多重功能。滨河空间作为与城市河道接壤的区域，既是水域边缘，又为陆地边缘，其空间 200～400 m 的范围包括堤岸空间和陆域空间，是自然生态系统与人工建筑相交融的城市公共空间[1]。滨河空间是整个城市公共开放空间的主要组成部分，为人们提供休闲、观光、休憩的场所，是市民享受大自然的理想区域。

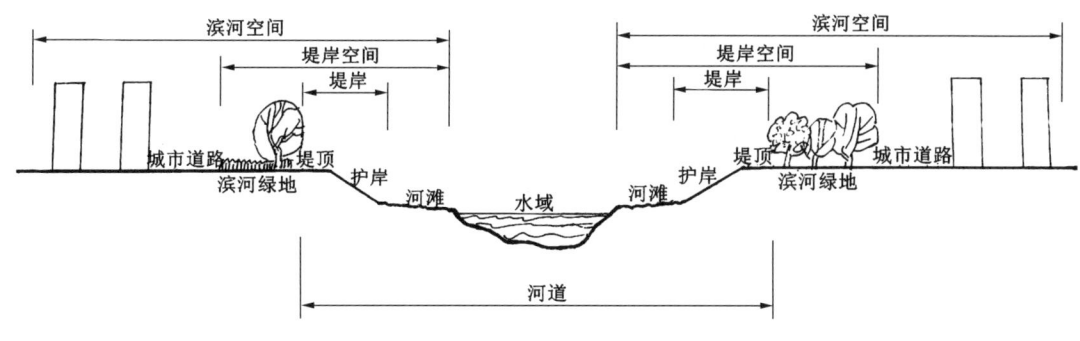

图 3-1　城市河道空间的构成[2]

1. 城市河道景观

城市河道景观是城市的景观带和生态廊道，以中间带状的水域为中心，两岸林荫步道、自行车道将滨河区连贯在一起，形成功能齐全、景观丰富、亲水性好的景观功能带。城市河道是城市最显著的通道空间，也是廊道型的景观空间，具有连续性、公共性、多样性和场所性。现代城市河道由自然生态与人工设施组成的融合体，滨河空间景观追求多样化、多功能、灵活性、生态性，各组成部分构成密不可分的系统关系，廊道型的景观空间特征尤为突出。总之，河道景观侧重水景观，以河道为中心轴线向两岸扩展，城市河道景观需要注重以功能性、亲水性为主的河道横断面设计。

同一河畔的建筑物不仅需要整体化，而且滨河建筑与河道关系越密切，就越能展现沿河建筑物的形态[3]。因河道景观的一体化，河道景观设计首先要有整体观念，如何调整滨河建筑物与沿河生态形成整体景观是一个极为重要的课题。虽然排列在滨河两岸的建筑物是河道景观基本的构成元素，借助于河道开放性的空间，建筑物的形态醒目对河道景观的影响颇大，而对于建筑物而言更重要的是力求与周围环境相协调，这是河道整体景观所决定的。

2. 城市滨河景观空间设计原则

滨河空间景观还涉及城市生态系统的平衡、生产生活的安全保障、历史文化与地区生活方式的承继等物质与文化精神领域的众多方面。城市滨河景观设计是多学科的综合问题，需要采用综合设计方法，着重于以人为本的功能设计和生态设计。在营造城市滨河景观空间设计中，需要遵循以下基本原则：

（1）保护与开发平衡的原则，通过河道景观一体化设计，构建与生态和谐共生的城市河道景观空间。

（2）以人为中心，通过对不同区域滨河空间使用者的调查分析，构建各有侧重的滨河空间景观。

（3）注重亲水性，营造人水和谐关系，重视河道护岸设计和亲水环境的构建。桥梁是水陆交通交汇的结点，它作为跨河建筑物分割河道空间，在河道中的景观作用极为醒目。沿河选择优质的观桥视点建造亲水平台，以利眺望桥梁景观。

（4）延续和挖掘深层次的沿河地域文化内涵，注重历史文化的延伸，体现地域的人文特色。

3.1.2　城市河道景观空间序列

沿着景观河道水体活动（如乘船游览等），可领略到序列性的水景空间。"水空间序列是为展示水体主景服务，在各过渡的程序里，由于时空的变换、次要景物的烘托、主要景观的呈现，使人们感受到每一空间的安排都是前一空间必要的继续、引申、扩大甚至强化。"[4]

空间序列是关系到景观的整体结构和全局性的布局。"好的空间序列使人在动态观游的过程中，获得连续变化的画面感和丰富而不单调的空间趣味。"[5] 组织城市河道空间不仅要根据功能和自然条件划分空间和风景分区、运用各种手法丰富空间层次和景深，而且还要从整体上协调好各个局部空间之间的关系，以形成主次分明、抑扬顿挫、变化统一的空间序列。

城市河道景观空间中各组成部分之间的关系是通过线性空间组合来实现的，即沿着滨河道方向布置环境设施而形成的空间，既要考虑滨河线性空间内各功能区域之间的相互联系，又要处理滨河空间景观环境与城市肌理的关联性。这种空间组合具有线性带状的特征，并起引导作用，还具有联系统一和隔离划分的功能，整体上给人亲切、平稳、连续流畅的感觉。

河道景观空间通过空间组合、体形、比例、尺度、质感、色调、韵律以及某些象征手法等，还可构成丰富复杂如乐曲般的体系，体现一种造型美，形成艺术形象；造成一定的意境，引起人们的联想与共鸣。"文学和音乐的序列都可以成为景观空间序列的借鉴，景观空间序列也应该是由入口空间、主题空间（序列主题）和呼应空间组成的。"[5] 城市河道景观空间序列也不例外，按照河道景观空间的连续性、公共性、多样性和场所的特征，其空间序列应由始末空间、主题空间、呼应扩展空间有序构成，而序列之间通常还伴有过渡空间。通过河道线性空间组合构成城市河道景观空间序列，需要着重考虑以下要求：

（1）必须有线性的道路、建筑、水面、广场等条件为依托，并受其本身形式的制约。

（2）使人在空间中时刻朝向较开阔的方向，形成良好的视野。

（3）突出滨河空间公共性，积极推动公众参与，注重视觉形象的塑造。如赋予景观元素特色，讲究景观的层次感与错落感，既可借鉴传统造景手法，又可进行形式创新与材料创新等。

（4）滨河建筑物的布局必须与空间序列相适配，需要做到因地制宜、主次分明、互为呼应。其一是重点突出：既要重视景观节点，又要保持景观连续性，合理配置各种设施，保持视觉的通透性和人流的汇聚性；其二是相互呼应：景点间需要相互借景，形成视觉上的引导性，还要按功能关系控制景点间距等。

（5）河道空间具有过渡、流动与渗透的特征，使河道景观空间显得多变而有章法。所以，在城市河道景观空间序列设计中，可相应运用空间的组合、渗透和流动等手法。

3.2 城市河道桥梁特征

3.2.1 河道景观中的水体与桥梁

河道水体有静态与动态之分。静水除了安详、朴实的特征外，还能宁静、真实、形象地映照出周围的景物，给人增添神秘色彩。平静的水面与桥梁的三维度有着内在的统一感，因而可以相互协调。尽管静态的河水显得有些单调，但桥梁的倒影又赋予平坦的河面以丰富的内涵，深度适中的静水随着人的视角变化，倒影与水底景物交替呈现，使人浮想联翩、心旷神怡。2016年，G20西湖水面舞台便是运用静水的特征增添舞台的光影效果（图3-2）。

河道静水平面还给人以稳定感，水上建筑会让人们的视觉和心理产生微妙的印象，仿佛建筑被水的这一"基座"有效而从容地承托着（图3-3），便获得一种稳定而完整的感觉。水上建筑如果巧妙利用水面的这一特性，既能产生稳定感又有漂浮感，从而可以强化建筑空间环境的意义。从这一角度而言，桥墩的承台底不宜脱离水面，桩基础更不应露出常水位的水面之上。

图 3-2 杭州西湖水面舞台夜景

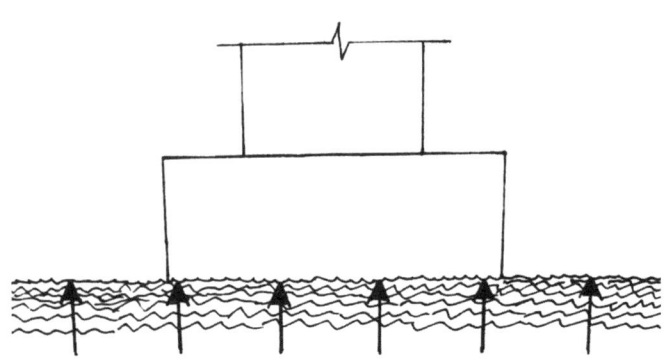

图 3-3 水面的"支承"作用

动态的河水以及伴随而来的水声,在渲染环境气氛上具有一定的功效。水流环境与桥梁相伴,还能渲染出动态的桥梁景观效果。若在桥上巧妙设置人工喷泉,如桥侧水兽喷水,甚至将水帘引至桥上(图 3-4、图 3-5),就会构成别有情

图 3-4 人工动水的景观效果

趣的人工动水，水的形、声、色赋予桥梁一种神秘感，起到点缀、丰富桥梁景观层次的作用。

图 3-5　韩国首尔汉江盘浦大桥

与河道桥梁相伴的水体，除了上述的静态和动态特征之外，水体形态还有无穷变化，甚至水位也有季节性的升降。河道水体的变化直接影响河道景观，而影响桥梁景观的效果更为显著。山区城市河道坡度陡，水流面积随季节性变化大，常在桥梁下游筑一道过水坝，以确保桥下常年都有一定的过水面积，保证桥梁景观不受季节性影响（图 3-6）。

3.2.2　城市河道桥梁的景观作用

从城市河道桥梁上通过的行人和乘车旅客，既要观赏河景又要了解相关的桥梁内容；在桥下乘船及沿河两岸游览的人们，欣赏河景时很自然地将桥梁作为观赏的主要对象。处在城市景观河道上的桥梁，除了具有交通功能外，也有观赏价值和构景功能，不少城市河道桥梁还被打造成为景观桥梁。

在城市河道景观中，桥梁作为跨水建筑物分割河道空间，桥梁所起的景观作用十分明显。城市河道桥梁常以强烈水平延伸的跨水建筑物与河道环境巧妙结合，创造出多维的水体景观效果；城市河道桥梁有时还需要成为河道景观节点主题的主体，打造成为区域甚至整个城市的标志性建筑；桥梁既可与著名的临水建筑共同形成景点，如悉尼大桥与歌剧院（图 3-7），又可与优美的河道环境一起

图 3-6　以保持桥下过水面积来维护桥梁景观

组景、构景,桥梁还可与历史文化浓郁的环境相结合,构成城市河道独特的人文景观。城市河道人行桥甚至成了精心构思和创作的公共空间艺术品,不仅具有自身的景观价值和艺术价值,而且还成了人们观赏河景的重要场所。

图 3-7　晚霞中的悉尼大桥

3.2.3 城市河道桥梁观光休闲的场所功能

如上所述，河道桥梁是以天为顶、以水为底三维景观空间的建筑物，具有区别其他桥梁的独特优势。城市河道桥梁不仅是人们观赏的对象，而且是眺望河流纵向观景和观赏河道两岸风光的所在，是供人驻足观光、逗留休闲的极佳场所。为此，城市河道桥梁必须提供观光休闲的良好环境，城市河道上的人行桥和桥梁人行道更需要注重发挥其观光休闲的场所功能。上海迪士尼度假区的奇缘桥和奇幻桥，均由外高内低的两幅圆弧桥面组成，外幅宽6m，内幅宽3m，中间设置8排台阶式座位（图3-8），不仅提供了不同层次的观光休闲场所，而且还可专供就座观赏迪士尼的焰火。

图 3-8 上海迪士尼"双奇桥"

日本隅田川大桥为双层钢梁桥，上层是首都高速专用，下层提供城市公共交通。站在桥上远眺下游的永代桥和上游的清洲桥都很美观，并能分别打卡留下各自珍贵的桥梁美景，所以成了观赏他桥美景的场所。但此桥自身却过多强调交通功能，忽略了桥本身的美观而不断受人指责，也成了城市河道桥梁功能不完备的桥梁之一。

桥下堤岸滨水空间是城市中具有吸引力的空间之一，通常视野较开阔，也能提供观赏对岸风光的绝佳视点，是市民接触自然并进行休闲、娱乐、聚集之地。同时，这部分桥下空间还能遮阳避雨，然而此处一旦管理不善，便会设置不恰当的临时建筑，甚至成为堆放垃圾的场所。因此，也要重视这部分空间的处理，发挥出应有的场所功能，给市民留下一个干净、美观又有活力的桥下空间。

3.2.4 城市河道桥梁空间特征

1. 河道单体桥梁空间

城市跨河桥梁位于水陆空间系统的交汇点，桥梁以特有的形状、超常的尺度和强烈的艺术表现力而成为河道风景线上的重要节点。城市河道桥梁空间连通了被河道分隔的两岸城市开放空间，呈现出或直或曲的连续流动的线性空间形态。跨河桥梁也得益于独特的地理位置，以大面积的水体为背景，结构形式全部外露，对河道空间隔而不挡，增加了河道景观的层次。

桥梁空间可分为桥头空间、桥面空间和桥下空间三部分。桥头空间指桥端头与河堤相交叠合而成的公共空间，是城市滨河空间中极具活力的区域；桥面空间特指全桥主梁顶面以上，实现车辆和人行通道的空间，提供抵达彼岸的通道；桥下空间指桥梁在水面及地面的正投影和遮阳阴影区域所覆盖的空间。表3-1为河道单体桥梁空间一览表，分别列出桥头空间、桥面空间、桥下空间的特征和相应的景观营造。通过此表分析，旨在实现"景"与"观"的互动体验，将有益于提升城市滨河公共空间的品质，创造活力并实现多层次的价值[6]。

2. 河道群体桥梁空间

河道桥梁是河道景观中的重要跨水建筑物，它不仅是连接河道两侧交通的纽带，而且还将两岸的景观聚集在一起。在景观上，城市河道桥梁有不同的表现形式：有如江南水乡和水城威尼斯那样相隔不远就会有一座小桥，形成一系列成串状的景观节点，桥成了河道景观中最富有特色的意象空间；也有出于城市河道景观和重点桥梁的需求，桥梁也可以表现为区域甚至整个城市的标志……。

"在风景环境中，人们首先关注的是单个物象与水体结合后总的审美价值。前者仅是后者的一个单元，并与其他诸单元连成一体，随着时间和空间的推移，统一在水空间的序列之中。"[4] 作为河道景观节点的城市桥梁，与河道景观其他要素联成一体，使得多姿多彩的群体桥梁统一在城市河道水体空间序列之中。由于群体桥梁的布局特点、形态特征和功能内容特点都会形成多座桥梁整体空间的特征，从而构成河道群体桥梁自身独特的空间系统。

表 3-1　　　　　　　　　　　　河道单体桥梁空间一览表

项目		桥头空间	桥面空间	桥下空间
特征		具有可达性、可识别性、亲水性、公共性特征，与邻接要素"统一、渗透、结合"的空间	以狭长线性空间为主，具有指向性和节奏感，联系着两岸公共空间，并渗透和介入河道空间中。桥面距水面有足够的高度，具有绝佳的视野，桥面空间增加了观赏滨河空间景观的众多视点，还成为人们在水域上方漫步、休憩和交往的场所	空间灰暗压抑、形式单调、环境品质低下，但具有良好的开放性和可利用性
景观营造	目标	整合桥位周边空间资源，美化环境、提升活力和形象、延伸城市休闲空间，以观赏河道景观和观桥相结合为目标，注重营造桥头空间	提升车辆和行人过桥的舒适度。对于桥面的人行空间，要创造复合多样的驻留功能，营造优质观水开放空间	避免阻断河道景观廊道的生态延续，减少对滨河岸线环境的破坏。对公共空间进行综合性、复合化利用；优化形态，打造景观，与邻近滨河要素进行有机整合，发挥多功能利用价值
	原则	因地制宜，与河道环境协调、互动、共同构成景观。以通透的形式不挡景，桥面空间与桥下空间均需具备良好的视野。尽可能采用通透界面的护栏，使桥梁成为公共空间界面的围合结构		
	内容与重点	（1）与桥位处自然环境、历史文脉和建筑风格、桥梁自身形态及风格保持协调。 （2）结合驳岸形式和空间特征、景观特点，因地制宜营造景观。 （3）结合驳岸处理与水体边界，设置亲水设施增进人与水的互动。 （4）按实际需求，可在桥与河岸衔接处滨水公共空间设立桥头公园	（1）桥上绿化，还可将座椅、花卉等广场设施移植至桥上。 （2）利用桥面高度形成河面上的观景平台。 （3）通过桥面抬高或下降，实行车行与人行分离，铺设彩色人行道营造桥面步行空间的景观序列，增添步行趣味。现代跨河人行桥具有灵活的造型，营造桥面空间更具自由性。 （4）从实际出发，增设长廊式走道，营造半封闭空间，既为行人遮阳避雨，又提供驻足观光的场所	通过绿化，增添休憩设施，创建游乐性、运动性、参与性的游乐或健身空间，其重点在于以下两方面： （1）充分利用桥下空间形态，创造可感知的开敞空间与视觉环境。 （2）综合考虑提高桥下采光的各种因素，改善采光环境，如梁体分幅、桥面开孔等

　　水流是城市景观的蓝带和风景线，而水的形态多姿多态、波光粼粼，具有无限的独特魅力。沿着河道线形水体活动，便会感受到序列性的水景空间。沿滨河路活动也会带来生动的水景观体验，所见河道桥梁的形象便是一座座桥梁整体形态的逐一转换；乘游船从一座座桥下空间穿过，人们领略到的更是河道桥梁序列性空间的感受。

　　在城市河道群体桥梁中，同一个视点就能观赏到多座桥梁，群体桥梁景观不仅具有桥梁自身的形象，还充满着节奏感和景观的层次感，使群体桥梁成为"可视的音乐、无声的旋律"。在城市河道桥梁空间视景的展示中，水流风景线将各座单体桥梁空间贯穿在一起，便成为河道群体桥梁空间。要使群体空间成为序列性的桥梁空间，取决于群体桥梁序列的构成和桥与河道景观环境关系的处理，即以河道景观空间为主体组织桥梁序列空间。

3.3 城市河道桥梁设计原理

3.3.1 "亲水"是河道桥梁独特的设计理念

生命源于水，亲水是人类的自然天性，跨河戏水更令人欢快激昂。水体给人以明净、清澈、亲切、开怀的感受，水体是河道桥梁景观的灵魂。作为跨水建筑物的城市河道桥梁，自然处于得天独厚的地位，必然需要充分展示水的自然生态景观。发挥河道桥梁亲水的属性，展示人的好水、近水、戏水景观以及人与水的景观关系，即"亲水"是城市河道桥梁有别于其他城市桥梁特有的设计理念。

现代景观学对于亲水的认识已经从简单的接近水体和观赏水景，开始转向景观视觉享受与自然生态共存，并构筑水上活动和近水活动空间，进而通过滨水环境景观氛围的营造，以获得心理上和精神上的享受。例如美国纽约中央公园在处理桥下空间中，按照"亲水"的思想理念，将桥下步行通道压低至河道水面以下（图 3-9），展示人们近水、戏水的景观，充分体现亲水的理念。

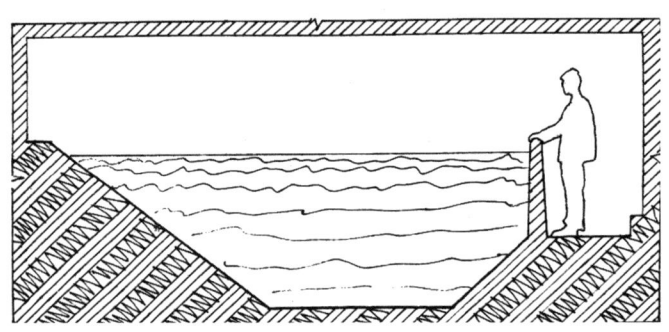

图 3-9 纽约中央公园桥下步行通道示意图

深圳前海合作区 6 号桥水中跨外加曲线起伏的休闲观光步道（图 3-10），将两岸的游步道连接在一起。发挥河道桥梁亲水的属性，将景观性的人行空间与交通性的桥面空间分离，形成优美曲线的游步道，构筑近水活动空间、丰富桥立面的景观层次、增进滨水景观环境氛围。从中体现了河道桥梁设计的"亲水"和人性化的理念，促进人与自然和谐共存。

图 3-10　深圳前海合作区 6 号桥

3.3.2　城市河道桥梁协调

1. 城市河道桥梁自身协调

（1）单体桥梁自身协调。桥梁是三维开放空间，具有多角度的可视性，所以单体桥梁自身必须协调。不仅上部结构与下部结构在形态和比例上相协调，而且桥体的各组成部分还要相互协调，桥面上的附属设施也要与桥体和谐。

（2）群体桥梁协调。基于城市河道群体桥梁的空间特征，桥梁之间的形态和风格（尤其是新建桥梁）既不能千篇一律没有变化，也不能变化过大而形成跳跃感。只有统一没有变化，会使桥梁显得单调而呆板；仅有变化没有统一，则会使群体桥梁杂乱无章。和谐的城市河道群体桥梁既要在多样中体现协调，又要在统一中求得变化，并与河道景观构成丰富多彩的整体景观效果。

2. 城市河道桥梁与环境协调的内容

城市桥梁处在河道环境中仅是河道景观的一个组成部分，桥梁与河道景观是否相互适应，关系到河道景观整体的审美价值。因此，城市河道上的各座桥梁均需与其环境协调，桥梁才能与河道环境共同构成整体景观。

桥梁与环境协调包含着形态、风格、材料、质感、色彩等多方面的因素，本节重点阐述城市河道桥梁从形态和风格上与环境协调。为此，需要相应考虑以下几方面内容：

（1）单体城市河道桥梁与所在河道环境（自然、建筑）协调，以桥梁点缀环境。

（2）上、下游邻近桥梁相协调，做到桥梁之间有序变化，特别是新建桥梁不仅要融入水流风景线中，还要与上、下游邻近桥梁在形态和风格上保持和谐。

（3）浓郁历史文化环境中的桥梁，需要与其环境文脉相通。

（4）城市河道的规划桥梁要符合河道总体规划，并适应城市河道的规划环境。

3. 桥梁形态与环境协调的类型[8]

协调的种类有多种多样，城市河道桥梁形态与环境协调归结起来有三种基本类型：突出于环境之上，或隐藏在环境之中，或与环境相互渗透。即强调　环境相对弱势的场景中，桥梁以对比手法（含形态、风格、色彩等）突出于河道环境之上，强调桥梁的存在而引人注目，支配桥位处的景观；消去　环境相对强势的场景中，将桥梁处理成为不引人注目，从属于河道景观环境；融和　桥梁与河道景观环境互相补充、相得益彰，以增进因素体现桥梁的存在，使桥位处河道整体景观更加美观而生动。不管哪种协调类型，只要处理得当，均能获得良好的景观效果。

4. 桥梁与环境协调的注意事项

桥梁是构成城市河道景观的重点要素，设计者需要从城市河道整体景观出发，因地制宜地处理桥梁与河道环境的协调。除了掌握上述协调内部和协调类型外，还需注意以下几点：

（1）尽可能采用上承式桥梁，不仅使过桥的人们不易察觉到桥梁过于醒目，而且有利城市河道桥梁体现近水和亲水理念，增进桥与河道水环境的融合。

（2）桥梁与城市河道景观整体风格协调，尤其在著名历史文化的河段和保持完整民族风格建筑群的河域，无论新建或修缮的桥梁，都要与环境风格相一致，以增进城市河道景观的历史价值和美学价值。

（3）桥梁尺度宜与两岸建筑相适应，不能各自为政，更不能在尺度上自争中心。

（4）同一条河流上相隔一定距离的多座桥梁宜多样化，但在总体风格、尺度上应有一定程度的统一与联系。相距很近或并列的桥梁或老桥加宽，均需保持桥型风格一致，使透视下获得和谐的效果。若桥梁自身富有韵律，则双桥并进，更能增强韵律的效果。

3.3.3 城市河道桥梁的景观定位

城区一般都有河流贯穿，城市河道既是城市的生态走廊，又是城市的景观带，而同处在一条河流上数座相近的城市桥梁可形成有机的桥梁群体。乘游船穿过一座座桥梁，面对优美的桥梁和河道两岸风光，欣赏沿河美景有感而发自然就会唱出城市河道之歌。为河道之歌谱写的乐曲便是一道道桥梁之曲，组成桥之曲的各个"音符"则成了各座单体桥梁的定位目标。河道景观带与群体桥梁之间就像沿河所唱的歌与相应的曲谱，关系密不可分。

城市河道景观带具有连续、系统的景观效果，人们或徒步，或乘船，移动观景也是连续进行的。对于河道景观带上的各座桥梁，在移动观景中，上下游桥梁之间存在着主体与背景的相互交替，也有着互换借景的过程，观者希望桥梁形态依次有序变化，能获得既熟悉又新鲜的感觉。若桥梁之间有突变、跳跃感很强就达不到如此效果。

在城市河道桥梁规划和概念设计中，要从组织城市水流风景线出发，河道景观带将各座桥梁有序地贯穿在一起共同体现河道整体景观。对于城市景观河道的桥梁设计，首先宜以河道景观带的节点景观予以定位，根据桥梁在节点景观中的不同地位和重要性，以景观空间组织桥梁空间。对桥梁相应采用暴露、隐藏等方式进行处理，桥梁以增进因素融入河道整体景观，这便是行之有效的方法。其次是讲究线性河道景观带上各座桥梁依次展开的系统景观效果，以利构成城市河道群体桥梁的空间序列。

3.3.4 桥梁设计体现河道节点景观的主题

城市河道桥梁有别于其他建筑物，不仅在于它是跨河结构物，而且还有着自身独特的形态和风格，同时桥梁固有强大的交通功能更增加了表现景观主题的难度。如果处理不当，桥梁表现的内容就会与河道节点景观主题相违背。为此，需要基于节点景观主题寻求设计构思的切入点，再组织桥式和确定桥梁结构，还要充分表现景观所需桥式的形态特征与风格，从而使设计的桥梁与河道节点景观主题相适配。

1. 分析节点景观主题

城市河道桥梁属于河道景观的一种节点形式，而城市河道节点景观通常都有各自的表现主题。构成节点景观主题大致有城市特征的主题、标志性景观的主题、历史文化的主题和体现休闲娱乐的主题等多种形式。表3-2列出了与景观主题相关的内容、表现风格和桥梁的表现方式，以供读者参阅。

表 3-2　　　　　　　　　　节点景观主题分析表

景观主题*	主要表现内容	表现风格	桥梁表现方式举例
城市特征	反映城市的精神，实现城市特有的功能，与城市环境独特结合等	一般是现代风格，并赋予所在城市特征的风格	常为现代桥式，可配置所在城市的特征元素与空间
标志性景观	主要是指示和表征，具有鲜明的视觉与象征的双重作用	具有唯一性，大多为所在城市独特的风格	桥梁位于城市的重要位置，并采用与城市主题直接相关的形态和风格
历史文化	常指某地域的历史文化，具有地域特征	与历史文化相一致的风格	桥梁形式和表现内容与历史文化一致，体现历史的文化内涵，做到文脉相通
表现休闲娱乐	构筑现代休闲、娱乐功能的空间，增加人性化的设施，营造愉悦的氛围	常为现代风格，并增强趣味性	采用有动感的桥梁形式，桥上引入城市休闲娱乐、观光旅游的空间，主动参与城市功能互动

* 表中的四方面主题内容并非独立存在，往往互相交叉，此处仅表示某一侧重面。

2. 寻求设计构思的切入点

在上述节点景观主题分析的基础上，再分析桥位环境中构成主题的因素，并把握各类构成因素重要性的次序。然后，桥梁参与环境构成，明确桥梁在环境结构中的地位与作用，思考怎样的桥式最能适合体现节点景观主题，从而逐步明确构思的切入点。在桥梁与主题景观的关系上，桥梁与主题通常有形态特征上的融合、建筑风格的融合和主题文化的融合等三方面，需要进一步分析在这三方面融合中桥梁必须分别具备的特征。综合这些特征要素构思和选择桥型，便可有利于获得设计所需的桥梁方案。

当城市河道桥梁必须打造成为标志性建筑主导节点景观时，需要从构思的切入点出发，更加深入地进行城市桥梁创作。"桥型结构体系及其力学原理是创作的思想基础、桥型结构及其主要构件形式是创作的技术支撑、成熟构造与技术是创作的技术武器。"[11] 综合运用城市理念、桥梁美的理念和创新理念进行城市桥梁创作，不仅能满足城市的综合需求，而且还能有效促进桥型结构创新，能够具备标志性建筑的两项基本条件：

（1）形态美，创新的桥梁结构具备独特的形态与风格，表现特有的结构美，能够代表现代城市鲜明的个性，成为城市的亮点。

（2）文化内涵和象征意义，体现现代城市的特征，即具备建筑学上的建筑意象，成为一种文化认同。

3. 桥梁建筑设计的主题表现

城市河道桥梁源自受力合理的桥型结构，需要以桥型的形态特征和风格来体现景观主题。所以，体现景观主题的设计方法，除了从设计切入点出发确立适应的桥型外，还要围绕主题善于表现桥型的形态特征和相应桥梁附属设计。

1）桥型的形态特征表现

桥梁设计体现河道节点景观主题，同样包含着形态特征、建筑风格和主题文化三方面内容，其中以桥梁的形态特征表现景观主题最为重要。各种桥型均有自身独特的形态特征，体现各自不同的风格，同时还要善于在河道环境中表现其形态特征发挥应有的景观效果。在设计选定的桥型中，将表现桥型的形态特征与景观主题放在同一个层面上思考，充分表现景观主题所需的形态特征，这是桥梁设计体现节点景观主题的关键。

2）桥梁附属设计

桥梁附属设施大多是与桥梁使用功能有关，却都是人们在桥上关注的重点对象，仍然是表达设计主题的重要组成部分[12]。它包括桥栏杆、人行道、行车道、照明设施、隔音屏、标志牌、桥梁装饰、桥头建筑和廊屋等。下面列出三条附属设施的设计原则，以利各项附属设施成为表现节点景观主题的增进因素。

（1）要与桥梁建筑类型相适配，各设施间整体保持和谐，并与周边环境相协调。

（2）栏杆、隔音屏等造型在统一的轮廓形态基调中富有变化，避免琐碎与零乱感。

（3）栏杆、灯柱、标志牌支架等不宜采用怪异、扭曲的形态，以免分散行车注意力。

4. 体现河道节点景观的实例——泰州市北城河鼓楼大桥设计[13]

泰州在公元前 117 年为海陵县治，公元 93 年升为泰州，历史文化悠久，拥有深厚的文化底蕴。鼓楼大桥为鼓楼路跨越北城河的桥梁，北城河鼓楼路景观节点遗有不少文物古迹，桥下便是古代护城河，邻桥就有古城墙烽火台、关帝庙、天滋亭和桥南滨河绿地上长达 150 m 的亭廊。大桥周边的历史建筑和历史文化构成了北城河桥位节点的景观环境，节点景观主题便为泰州建筑历史文化的延伸。

从综合构成的主题环境出发，寻求适合环境的桥型特征，大桥设计构思的切入点便是"延伸"两个字：大桥是鼓楼路使用功能和文化的延伸，大桥建筑形态和风格是泰州历史建筑的延伸，大桥内涵的文化更应是泰州建筑历史文化的延伸，在桥上还应延续北城河沿岸的功能和景观……。

桥梁设计围绕体现节点景观主题而展开桥梁建筑设计、结构设计和附属设施设计，力求达到"宏观构景、中观造势、近观显巧"的效果，让人们由远及近、逐步深入地感受到桥梁体现节点景观主题的不同效果。

（1）桥梁建筑与结构设计。采用五孔传统的实腹拱桥型，两侧面以粉红色花岗石板按古城墙料石砌筑法进行贴面。采用圆端头实心桥墩，在桥墩两端顶部各置一个1/4球体，并在起拱线下方设置圆端头裙边。

（2）桥上设置亭廊。在五个拱顶外侧设置五亭（主亭与次亭均为重檐亭，边亭为单檐攒尖顶），并以长廊相连，廊间以漏窗点缀。远看亭与廊高低起伏，屋檐重叠错落，随着桥孔起伏变化形成优美的节奏韵律（图3-11）。这不仅是南岸亭廊建筑的延伸，而且也是鼓楼路市民休闲观光功能的延续。

图3-11　泰州市鼓楼大桥

（3）绿化上桥。桥梁横向分为独立的三幅桥，两幅之间设置绿化分隔带，在桥上自然延伸了鼓楼路的两条绿化带。

（4）桥南边孔设置"桥中桥"。桥南端纵向接线距离短，桥台阻断了滨河绿地原有的游步道，所以在南端边孔下设置临水的曲折小桥（内侧养荷花，外侧通游船），不仅接通了滨河绿地的游步道，而且构成了鼓楼大桥特有的"桥中桥"。

（5）桥梁附属设计烘托同一个主题。亭内栏板为双面石浮雕，内侧饰以"千年鼓韵"系列石雕，外侧为"双凤朝阳"石雕，同时在桥东南向设置鼓广场，多处体现鼓文化。此外，还在桥面绿化带的路灯造型和桥面照明设计上，采用了多种手法表现"延伸泰州建筑历史文化"的主题。

3.4 城市河道桥梁序列设计

上文中，单体跨河桥梁设计虽然已考虑了与环境协调的多种因素，因存在设计理念的局限性，设计只停留在单体桥梁的价值上，在景观上往往仅限于对所在区域空间的静态思考。城市景观河道还需要提供动态观游，且必须考虑桥梁对于河道整体景观的价值。在城市河道景观中，正因为起主导作用的河道水体空间序列的存在，桥梁景观则统一在河道景观空间序列之中。提倡城市河道群体桥梁序列化，利用河道群体桥梁与河道景观空间的依存关系，让线状的河道水体空间将群体桥梁空间贯穿在一起，共同体现河道整体景观，以动态观游的理念设计城市河道群体桥梁。

"桥梁空间序列组织即要综合考虑空间的排列和时间的先后，使过桥的人和桥下穿过的人们无论在动态上还是在静态下都能获得良好的观赏效果。桥梁的空间设计既要结合桥梁自身形体特征，又要综合组织周边相关要素，实现与两岸不同标高空间的顺畅衔接、自然过渡。"[11] 在城市河道桥梁序列化设计中，需要同时做好组织群体桥梁自身序列和桥梁协调环境的两方面工作。城市河道桥梁与环境协调已在上节内容中作了叙述，所以本节重点讨论如何将城市河道群体桥梁形成有序的空间序列。

下面，先探索河道桥梁序列所追求的目标，然后为达到这一目标而进行城市河道群体桥梁序列设计。

3.4.1 城市河道桥梁序列追求的目标

莱昂哈特教授在他的著作中说过，"美可以在变化和相似之间、复杂和有序之间展示，从而得到加强"。正如贝多芬的音乐一样，简短的主题不断展开和变奏，既相似又不同，但却十分和谐；既复杂变化，又有序统一，在不雷同和不杂乱之间展现出丰富的层次和内涵，给人以美的享受和心灵的激荡。① 城市河道桥梁也不例外，围绕城市桥梁规划主题进行序列设计，在不同中求和谐，有序展示

---

① 引自《桥梁的美学思考——项海帆院士在同济大学讲演》。

河道景观的层次和文化内涵，提升城市河道桥梁的审美价值和景观价值。城市河道桥梁序列的目标主要体现在以下几方面：

（1）单体桥梁结构匀称协调，而不是豪华的细部装饰，即桥梁本体就是优美的建筑物。

（2）桥梁体现所在城市文化的内涵和地方特色。

（3）桥梁是城市河道景观相关联的建筑物，桥梁形态和建筑风格及其色彩与所在的河道环境协调，不仅要丰富河道空间的层次和景深，而且还要处理好与河道整体景观的关系。

（4）河道同一区段的各座桥梁形成一个由序列主题逐渐展开的有机整体，桥梁之间有序变化，以形成主次分明、抑扬顿挫、变化统一的群体桥梁空间序列。

（5）河道群体桥梁序列与河道景观空间序列构成并进的双重序列。

3.4.2　河道群体桥梁序列与河道景观空间序列

1. 形成与河道景观相关联的桥梁序列

城市河道整体景观空间的形成，首先基于两岸建筑的合理布局，两岸建筑以其体量、尺度等形成的空间特点适应河道景观空间。沿着河道水体活动，随着时间和空间的推移，在次要景物的烘托下呈现主要景观，使人们感受到后一空间的出现都是前一空间必要的延伸、扩大甚至强化，从而获得序列性水景空间的体验。桥梁是河道的跨水建筑物，在河道景观环境中，人们首先关注的是单体桥梁与水体结合后总的审美价值。即使是群体桥梁景观，各座桥梁都是视景的单元，且与河道其他景观单元联成一体，由于时空的变换，最终还是统一在水体空间序列之中。河道群体桥梁成串状点式排列在河面上，水流风景线贯穿着各座桥梁的空间而构成群体桥梁序列。河道景观空间不仅是桥梁的依存空间，而且群体桥梁序列与河道景观空间序列并行。

在群体桥梁序列中，通常有高潮处的桥梁、重点桥梁和一般桥梁之分，城市河道桥梁可根据自身的功能类型、桥型、重要性等来确定在群体序列中的地位，然后选择与河道景观空间相适配的造型。空间秩序与内容相关，为了使人的行为自然有序交替，在无特殊要求的情况下，从序列原则出发，桥梁序列高潮与河道景观序列高潮宜适当错开，为河道景观序列的高潮和主体的出现作好准备。在城市河道景观中，高潮处的桥梁、重点桥梁和一般桥梁的布局，关系到景观的整体结构和全局性的安排，群体桥梁序列的组织便是城市河道桥梁规划的主要内容（详见第 2 章 2.8 节）。

作为城市河道桥梁，除了合理布局和满足自身的交通功能外，既要与自然河景相适应，又要提供观光场所便于观赏优美的河景。桥梁在河道景观空间序列的展示中，桥梁建筑处理的差异性与和谐性，可与其规模、体量和自身结构类型及其环境地位相适应，以河道景观空间为主体组织桥梁序列空间，按景观秩序原则处理桥梁的各种构成要素。对于序列高潮处的桥梁和重点桥梁，可从节点景观主题出发，采用强调的方法将桥梁处理成为节点景观的主体，打造成区段某方面的标志性建筑；对桥梁从属河道景观环境的桥位，以消去法表现桥的形态和风格，宜低平舒展、符合水景空间趋势；融合的方法则将桥梁融合在河道景观之中，以多姿多彩的生态型景观桥实现多样的统一。

2. 群体桥梁与河道景观构成并进的双重序列

城市河道群体桥梁序列与河道景观空间序列客观上是并行的，通过河道景观空间视景分析，双序列经过恰当处理后，可达到静态可观、全序列动态可游，使得并行的两序列成为并进的双重序列。

序列空间的秩序与其内容相关，要使人在其中的活动意义得以实现，达到动态观游目的。人在河道景观桥梁空间内的活动具有双重意义：既要观赏河景，又要了解桥梁相关内容。这一问题就要求完成与活动意义相联系的兴趣转移来解决[4]。在上述并行的双序列中，要求能够有序地使不同目的及各种意义的行动自然交替，需对高潮区域作出相应的处理。为完成河道视景序列向桥梁建筑空间序列的过渡，需要增强桥梁的建筑感，使人们完成对桥梁建筑的兴趣转移。由此可见，桥序列高潮处的桥梁和重点桥梁便成了活动兴趣转移的主要场所。

对上述两类桥梁作出相应的增强处理，即可分别对桥头部分和桥立面进行不同程度的加强表现，还可将桥梁处理成为公共空间界面的围合结构。其中，桥头处是桥梁、街道与道路三者的交汇点，是表现桥的存在和桥头特征的场所。加强桥头部分表现体现着桥梁建筑感增强，河道视景感相对减弱。然而，桥头的这种表现程度，要与桥梁的特征和桥梁的规模相适应。任何表现的超越或不足的失调，都将会让人感到突兀或失望。

归结起来，在河道群体桥梁与河道景观双重序列的场合下，除了群体桥梁的合理布局、景观定位和与环境协调外，还要求使不同目的及行动自然交替。在处理桥梁建筑与河道景观序列关系上，要对桥序列高潮处的桥梁和重点桥梁作出相应恰当的加强处理，实现活动意义的兴趣转移，以利将二者并行序列提升为并进的双重序列。

3.5 城市河道桥梁序列案例研究

为了更具体地了解城市河道桥梁序列的内容，本节特地安排城市河道桥梁序列案例分析与研究，同时还举例介绍河道系统桥组的形成过程。

3.5.1 巴黎塞纳河上的桥梁序列

1. 塞纳河与其桥梁

塞纳河在巴黎呈弧形自东向西流过，河道将巴黎分为两半，塞纳河南边称左岸，北边为右岸。塞纳河采用了以功能性、亲水性为主的河道横断面，两岸河堤分两级，靠水面一级以休闲、旅游功能为主，上一级为交通路面，上下两级间有方便的人行道和车行道相联系。塞纳河是巴黎的母亲河，河两岸聚集了巴黎作为世界艺术之都的历史悠久的建筑，形成温馨、祥和、深厚的人文历史景观。在巴黎老城区构成左岸文化、右岸建筑、中间桥梁的格局。塞纳河在巴黎老城区主要河段的 16 座桥梁与两岸著名建筑布局如图 3-12 所示。连接塞纳河两岸的桥梁造型别致、古朴，名桥荟萃。在塞纳河浓郁的人文历史景观环境中，各式桥梁多样而协调，注重桥梁的艺术处理、体现了特有的桥梁文化。塞纳河上的桥梁已有 400 余年的历史，桥梁建设始终坚持与塞纳河环境和谐共处，并讲究上下游邻近桥梁相协调。

2. 塞纳河上的单体桥梁

（1）桥梁注重艺术表现，体现历史文化。画家黄永玉曾在《沿着塞纳河到翡冷翠》一书中，把塞纳河上的桥比作巴黎的发簪，为塞纳河锦上添花。塞纳河上的桥梁重视艺术的表现，更注重桥梁装饰艺术的发挥。通常在桥梁立面和桥面上进行建筑艺术处理，尤其是运用雕塑艺术体现历史文化。古典石拱桥为了增强稳定感，极为重视桥墩位置的艺术装饰，同时也十分强调桥立面装饰带的美学效果。

塞纳河上几乎每座桥梁都有不同时代的历史背景，一座桥梁一个故事，不少桥梁的名称直接来源于历史重大事件，阿尔科勒桥的桥名来自 1796 年拿破仑战

第 3 章　城市河道桥梁序列化

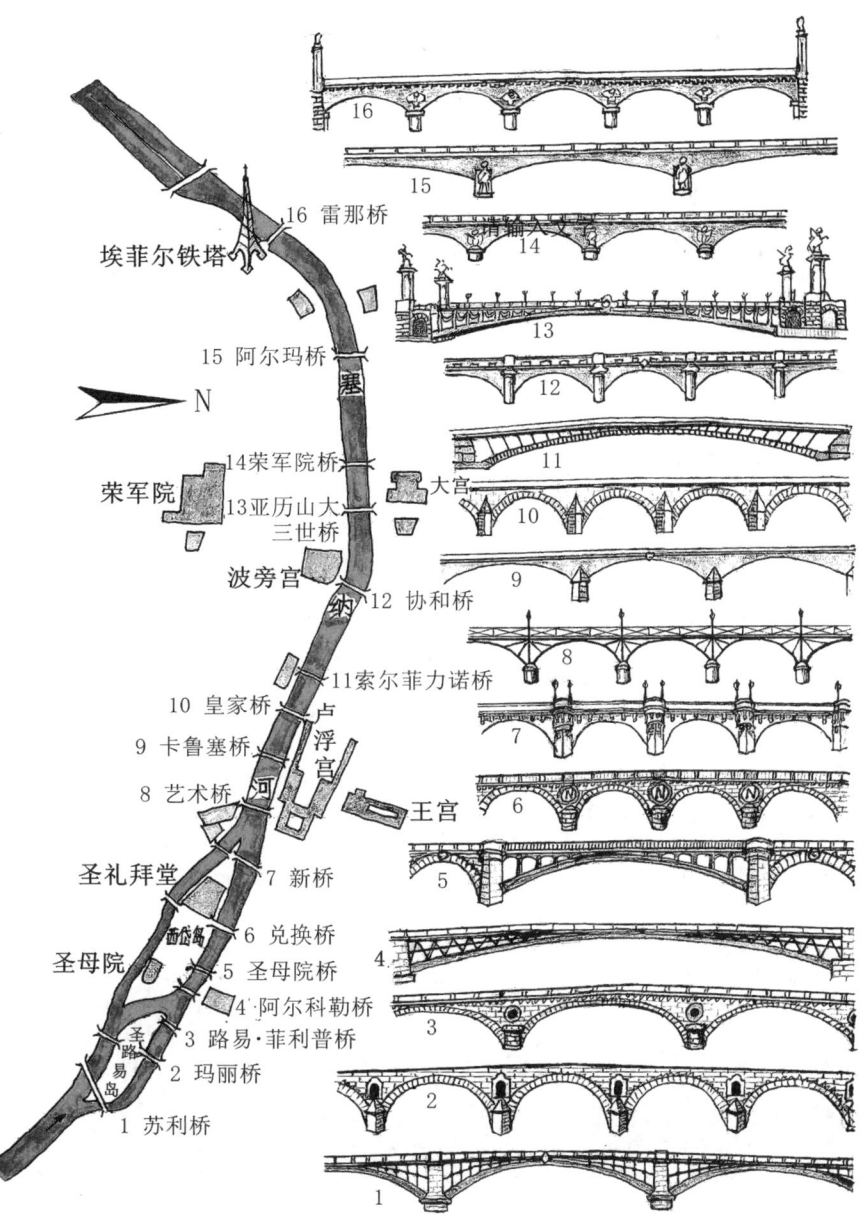

图 3-12　塞纳河主要河段 16 座桥梁布局

败奥地利人的阿克莱桥之战；为纪念 1806 年雷那战役的胜利，1807 年拿破仑颁布法令将原先的战神广场桥改名为雷那桥；亚历山大三世桥以俄国国王名字来命名，整座桥就是一件大型艺术珍品（图 3-13）。

（2）桥梁与城市环境协调。塞纳河上的桥梁遵循河道整体景观的设计理念，与两岸建筑保持和谐一致，突出整体景观的美感。如图 3-12 所示的 16 座桥梁

图 3-13　亚历山大三世桥

中,除了阿尔科勒桥(1995年重建)、索尔菲力诺桥(1999年建)、阿尔玛桥(1974年重建)三座桥是现代桥梁外,其他均为法国古典桥梁。13座古典桥梁均为相似的拱式结构,桥的装饰都是西欧古典的建筑风格,西欧古典风格的单体桥梁与巴黎典型的西欧城市环境相融合。协和桥为了与右岸由卡布里埃尔设计的协和宫协调,桥身装饰引用了协和宫的装饰元素(图3-14);艺术桥与卢浮宫相近,在艺术桥上融进卢浮宫艺术空间与观光休闲空间,桥上种植花木,桥栏杆上竖立着艺术家弗朗西斯·加佐的作品,桥上常有艺术家展示作品,也是摄影师和画家寻找灵感之地。即使是三座现代桥梁,均呈弧形外貌,同样注重桥梁艺术处理,讲究与河道环境协调,也只是跨度的增大和建桥材料的更新。

图 3-14　协和桥的装饰与协和宫建筑

上述桥梁以适中的体量和尺度与周围建筑环境相适配。同时,在塞纳河桥梁的色彩上,古典石拱桥为建筑本身的自然色彩,而大多数钢结构桥采用蓝色,桥体以素净的色彩与两岸建筑和谐一致,相得益彰。

3. 塞纳河群体桥梁实行序列化

以上16座桥梁中,建桥时间从1606年(新桥)到1999年(索尔菲力诺桥),时间跨度近400年。随着时代的发展,建桥理论逐步科学化、建桥材料不断更新,而塞纳河上桥梁设计却始终坚持同一理念:讲究河道景观的整体效果,同一河段上的桥梁在变化中求统一,实行河道群体桥梁序列化。

从苏利桥到雷那桥实际距离不到 6 km,在这里就建有 16 座桥梁,平均桥梁间距小于 400 m,最小桥距不足 200 m。巴黎老城区河段上的桥梁均由上承式拱桥与立面呈弧形的梁式桥组成,拱桥如长虹卧波,且有桥孔数量、孔径、矢跨比和装饰的不同处理。拱桥与梁桥之间和谐过渡,重点桥梁、一般桥梁、过渡桥梁按塞纳河景观带有序布局,桥梁之间融为一体构成有序的桥梁群体(图 3-12、图 3-15)。外貌厚重的桥梁(图 3-12 序号 2,3,6,7,9,10,12,14,15,16 的桥梁)与轻盈桥梁(图 3-12 其他桥梁)有节奏地交替穿插着,形成轻与重、虚与实、现代与古典的对比,体现"塞纳河无声音乐"的特有旋律。

图 3-15 塞纳河上的桥梁群体

塞纳河犹如一条蓝色的绸带，将多姿多彩的跨河桥梁贯穿在一起，在河道空间上形成一道独特绚丽的风景线，一座座桥梁成了塞纳河景观带上的节点景观，并留下一个又一个法国历史文化的故事，十分耐人寻味。乘船游览塞纳河，放眼望去，河道上一座座桥梁不仅成了一道与河景不可分割的靓丽景观，而且桥与桥之间成串状而形成多姿和谐的桥梁序列（图 3-16、图 3-17）。

图 3-16　圣母院桥、兑换桥、新桥、艺术桥、卡鲁塞桥、皇家桥等构成和谐序列

图 3-17　轻与重、虚与实、现代与古典的对比而形态和谐

塞纳河构成左岸文化、右岸建筑、中间跨水桥梁的空间序列，被称为世界著名的历史建筑文化景观河道。老城区 16 座桥梁有序地排列在塞纳河的不同位置，

不仅是各个节点连接河道两岸交通的纽带，而且分别将左右岸的景观联系在一起。塞纳河优美的水景空间将 16 座跨河桥梁贯穿为一体，成为联结桥梁序列空间的"脉络"，群体桥梁序列与塞纳河景观序列并行。

在群体桥梁与塞纳河景观双重序列中，除了桥梁自身的合理布局和各座桥梁作出相应的建筑处理外，为了使塞纳河两岸和乘船游览的人们满足需求，不同目的的人们行动有序地自然交替，促使群体桥梁与河道景观二者并行序列调为并进的双重序列，因此对亚历山大三世桥（重点桥梁）和卢浮宫附近的新桥等均作出强调处理，尤其是对桥头部分和桥立面增强了不同程度的表现。亚历山大三世桥壮丽而金碧辉煌，皇家气派显露无遗，桥梁即为大型艺术珍品，1991 年被列入世界遗产名录。桥两端分别连接着香榭丽舍大街和荣军院广场，桥端竖立着高 17 m 的方塔形建筑，顶部置腾空而起的青铜雕像，桥头建筑纪念性与艺术性并存，充分显示当时奢靡浮华的巴洛克风格。桥立面被装饰得富丽堂皇，拱顶上方分别饰有代表法国和俄国的悬雕，象征法俄联盟。

同样，塞纳河最古典的多孔石拱桥的新桥，桥墩顶部以半圆形凸出装饰，拱上饰有 384 个各异的雕塑头像。该桥中心有三座亨利四世骑马的雕像，从雕像处可以下桥直通四岱岛。塞纳河上的其他桥梁，均对桥墩位置作了不同程度的加强处理，并附上各异的饰品。

3.5.2 东京隅田川上的桥梁序列

1. 隅田川上的桥梁

隅田川全长 23.5 km，河道沿岸有风景秀丽的隅田公园和浜町公园，河上有各式桥梁近 40 座。隅田川是东京都的母亲河，她与巴黎塞纳河于 1989 年结为姐妹河流。图 3-18 展示了隅田川主要河段上 26 座桥梁的总体布局，各式多元的桥体呈示出东京都的历史变迁，有"东京桥梁博物馆"的美称。由于隅田公园、浜町公园景色迷人（特别是樱花盛开季节），于是公园区的河段桥梁均采用上承式结构，以协调的消去法或融和法处理桥梁与河道景观的关系，其他河段的桥梁则采用形态各异的造型。尤其是从浅草到台场入东京湾的河段上，17 座桥梁（图 3-18 中的第 10～26 座桥）的形态和色彩各异，使人目不暇接。

2. 隅田川群体桥梁追求分区段序列化

（1）区段桥梁及其基本格调

隅田川上的桥梁，分区段进行桥梁序列化，讲究区段河道桥梁整体的景观效

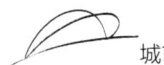

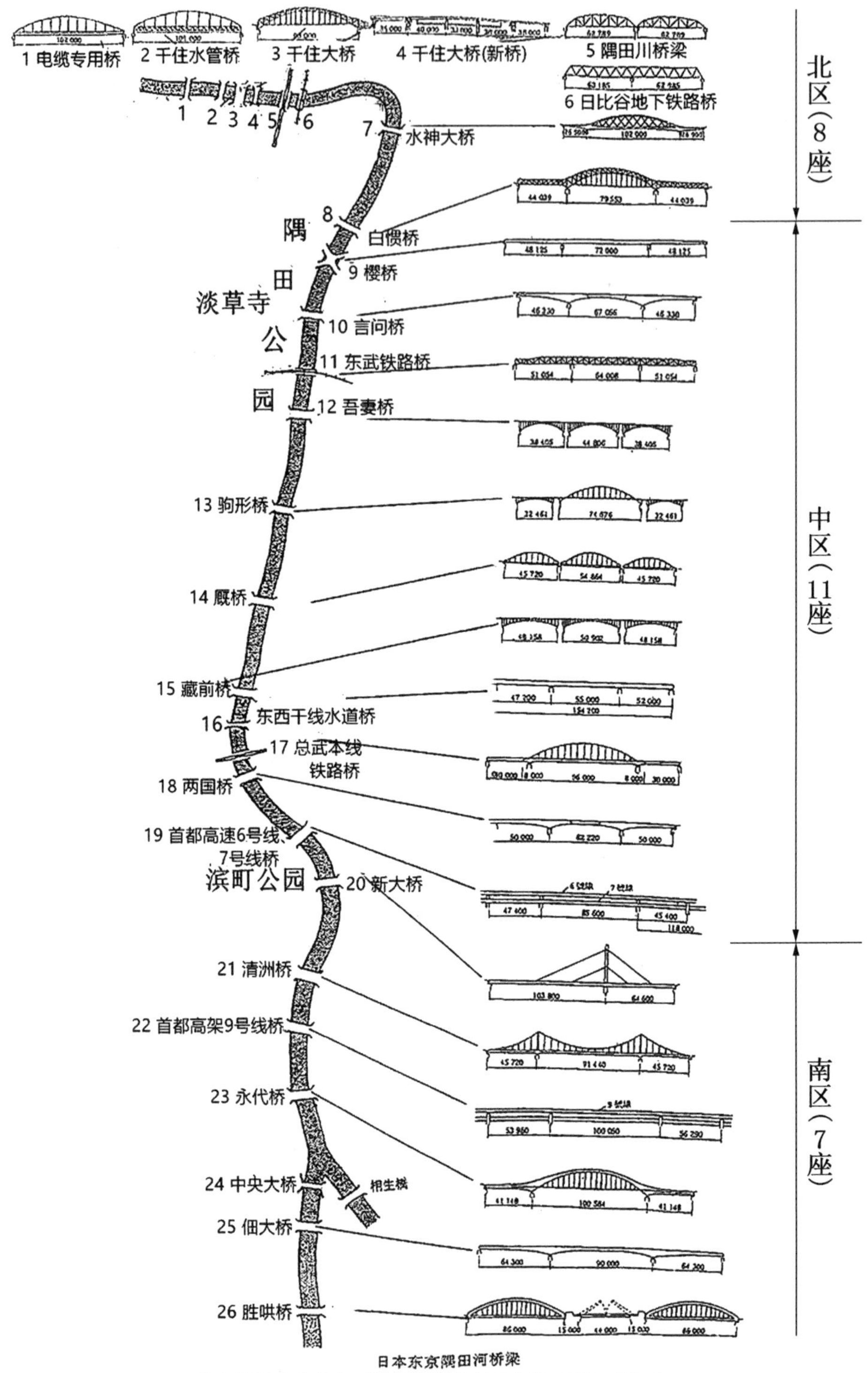

日本东京隅田河桥梁

引自[日]土木学会《美观桥梁的设计指针(第一辑)》

图 3-18　东京隅田川桥梁

果，坚持相对一致的基本格调，力求在统一中实现有序变化。

按照图 3-18 所示 26 座桥梁的形式和布局，可分为北、中、南三个桥梁区段：北区段 8 座桥，此段河宽 100 m 左右，适合单跨下承式系杆拱桥，所以这 8 座桥以下承式拱桥为主体形成桥梁序列；中区段 11 座桥，以河道景观空间为主体组织桥梁构成要素，对不同景观要求的桥梁采用消去或强调等方法进行桥式选择。该区段北端是著名的隅田公园和浅草寺，南端为浜町公园，所以该区段序列的始末分别采用上承式桥梁，中间的两座（序号 13、14）分别采用中承式和下承式拱桥，构成中区段桥梁序列的高潮；南区段 7 座桥，随着下游河面拓宽、城市的现代气息增强，采用斜拉桥、悬索桥和下承式拱桥等多种桥型，不仅在变化中求得统一，而且将该区段中间的永代桥表现得特别美观。三个区段群体桥梁序列之间，均以梁式桥作为区段桥梁形式的过渡。

（2）各区段桥梁在统一中求变化，详见表 3-3 所述。

表 3-3 区段桥梁特征一览表

区段	桥梁基本格调	桥梁形式的变化	欠缺处
北区 8 座 （序号 1~8）	以下承式拱桥为主体	分跨有单跨、双跨、三跨之别，各桥的拱与梁在结构上均不相同	重点桥梁不突出
中区 11 座 （序号 9~19）	（1）全为三跨结构，除高架桥和管线桥外，均采用带弧线的结构； （2）在桥体上，大胆使用鲜艳的色彩，桥梁之间运用色彩对比，也讲究色彩的过渡	（1）下承式系杆拱桥有单拱与三拱之分，两边跨的搭配均不相同； （2）上、下游邻近桥梁之间和桥墩端头均采用不同的处理方式； （3）桥梁之间运用对比色，形成强烈的视觉效果。在桥体用色上，有全一色、双色，还在梁体与桥墩之间运用对比色	（1）限于全是三跨式结构，各桥之间的跨径和矢跨比变化不大； （2）两座单悬臂带挂孔桥梁（序号 10 与 18）、上承式三孔拱桥（序号 12 与 15）桥式结构雷同，统一而无变化
南区 7 座 （序号 20~26）	以三跨式为基本格调，桥体基本采用同一色	（1）各种桥式都有，即使是相同的结构，但在形式上和分跨上各有变化。如两座独塔斜拉桥（序号 20 与 24），其形式各不相同； （2）唯独新大桥（序号 20）运用了双色调对比	重点桥梁不够明显

3.5.3 荷兰连桥系统桥组的形成[14]

该连桥系统位于荷兰代芬特尔市的一个新住宅区，这个小区不仅很"绿"，而且地表水丰富。代芬特尔市议会提出该小区 59 座桥梁（表 3-4）需要设计咨询，要求桥梁呈现简朴和非刻意雕琢，以适应桥梁环境的自然风貌。

表 3-4　　　　　　　　　　　　　小区桥梁概况表

桥序号*	桥类型	桥数量	荷载级别
1～10	机动车桥	10	LC450
12	自行车桥	1	5 kN/m²
14	机动车桥	1	LC450
15	步行桥	1	5 kN/m²
16～21	步行桥	6	5 kN/m²
22～27	步行桥	6	5 kN/m²
29～32	步行桥	4	5 kN/m²
33,34	步行桥	2	5 kN/m²
35,35a	自行车桥	2	5 kN/m²
40～65	入户桥	26	LC300

* 部分桥序号的相应位置参见图 3-19。

1. 设计理念

IPVDelft 公司从小区的环境出发，为保持小区街道的平静氛围，避免密集的桥梁破坏原状环境，以融和法确立"简约、平实"为系统桥组的基本格调。桥梁选用普通结构再配置通透的栏杆，小区桥梁布局与桥型方案构思草图详见图 3-19。该公司的这种设计理念受到市议会的赞赏，并取得全部桥梁的设计权。

2. 桥梁归类

基于 59 座桥梁的概况，设计在现场实地周密调研和解读总体规划之后，再按桥的使用功能和所在区域两大类对所有桥梁进行第二次分类，形成了七种不同特征的桥梁类型：

（1）四种功能型桥梁为步行桥、自行车桥、机动车桥、入户桥。

（2）三种区域型桥梁为连通岛山游憩场地的桥梁、通往三角形草地的大木板桥、穿越生态区 44 m 跨度的自行车桥。

3. 设计深化

深化设计阶段，便是落实各类桥梁自身功能和满足区域设计条件。设计各座桥梁时，设计师始终以细致、独特的方式审视各座桥的异同，七种类型桥梁的特征与共性如表 3-5 所示。同时，还慎重考虑桥与相邻公共道路的整体关系：如入户桥栏杆扩延至公共道路上；为增强桥梁的安全性和可识别性，机动车桥的栏杆也在自行车道上做适当延伸。如此，不仅强调了不同类型桥梁自身，也增强了与邻近桥梁的联系。

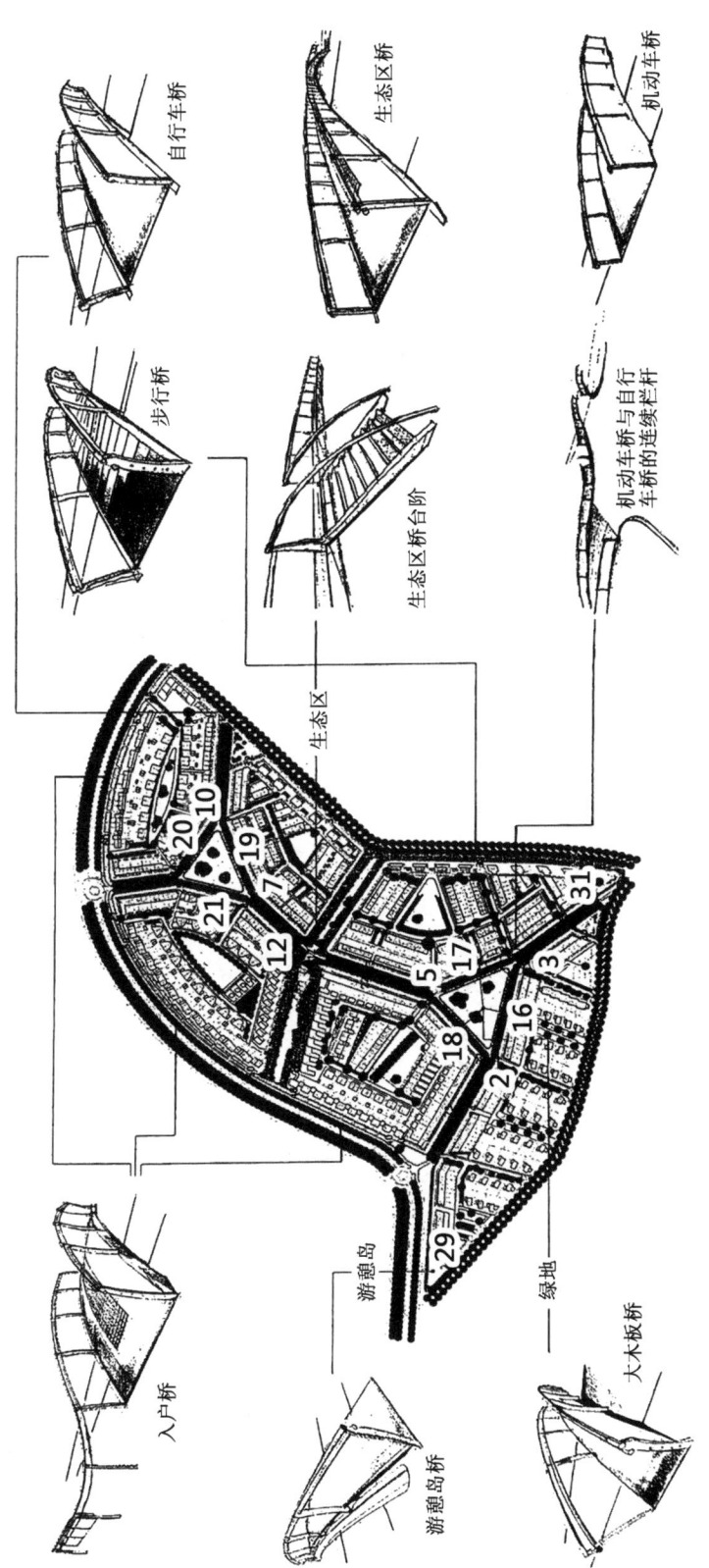

图 3-19　桥梁布局与桥型方案构思草图

资料来源：荷兰桥景观——桥梁设计导则

表 3-5 七类桥梁的特征与共性表

类型		桥序号	桥身形态	桥梁结构	栏杆	桥面	磨损层（颜色）	其他	附注
功能型	步行桥	15, 16～21, 22～27, 29～32, 33, 34	高高隆起，以表跨水意象	钢梁	标准组群栏杆 二道扶手	木桥面	浅沙色 表示步行环境特征	—	—
	自行车桥	12 35 35a	中度隆起	钢梁	外倾的系统栏杆 二道扶手	钢桥面 强调自行车路线的连续性	煤灰色	—	—
	机动车桥	1～10, 14	微微隆起，以保持良好的视线	钢筋混凝土板梁	竖直的系统栏杆 二道扶手	混凝土桥面	煤灰色	栏杆伸至自行车道，增强安全性和可识别性	以栏杆增大桥梁的可视范围，突出机动车桥
	入户桥	40～65	中度隆起	钢梁	标准系栏杆 二道金属扶手	木桥面	浅沙色	栏杆伸至住宅道路上，并成为沿路挂信箱的所在	以桥长强调入户桥
区域型	游憩岛桥	29 31	高高隆起，以表跨水意象	单根钢管梁	马蹄形系金属扶手 单道金属扶手	木桥面	浅沙色 强调步行环境特征	—	步行桥
	大木板桥（连接三角形草地）	16～18, 19～21	中度隆起	宽1 m的层压木板梁	标准系统栏杆 二道金属扶手	木桥面	浅沙色 强调步行环境特征	—	步行桥
	生态区	12	高高隆起，以表跨水意象	带横梁的双钢管梁	标准系栏杆 二道金属扶手	钢桥面 强调自行车道的连续性	煤灰色	桥面中间分隔带由通透的金属格栅组成，以加强与生态区的视觉联系	跨越中央岛的自行车桥，桥长最长，两侧均在岛上设置简约的台阶与生态区相连

4. 连桥系统桥组序列的构成

连桥系统桥组序列化的理念是强化群体桥梁的特征，以确保系统桥组的整体视觉效果。除了各桥结构有相近的外形外，连桥系统桥组最突出的特征是栏杆设计和外露的钢边梁。其中，栏杆具有略微外倾的栏柱（呈迎宾姿态），木条和金属条构成的双层扶手精致而易于识别，为体现人性化而将栏杆高度统一为 1 m。各座桥梁始终以上述几种因素实行河道桥梁序列化，以简洁、轻巧、通透、相近的外立面体现简约而平实的格调。

由图 3-19 可以看出：按桥梁的布局位置，连桥系统形成了三个桥组序列：左侧（序号 40～65）构成入户桥序列（序列一）；右侧（序号 32～35）构成以步行桥为主的序列三，左、右两侧的桥组序列各自有着相对统一的风格。

序列二为中间数量众多的机动车桥、自行车桥、步行桥成串状布局，在统一中求变化。各座桥梁不仅以基本相似的外立面而形成相对一致的外观，而且由于区域型桥梁间隔布置，功能型桥梁有序穿插排列，各桥在桥身形态、栏杆形式、桥面色彩等方面都进行相对有序的变化（图 3-19）。其中，三种区域型桥梁各具特征：游憩岛桥采用马蹄形栏杆的横截面（图 3-20）、高高隆起的桥身，还以浅沙色桥面进行恰当强调；连接三角形草地的 9 座桥梁成环形串状布置，机动车桥平缓顺畅，步行桥桥身隆起，特别是位于中间位置的 3 座大木板桥浅沙色木桥面中度隆起显得格外突出；生态区桥梁长度最长，桥身隆得最高，并在中央岛两侧都设台阶与生态区相连，是中间桥组最为突出的一座。

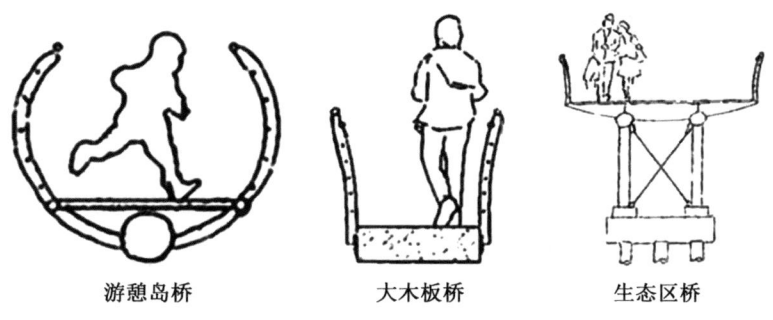

游憩岛桥　　　　大木板桥　　　　生态区桥

图 3-20　桥横截面[14]

序列二通过具有节点特征的三种区域型桥梁的间隔布局构成串状的中间桥组序列：处在起始位置的游憩岛桥为序列的开始，通过连接三角形草地的 9 座桥（6 座机动车桥、3 座步行桥）环形串状布置，其中 3 座区域型大木板桥（序号 16、17、18）以其形状和位置得到加强，而居中位置的生态区桥梁（序号 12）

成了中间桥组空间序列的高潮，再通过连接三角形草地的9座桥（4座机动车桥、5座步行桥）的特殊布置（其中3座区域型大木板桥序号为19、20、21），最终进入一般功能的桥梁后结束中间桥组序列。

本章参考文献

[1] 吴为廉.景观与景园建筑工程规划设计[M].北京：中国建筑工业出版社，2005.

[2] 陈兴茹.促进人水和谐的城市河流建设理论研究[D].北京：中国水利水电科学研究院，2006.

[3] 日本土木学会.滨水景观设计[M].孙逸增，译.大连：大连理工大学出版社，1988.

[4] 齐康.风景环境与建筑[M].南京：东南大学出版社，1989.

[5] 王胜永，周鲁潍.景观设计基础[M].北京：中国建筑工业出版社，2010.

[6] 赖亚平，龙灏.景观与观景：城市跨河桥梁的空间营造研究[J].重庆交通大学学报（自然科学版），2019，38(3)：14-20，26.

[7] 杨士金.谈城市桥梁规划[J].城市道桥与防洪，2016(2)：73-77.

[8] 和丕壮.桥梁美学[M].北京：人民交通出版社，1999.

[9] Deutsche Bahn AG，Jörg Schlaich.铁路桥梁造型指南：德国铁路桥梁的设计理念[M].刘越，刘孝寒，石书娟，译.北京：中国铁道出版社，2015.

[10] 项海帆，等.桥梁概念设计[M].北京：人民交通出版社，2011.

[11] 徐利平.城市桥梁建筑理论[M].上海：同济大学出版社，2018.

[12] 滕家俊，沈平.现代桥梁建筑设计[M].北京：人民交通出版社，2008.

[13] 杨士金.泰州鼓楼大桥设计[J].公路，2004(3)：42-44.

[14] 克里斯塔·范登贝尔赫，格哈德·尼尚赫伊斯.荷兰桥景观：桥梁设计导则[M].张振威，译.北京：中国建筑工业出版社，2013.

第4章
城市陆道桥梁景观化

交通是城市发展的先导，城市交通规划建设也影响着城市发展的方向。通常情况下，城市中心区因交通用地紧缺，常以高架路作为快速通道来改善城市交通条件。为了解决城市伴生的交通问题，城市高架路应运而生，同时高架路也构成了现代城市重要的空间特征。

城市高架路交通由主线、平行匝道和立交组成，主线结构物习惯被称为城市高架桥，而立交桥即在重要交通交汇点所建的上下分层、多方向行驶、互不干扰的现代地面桥梁。为了与第3章"城市河道桥梁"的名称相对应，便将城市地面道路上的桥梁（城市高架桥、匝道桥和立交桥等）统称为城市陆道桥梁。

实践表明，城市陆道桥梁既在改善城市交通状况、推动调整城市结构方面发挥着重大作用，又割裂了城市空间，使其与城市环境、历史文脉相脱离，从而减弱了城市原有的特色，也带来了诸如污染环境、破坏景观等许多现代城市的问题。20世纪90年代由于环境问题，美国在波士顿、芝加哥等大城市开始陆续拆除高架桥，城市道路建设的发展由此转向建造地下隧道。此后，日本、瑞典、挪威、芬兰等国家也开始拆除高架桥[1]。

虽然城市陆道桥梁给城市带来诸多矛盾，最终还有可能被淘汰或取代，但解决城市交通拥挤成本最低的方法仍然是建造陆道桥梁，它在一定时期内依然发挥着难以替代的作用。本章以积极的态度将陆道桥梁视为实实在在的城市公共建筑物，注重其空间的分析与研究，并推行城市陆道桥梁景观化设计，使陆道桥梁发挥出最大的功效，为当下城市空间的改善承担起应有的作用。

4.1 城市陆道桥梁的特点

城市陆道桥梁具有强大的交通功能，其作为超大型的市政建筑物，桥梁自身就具备独特的布设特点和特有的结构特征，还相应构成了城市桥梁特殊的形态。

4.1.1 陆道桥梁布设特点

陆道桥梁是城市地面道路向空中的延伸，高架路承担着高速车流交通，它与地面道路是主路与辅路的关系，陆道桥梁设计的主要目标是通过增加断面的车道数量来扩大断面的通行能力，或者增加绿化和相关设施的空间。因此，陆道桥梁布设方式的重点就在于如何合理和高效地利用道路空间。其中，合理使用桥下空间是陆道桥梁总体设计和景观化设计的关键所在。

城市高架桥、匝道桥、立交桥这三种陆道桥梁的交通功能是密切相关的，合理的布设方式是通过匝道将桥面的高速交通与地面交通有机地衔接在一起，达到桥上与地面综合交通空间利用最优化。按相交道路等级的不同，互通立交的类型可分为枢纽型立交和一般立交。立交的基本形式主要取决于左转匝道的形式，而左转匝道形式主要有定向形、Y形定向、迂回定向形、迂回形（苜蓿叶）、环形等（详见4.4.2）。路线是否简捷、通行能力、线形标准、立交层次、占地面积、是否有交织、桥梁结构面积等条件均是衡量立交是否合理的重要因素[2]。

陆道桥梁的桥面一般距地面 8～10 m，制约桥下空间的自身因素主要是桥墩，桥墩的有序布设是陆道桥梁总体设计的重点之一。桥梁既要纵桥向合理分跨和跨径组合，又要合理配置横桥向桥墩数量与位置，需要对桥墩同时进行纵、横向的有序排列。表 4-1 列出了桥墩在地面道路上的横向布设形式及其相互比较。从陆道桥梁桥下空间构成的特点出发，有序组织纵、横向桥墩，形成有节奏的桥墩排列，以构成有序而美观的桥下空间。

表 4-1　　　　　　　　桥墩横向布设形式比较表

比较项目	桥墩布设形式		
	中间设墩	两侧设墩	中间及两侧均设墩
地面行车视距	不受影响	受影响	受影响
与匝道衔接	顺畅	一般	兼顾
适应桥宽	小	大	大
桥梁截面形式	整体式	整体式,分离式	整体式,分离式
桥墩防撞要求	低	高	高
对环境影响	相对少些	中等	中等

综上所述，城市陆道桥梁的布设特点体现在以合理选用桥梁平面线形为基础，不仅要合理分跨、合理组合跨径，而且还要注重横向桥墩的有序排列，从而拓展桥下交叉口空间，满足地面道路宽度、视距、美观等多方面的要求，使陆道桥梁既是城市全路网的有机组成部分，又能力争成为城市景观的增进因素。

4.1.2 陆道桥梁结构特点

出于经济造价的要求，城市陆道桥梁大多按所需的跨度选用经济的结构形式，常采用简支梁、连续梁为主的结构。为适应较短的建设周期而进行化整为零，上部结构常采用预制结构、等跨布置，结构类型尽可能单一化和标准化。T形梁结构因现场施工周期短、造价低，城市建设的早、中期常被陆道桥梁所采用，但因其梁高大、桥下外露部分多而凌乱、不够美观而又逐步退出应用。简支的预制钢筋混凝土空心板梁、预制预应力混凝土大孔板梁，虽然外形简洁，但不适应平面弯曲和变宽的桥跨，凸出的盖梁和过多的桥墩数量而影响外观及桥下空间的利用。预应力混凝土连续梁是一种成熟、经济的结构形式，成了城市陆道桥梁主要的结构类型。

限于工期和交通组织的需要，也会采用钢箱梁结构，甚至钢混组合梁结构。例如为在一定梁高条件下获得较大的跨度，还采用钢箱梁中间跨，预应力混凝土箱梁边跨的组合梁结构。为适应较大跨度的结构形式，广泛应用预应力混凝土变截面连续梁和连续钢箱梁；若需要更大跨度的场合下，则考虑下承式拱桥或斜拉桥等结构形式。

弯曲匝道小半径曲线箱梁有钢筋混凝土箱梁、预应力混凝土箱梁、钢箱梁等结构形式。跨径 25 m 以上的曲线梁和异型梁通常采用现浇预应力混凝土连续箱梁；而 25 m 以下（含 25 m）的，则用现浇钢筋混凝土连续箱梁。如果匝道半径较小，就不太适合采用混凝土结构，目前还是以钢箱梁为主。

此外，因城市陆道桥梁上需要迅速通过强大的定向车流交通，还相应形成了以下桥梁结构的特点。

1. 采用特大宽跨比的桥梁

城市陆道桥梁一般跨度不大，而桥面通常很宽，故形成了特大宽跨比的特点。如主线双向 8 车道桥梁，桥宽约 33 m，而在上、下行匝道入口处，加上两侧匝道宽度，桥面全宽 48 m 左右，宽跨比达到 1.6 或更大。此时的下部结构通常为横向四柱或更多墩柱。

2. 异型主梁结构的桥梁

处在平面曲线上的桥跨,主梁结构具有弯、坡、斜的特点;立交中还出现异型桥面的结构,存在着变宽梁和分岔梁等异型主梁结构,桥型和结构受力均较特殊。

4.1.3 陆道桥梁形态特征

1. 城市陆道桥梁空间

城市空间是人工建筑物与自然环境相交融的结合体,既含有实体组成的内、外空间及过渡空间,也有形成空间的实体本身。交通空间在城市空间中占有重要地位,早期城市交通以步行为主,交通空间也兼有人们的交往空间,从而在城市交通功能中融进了各种各具特色的生活场所。而现代城市快速机动交通空间割裂了城市空间,使早期交通与建筑之间的亲密关系脱离。现代城市交通的复杂性,对城市空间形态构成提出强烈挑战,更为自身发展推上了一个新的平台。

城市陆道桥梁空间是特殊的现代城市交通空间,它是城市线性的生态交通廊道、现代城市的纽带。陆道桥梁空间包括桥上和桥下空间、桥与周围建筑之间的街道公共空间和交通空间、沿线整体空间形态以及处于城市整体规划控制下的景观人文空间等众多要素。陆道桥梁空间是整个城市空间的重要组成部分,由于陆道桥梁强大的交通功能空间的决定性作用,改变了城市的物质空间,并深刻地影响到社会空间和人们的心理空间,从而也给现代城市带来了新的问题。

2. 城市陆道桥梁形态特征

(1) 超大体量和尺度的城市基础设施。城市高架桥通常长几十公里,桥梁高出地面 8~10 m 甚至更高,主梁底与桥面顶厚度在 3 m 上下,桥面宽度 30~50 m,如此庞大的"巨龙"便压倒了城市任何公共建筑的体量。在建筑尺度上,原先市民心目中只是门庭与廊道宜人的建筑尺度,当陆道桥梁这个庞然大物近距离地进入市民的生活环境,而且其体量托举在常人观察的视平线之上,桥跨下的空间必然成了惊人的超大尺度。

(2) 桥梁空间的开放性。在城市陆道桥梁空间中,桥体空间是整体空间的主要构成要素,起到控制、限定和引导作用,成了陆道桥梁的主导空间。桥梁强大的交通空间使城市形成了开放性的结构,陆道桥梁空间的开放性不仅表现在形式上,无明显边界、空间内外联系紧密,而且也体现在内容上,交通功能复杂,空间要素多元并存。出于陆道桥梁空间的开放性,敞开的桥梁空间需要与城市环境有机结合,则要求桥梁要有较强的包容性,以减弱对多元文化的冲击和满足城市各类公共空间的需求。

（3）陆道桥梁的多维动态性[3]。城市陆道桥梁平面线形顺畅生动、弯曲有度，桥梁形态简洁流畅、曲折蜿蜒而富有动感，极大地丰富人们的视角和观赏内容。桥上、桥下的机动车流形成的动态景观更令人感慨不已。同时，陆道桥梁还使人们体验城市的基点从地面扩展到空中，车内乘客在运动状态下体验明朗、连续而动静结合的城市景观，给人的城市意象是全方位的。

城市高架路连接相关立交的主线交通，主导着城市交通繁忙地段的车流量，城市陆道桥梁保障了现代城市车辆交通畅通无阻，但也给城市带来了诸多的负面影响。从城市陆道桥梁特殊的结构特点和形态特征出发实行景观化，为改善现代城市空间发挥积极作用，这是当下缓解陆道桥梁与城市景观环境和人文环境激烈矛盾的有效途径。在下文中，先提出城市陆道桥梁景观化原则，再阐述城市陆道桥梁景观化，最后在景观化原则下专题论述城市立交桥的造型。

4.2 城市陆道桥梁景观化原则

1. 可持续发展的原则

设计城市陆道桥梁务必要确立环保的理念，坚持可持续发展的原则。不仅要使陆道桥梁本身能符合城市交通规划的要求，而且还要使沿线景观资源建设保持持续稳定，维护生态环境平衡和资源可持续利用。组织好与陆道桥梁相关范围的交通，重点考虑出入口的交通量、交通组成、车速、用地拆迁的可能性；地面道路需要相互连通，组织好公共交通并构成交通网络，实行现状与规划的交通组织最优化。同时，还要结合原有城市环境的地形地貌，尽可能避免或弥补割断城市的生态环境空间或视觉景观空间，以利陆道桥梁与城市环境和谐。

2. 遵循城市景观化的原则

鉴于高架路路线长、体量大、尺度超常和交通流量高度集中的特点，对陆道桥梁实行景观化是弥补桥梁自身景观不足的有效方法。高架路与沿线的城市环境是一个共同的整体，实行景观化首先要树立整体景观的概念。对于城市陆道桥梁则要求对桥宽、平曲线要素、纵坡、线路分叉、桥面连贯性、桥体结构及桥上附属设施等与沿线地形地貌、城市生态以及人文景观作系统的整体规划，使陆道桥梁尽可能成为城市整体和谐的一部分。其次，陆道桥梁自身的造型要美观，或借助植物等景观要素提升其美感。

3. 注重以人为本的原则

陆道桥梁作为现代城市演进的必然产物,是体现城市宏观景观意识形态的载体。高架快速路切割了城市空间,容易使人精神紧张,影响市民具有人情味的生活气息。需要增强以人为中心的人文主义观念,城市高架桥必须为各阶层市民提供合理的、保持一定质量的生存空间。必须重视桥上交通设施(尤其是交通标志、隔声屏、照明设施等)人性化,桥下交通组织人性化。此外,城市陆道桥梁要为市民提供交往的空间,更多地体现市民的需求和对人的尊重,提倡桥下公共空间人性化。

人们在高架上的视点相对提高近 10 m,原先在地面街坊生活的感受被高速、机械的高架系统所替代,杂乱的裙房屋顶和设备、林立的高层建筑均映入眼帘。因此,很有必要从人性化出发,基于人的视觉效果对高架桥及周边环境统一进行景观设计。

4. 尊重历史的原则

城市中具有历史意义的某些场所给人留下深刻的印象,为陆道桥梁确立独特的个性奠定基础。珍惜历史文化遗产,需要处理好传统与现代的关系,让城市成为历史、现实与未来的和谐整体。高架路经过具有历史意义的区域,同样应该本着尊重历史的原则,使高架路与历史文化环境尽可能融合在一起,体现城市独特的个性。当然,对有历史意义的场所也应有所扬弃,需要探寻传统文化中适应时代要求的内容、形式与风格,适当添入新的内容,以增强传统文化的活力。

在城市环境中任何建筑物或建筑群,如果其环境遭到破坏,则它的整体景观价值就会大打折扣。上海第一轮城市高架路采用十字加内环的格局,其中十字交叉的成都路高架与延安路高架都贯穿上海的中心市区。高架路必经的外滩是上海的象征,延安东路高架采用隧道而不用桥梁过江,一个很重要的原则就是不以大尺度的桥梁影响外滩景观。高架路被置于远离外滩的区域,使人们在外滩既能感受到历史与现代的对话,又可以完整地欣赏外滩经典的天际轮廓线[4]。

4.3 城市陆道桥梁景观化设计

城市基础设施建设既是为市民提供安全、美观、舒适工作与生活环境的必要条件，又是改善城市生态环境的手段，而基础设施建设与生态环境保护之间存在着相互依存和相互制约的关系。如何寻求城市建设与自然环境、社会经济等方面发展需求之间最大限度的平衡，是科学建设城市的一个重要课题。

就陆道桥梁交通功能而言，高架桥将体现沿线交通节点功能的立交桥串接在一起，打造成为城市独特的交通廊道。在景观上，陆道桥梁全线穿越在城市景观之中，桥梁自身既会产生美感，又能展示韵律感，而且桥上、桥下的车流和人流还为城市提供三维动态景观。同时，陆道桥梁也是城市景观的视线廊道，能使人们产生一种累积的景观强化效果。城市陆道桥梁景观化，不仅要从自身形体结构出发与城市环境相协调，而且还要基于市民的心理需求，结合城市文化和居民生活进行系统的景观设计，注重完善城市生态环境。

城市陆道桥梁景观化由桥梁自身美观、城市环境和城市人文三个子项构成，每个子项既发挥自身作用，又相互制约和补充，协同体现陆道桥梁景观系统，达到人—车—桥梁—城市环境和谐与可持续发展。如果将桥梁自身美观作为陆道桥梁景观化的第一层次，桥梁与城市环境协调为景观化的第二层次，桥梁追求景观的文化品位，强调景观的区域特征和人文表达，则成了第三层次。以下，便按陆道桥梁自身美观、与城市环境相协调、延续和传承地域文化三部分叙述城市陆道桥梁景观化设计。

4.3.1 陆道桥梁自身美观

陆道桥梁自身美观是建立在交通功能的基础上，通过结构本身的比例、尺度以及形态体现桥梁静态美，再加上人车节奏运动的动态美，动静结合综合呈现桥梁自身的美观。出于陆道桥梁美的特点，城市陆道桥梁不但需要布局简明、流畅，而且还要讲究自身形体美和合理配置附属设施等多方面内容。

1. 桥梁布局简明流畅

鉴于城市陆道桥梁影响城市环境景观的自身缺陷，首先其选线必须避开城市最有特征的地段，其次要从实际出发，选择简洁流畅的高架路线形和立交形式，力求陆道桥梁布局简洁明快、线形流畅、注重布局的整体效果。这不仅是城市陆道桥梁美的需要，而且简明的布局可让驾驶员开车一目了然，流畅的线形有利保持车流连贯性。匝道是高架道路与地面道路的联系纽带，陆道桥梁的布局一定程度上取决于匝道的布置与选形。合理布局匝道桥梁，采用单行进出，不仅有利简明布局，而且还可避免多路同向并行的匝道容易产生交通拥堵。

高架桥和立交桥的上部结构都是以横方向线条为主的结构物，连续伸延的结构形式给人以流畅感，梁体和护栏均应保持纵桥向连续顺畅的线形，即使是弯曲段也要使曲线变化和顺，避免线形突变现象。

2. 桥梁自身形体美

通过城市陆道桥梁造型设计和景观设计可以提高桥梁的美学特征，使桥梁自身形体和谐，以达到陆道桥梁景观的第一层次。譬如桥梁造型注重与城市或大地景观的尺度一致、桥体比例协调（桥体各部分之间、结构部件与整体比例等）、桥型的美学比选等均为通常重点考虑的内容。

城市陆道桥梁随着主梁结构和横桥截面形式的发展，桥墩立柱也从臃肿变得较为轻盈，桥梁自身形体渐趋美观。柔和的形体能够减弱对视觉的冲击，容易与城市环境协调。桥墩、主梁等构件采用协调、柔和的形式，能使陆道桥梁与城市建筑环境趋向和谐。下面，以上海高架桥立面设计的发展过程为例，说明高架桥随着立面的演进而逐步取得较好的视觉效果。

上海内环高架立面以"刚"为主，刚劲的主梁横截面（图 4-1a）与方柱（倒 1/4 圆角）桥墩组合，外挂绿化盆，外置高杆照明灯。实体护栏延续人行栏杆护手的概念，顶面设置钢管护手。中环高架立面以"柔"为主，饱满的凸弧形主梁横截面（图 4-1b）与双圆柱桥墩相配合，配置弧线形的高杆照明灯和弧形的实体护栏，护栏顶面取消了钢管扶手而直接配置绿化。外环高架采用凹弧形的侧立面，主梁横截面注重运用光影的进退效果（图 4-1c）。

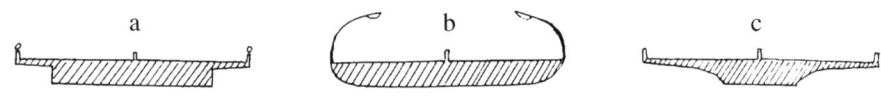

图 4-1　上海环路高架桥主梁横截面演进

上海沪闵路高架二期工程，采用弧形主梁底面的连续箱梁结构，配置树杈形立柱，呈现出流线型的"身材"（图 4-2）。浦东机场航站楼为弧形金属网架结构，轻盈而通透，其两侧配置 440 m×440 m 的人工大水池。航站区高架桥和立交桥为了与如此的环境协调，桥的主梁采用全由曲线构成的盆形横截面，没有任何棱角。池中桥梁采用跨度 25 m 配有伞形支架结构的钢筋混凝土连续梁[5]（图 4-3），梁高 1.6 m；池外桥梁跨度 18 m、梁高 1.2 m 无伞形支架的钢筋混凝土连续梁。以上两例均获得较好的视觉效果。

图 4-2　上海沪闵路高架二期工程

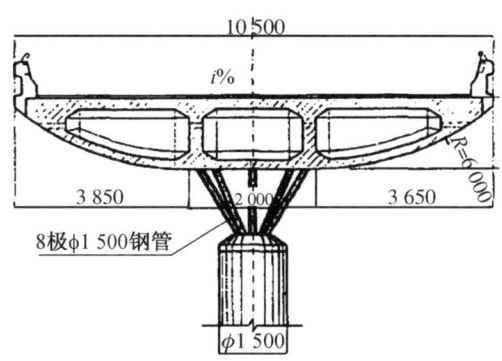

图 4-3　上海浦东机场航站区高架桥（水中）横截面

3. 高架桥与立交桥

在上述陆道桥梁自身形体美的基础上，再进一步考虑高架桥与立交桥的相互关系，以使它们成为统一的整体。高架桥不仅贯通了沿线各立交桥的主线交通，而且还是城市的生态交通廊道。而立交桥只是高架桥交通廊道的节点建筑物，立交桥需要高架桥的连续空间和特有的造型尺度来贯穿，从而引入具有独特外部空间或者某种标志性的立交空间加以穿插与联系；在结构形式上，高架桥与立交桥需要统一规划和结构一体化设计。只有通过功能、景观、造型和结构等多方面的密切配合，高架桥与立交桥设计才能成为同一整体。

城市道路立交的交通功能和结构形式都比带状的高架桥复杂，为了进一步集中阐述立交桥的内容，特将"城市立交桥造型"安排在本章最后进行专题论述。

4. 配置得当

附属设施设计要体现"安全、美观、环保"的理念，通过完善交通标志、标线、交通监控系统来传递陆道桥梁交通信息、管理交通，保证行车安全与桥面畅通。交通安全设施，首先应保证设置齐全，再者是桥的附属设施形式和风格都应简捷明快，避免过分醒目和凹凸明显。栏杆、隔音屏障、交通标志、照明设施、管线等配置，不仅要顺应其特殊部位而安全有效，而且还要选型和布置恰当，统一设计使之成为桥梁整体的有机组成部分。这里特别指出的是照明设施和栏杆护手的形式和色彩，既要有附加的点缀效果，还能发挥其为桥面交通间接的引导作用。陆道桥梁照明设计的目标在于使主梁、护栏及桥墩构成线条流畅的形体，突出显示桥的特征，注重整体的大效果。

4.3.2 陆道桥梁与城市环境协调

"城市空间是一个不可分割的有机整体，部分或局部的改变都会给城市的整体空间带来影响，城市空间的整体利益总是高于城市空间的局部利益；城市环境与城市的一致性是城市的基本特征。"[6] 陆道桥梁空间作为城市空间有机体的重要部分，与城市环境的协调极为重要。

城市陆道桥梁是呈带状的庞大建筑物，建在城市重要的地域，占地面积大，并带来繁忙的集中交通，对市民出行和生活影响极大。尽管高架桥和立交桥的体量和尺度都很超常、与城市环境差异甚大，但出于陆道桥梁建设与城市生态环境保护之间的相互依存和制约关系，寻求二者之间的和谐，仍是桥梁规划设计和城市桥梁设计的一项重要工作。陆道桥梁与城市环境协调，除了上述的"陆道桥梁自身美观"外，鉴于陆道桥梁的特点，还需要对桥梁实行城市景观化，诸如沿线视觉景观的营造、沿线建筑设计以及桥体绿化等。下面便按桥体绿化和穿插、融合其他城市空间两项论述与城市环境协调。

1. 桥体绿化

桥体绿化可以遮掩陆道桥梁自身景观不足的部分，也可促进桥梁环境的生态发展。"城市高架桥自身形象突兀而影响视觉质量的方面可以通过绿化得到修正，桥体绿化可以吸附有害气体、滞尘降尘、削弱噪声，借助攀爬植物构成的绿色轮廓线，可形成独特的城市景观，且能缓解视觉疲劳，提高行车安全性。"[1]

桥体绿化主要含桥面绿化、桥墩立柱绿化和桥荫绿化。高架桥立地条件差，土壤板结，浇水困难、光线不足，要研究分析高架千差万别的立地条件，根据不同的温度、降水量、光照量、土壤条件等选择合适的桥体绿化植物品种，还要研究植物与高架桥之间的色彩、形态和质感的协调。成都市二环路高架桥建于 2013 年，桥墩下种植"爬山虎"，几年后桥墩表面"长满"爬山虎，整个二环路成了绿色长廊（图 4-4）。图 4-5、图 4-6 分别示出了桥面绿化和桥体绿化的整体效果。桥荫处终年不见照光，往往成为景观的"死角"。通过桥荫绿化，调整显露出的空间界域，并充分利用树木掩映桥体，尽可能保持自然视景的连续感。总之，绿化栽植要统一规划、分段设计、突出重点、注重特色，并满足桥梁功能空间的要求。

图 4-4　成都二环高架路绿色长廊

图 4-5　桥面绿化

再举两个桥体绿化的实例，进一步说明绿化隐蔽方法的运用与效果。

图 4-6　高架路段整体绿化

绿桥以净跨 30 m 跨越城市道路，连接着伦敦麦尔安德公园的两个部分，桥宽 24 m，桥两端高出地面 7 m，以 1∶20 的坡度向两外侧倾斜。公园中的园路自然延伸过桥，桥上的各种通道处理都是按园路设计的；桥上种树植草，与园内绿化的种植方式完全一致（图 4-7），被称为"绿桥"名符其实。将绿桥真正处

图 4-7　绿桥

理成为公园环境以及园路的一部分,其目的在于引导人们把视线集中到桥两端的特色风光。这是绿桥设计的基本理念,成为消去法处理立交桥与环境协调的一个典型案例。

西班牙马德里立交桥的桥上草地成片,游人在桥上自在休闲,桥下交通车水马龙(图4-8),立交桥上、桥下空间完全成了两个不同的世界。

图4-8 西班牙马德里立交桥

2. 穿插、融合其他城市空间

从陆道桥梁空间的开放性出发,通过恢复、改造桥下及两侧空间特质,并引入其他城市空间与其穿插、融合,从而体现桥梁的城市意象性。为此,需要对桥下空间进行环境景观设计,根据沿线各区段不同的城市环境,分别引入不同内容的城市景观空间和景观要素,促进陆道桥梁融入城市环境,力争成为城市的生态廊道。

通过城市高架桥下诸多交汇型的点状生态空间与延伸型的线性生态廊道空间,加之与纵横的城市道路、河道等绿地空间的结合,目标是构成网络状城市生态空间系统。

3. 引入城市景观空间

(1)桥下引入绿色景观空间。充分利用交汇型桥下空间,尤其是人气较旺的地段用作生态绿地节点;延伸型高架桥下空间则可通过有效的绿化(图4-9),使高架桥成为环境型的城市建筑物,为城市生物物种的生存和迁徙提供路径,同时也降低城市交通对环境的污染。

台北市碧潭高架桥,在桥下设计了层次丰富的绿化,将当地的乔木、灌木和草坪在空间上进行巧妙组合,并在绿化中设计了曲折的无障碍步道,这些人性化的布置让场所集聚了更多的人情味,重构了公共空间的生气[3]。

(2)注重塑造富有个性和时代特征的空间。当需要强调或突出立交的存在,

图 4-9 桥下绿色景观

成为支配城市环境的主要组成因素时,可在桥梁上引入标志性的景观空间,汇聚各种物象构成城市的新景观,使立交成为区域的中心。强调法的核心是突出立交桥在城市环境中的主导地位,在城市中心及大型立交中大多运用此法突出桥梁于城市环境之上。

上海市五角场是以杨浦区五条道路交叉口为中心的商业圈,是上海城市副中心,城市中环路高架上跨五路交叉口(图 4-10)。面对强大的集中车流和人流交通压力,如何组织交叉口的交通?怎样处理高架与五角场商圈环境的关系?成了解决该立交的两大问题。

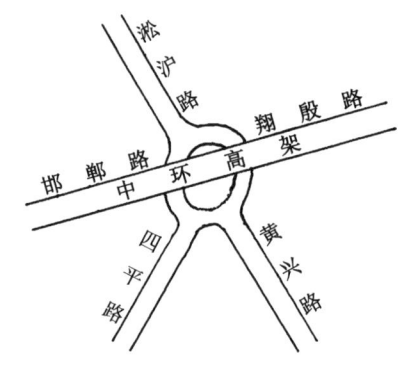

图 4-10 上海五角场平面示意图

设计者先在地面层设置环岛立交,将五条道路的车流交通有序地组织在一起;再设立下沉式地下层广场,以五条地下通道、九个地面出入口与周边道路及商业广场相通,将地面层的人流与车流彻底分离。立交地下层空间与地面层通过 100 m×80 m 的椭圆孔进行贯通。

处在五路交叉口中间的高架桥,虽然已作了景观化处理(凸弧形的主梁立面,护栏顶部盆栽绿化),但难以体现该商圈的重要地位,与城市副中心更不相称。为此,采用集中强调的方法营造五角场环岛立交主体景观——巨大的金属蛋体（106 m×48 m×15 m）（图 4-11a），其形象脱胎于中国传统的绘红彩蛋，借助其孵化、孕育、诞生的概念，象征杨浦区充满生机与活力。这个半封闭的巨型彩蛋空间有着强烈的视觉冲击力，构成了五个方向的视觉中心。在高架上行车更会领略到这一五角场的标志，让人留下难忘的印象。夜幕中，椭球彩蛋闪烁和变幻着七彩灯光，非常璀璨，就像一段时光隧道（图 4-11b）。每当开车穿越这段时光隧道时，都会带来现代时尚的感受，体验杨浦的今天与明天。

图 4-11　五角场立交

五角场立交在解决五路汇聚交通问题的基础上，对高架桥作了强调的景观化设计，将五个方向的街道景观汇聚在一起，其成功之处除了具有一个集中的主体景观之外，还在于四种和谐元素的综合运用：半封闭的椭球体景观空间、地面层的椭圆盘空间、中环路高架桥凸弧形的主梁立面、桥下空间的圆柱形桥墩。

下沉式广场统一以弧形的和谐元素处理台阶、坐石、围饰、饰柱、岗亭等，单棵植树的草坪作为零星的点缀，还以不同色块的铺地增添了广场的内容（图 4-12）。丰富的是自由的现代元素，缺乏的是自然生态的氛围，广场零散的布局突出了立交景观设计的主旨。

图 4-12 下沉式广场

（3）引入其他城市景观空间。陆道桥梁下引入庭院、水面、步行系统等园林空间，布置园艺小品、休闲设施、景观标志等，形成市民的休闲场所。在多层城市立交桥中，桥下地面层常处理为非机动车和人行的通道，同样也要注重中心地坪的布置。地面层尺度需适当缩小，使内外景观相通，宜采用大片绿草植树，并以花卉点缀等。图 4-13 表示立交地面层的街心花园，不仅能在视觉上保持连续，又可在领域上加以划分。在街心花园的衬托下，可使立交桥的立体造型效果大为改观。

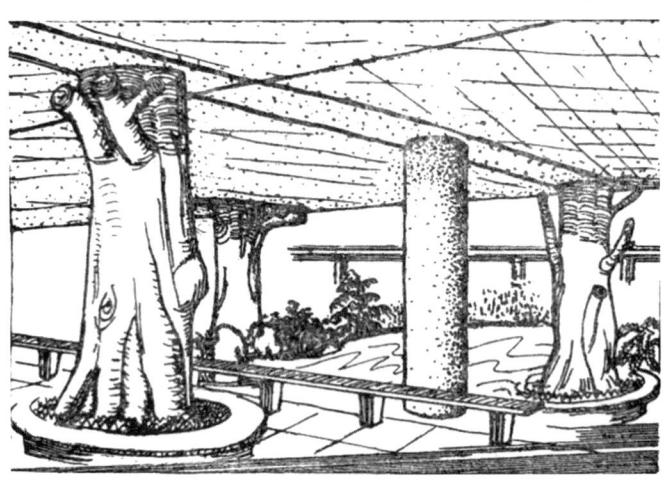

图 4-13 桥下街心花园

4. 引入公共活动空间

结合桥下公共活动空间的各种利用形式，如节点（公园）广场、线性广场、市政设施等，通过在桥下空间增添丰富的内容、完善的服务设施、便捷的可达性来满足人们日常的公共活动需求。以期将陆道桥梁融入城市总体外部空间，扩大、延伸和转换城市公共活动空间（图4-14）。

图4-14 桥下扩大和转换城市空间

5. 引入交通延伸的空间

在桥下引入与交通功能有关的空间与其穿插、融合，发挥分流交通、停车、交通换乘等作用，以交通功能延伸城市空间。

4.3.3 传承地域文化

创建一个美观而宜居的城市，必须尊重城市的遗产和历史，因为那些有历史意义的场所、建筑形式、空间尺度、色彩与生活方式最易引起人们的内心共鸣，唤起历史的回忆而产生文化认同感。陆道桥梁本身就是现代城市空间的纽带，也是体现城市文脉延续性的廊道空间，只要城市陆道桥梁空间与当地人文环境空间有机结合，陆道桥梁就能延续和传承地域文化。

1. 地域文化的内涵

地域文化形态包括物质文化、社会制度文化、精神及心理文化三个层次。地域文化与地域内的环境（如自然风光、民族风情、宗教信仰、文物古迹等）相融合，并打上地域的烙印，便具有独特性。地域文化的内涵是地域传统文化和外来文化、传统文化的历史发展和外来文化的多元移植共同构成具有时代特征的地域文化[7]，如图4-15所示。

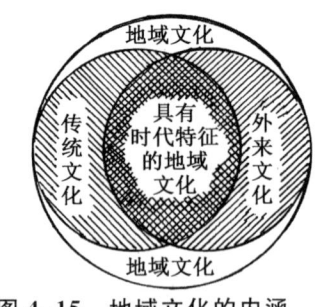

图4-15 地域文化的内涵构成示意图

2. 地域文化与景观设计

传承地域文化需要通过景观设计来实现，景观设计则成了地域文化传承的载体。地域文化的差异性是景观设计存在与发展的基础，地域文化的独特性和艺术性是景观设计的主要特征。地域文化与景观设计二者内容的统一又建立在尊重地域的原生态之上。根植于地域文化环境的景观设计，体现地域文化的核心价值就是景观设计表现的最终目标。

3. 地域文化环境下的陆道桥梁景观化设计

陆道桥梁地域文化环境下的景观化就是基于该类桥型的特点，强调景观设计的区域特征和人文表达，忠实地去表现当地人文的核心价值。其主要内容有以下两方面：①从协调城市环境出发，挖掘周边地域文化（如历史文化典故、旅游资源、当地人的民族习俗以及生活习惯等），桥梁形式和风格尽可能与当地人文环境融合；②在陆道桥梁上，分区段引入当地不同内容的文化元素和人文空间，表现不同地域的文化内涵。

在城市陆道桥梁传承地域文化上，需要持谨慎态度。对于城市有历史意义的地域，首先要避免桥梁建设对文脉环境的破坏，选择高架路线时要尽量避让。在迫不得已的情况下建造陆道桥梁，就要对桥梁的造型风格、外观特征、附属设施和装饰等结合地域文化进行精心设计。地域文化环境下的陆道桥梁景观化设计，除了吸取地域建筑的风格和处理手法外，必要时在桥上还可引入地域环境的代表性建筑元素、色彩以及人文空间，甚至结合地段的观景视廊，利用桥墩之间组成框景，以利与周围人文环境协调。西方一些历史名城非常注重历史文脉的延续，特别是在有完整民族风格的地域，不论修缮还是新建高架，均考虑与原有的建筑风格相呼应，以保持城市的历史价值和美学价值。如巴黎为保护中心区特色，高架桥采用拱券结构，橙黄色的面砖饰面与周围建筑协调（图4-16），且以结构符号与环境互相呼应。

图4-16　巴黎古典高架桥

其次，在保持地域文化的基础上，可适当进行对外交流与吸收，添入新的内容，以增强地域文化的活力。譬如在陆道桥梁景观化中，注重人性化的设计，增加司乘人员的舒适性，更好地服务于现代人，还可采用现代的工艺和材料，使桥梁景观具有传统性与时代性的双重特征，以致构成具有时代特征的地域文化。

此外，一个值得注意的问题是：城市陆道桥梁传承地域文化要为当地人所接受。所以，该项工作还要以本土民众的视角、从公众利益出发、吸收全方位参与，要与社会有机结合。

4.4　城市立交桥造型

4.4.1　城市立交桥造型的条件与特点

桥梁造型是研究以交通为主要功能，以结构、材料、周边环境和施工技术为基本条件，通过形态构成与结构分析两方面的不断整合设计，达到功能与形式完美结合。城市立交桥造型是立交桥达到自身美观的一种必要途径，也是城市陆道桥梁景观化设计的重要内容之一。影响城市立交桥造型的条件很多，大致可归纳为交通功能、环境因素和结构体系三类造型条件。其中，造型的交通功能条件，主要包括高速道路和相交道路的标准、性质以及交通流量流向等，它是确定立交类型和表现立交功能美的重要依据。造型的环境条件是指地形特点（主要是道路线形和交叉口形式）、用地大小、与周围建筑物以及各类地下工程的相互关系等，只有造型因地制宜地融合于城市环境，才能体现立交桥的环境美及其景观价值。各类桥梁结构体系既具备自身不同的形态特征，又存在特殊的结构受力要求，立交桥造型受到桥梁结构构造和结构受力的制约。城市立交桥造型即为以上三类条件的综合体现，需要从合理的桥梁结构出发，按交通秩序形成立交的有机整体，并融合城市环境时，才能成为完善的立交桥造型。

立交交通已成为城市交通网络中的一个重要组成部分，城市立交桥是典型的现代城市交通性建筑的结构物。城市立交桥造型的特点是以立交选型为基础，结合地形、地物形成简洁明快、轻盈纤细、连续流畅的交通结构物，以彰显现代交通合理秩序和快速节奏为自身造型的特点。立交桥造型还具备城市"门户"的特征，有着独特的空间形态和强烈的意象特性，可成为高架路全线景观的亮点。

4.4.2 城市立交桥造型设计

"桥梁造型设计是从力学性能和形式构成两方面进行的桥梁设计。""桥梁造型设计力求在不同层次上达到形式与功能的融合，表现力与美的统一。"[9] 桥梁造型即通过形态构成的规律，讲究平面与立面的有机结合，追求三维空间效果的立体形象。在城市立交桥的形态构成上，它是庞大的整体结构物，设计者需要从桥梁的总体出发，充分考虑和利用其三维空间，以平整光洁的表面和均称流畅的外形表现立交桥的力与美的整体形态。根据城市立交桥造型特点，遵循城市陆道桥梁景观化原则，按立交选形、立交平面构成、立面设计和立体造型四个部分叙述其造型。

1. 立交选形

本着按低速让高速、次要让主要、生活性让交通性的原则，可分别选择互通式立交、部分互通式立交、分离式立交和平交等类型。有文献表明世界上立交形式已有180余种，其代表形式有喇叭形、苜蓿叶形、子叶形、Y形、X形、涡轮形、组合型等[10]（图4-17）。各种不同的立交形式分别适用于不同的相交道路类型和不同的交通功能需求。立交选形时，需要充分考虑区域交通规划，按照交通功能要求、交叉道路的性质和布局，分清主次先确定立交类型，再具体选择立体交叉形式，并结合现状地形、地物及环境条件进行调整，逐步形成最佳的立交形式。

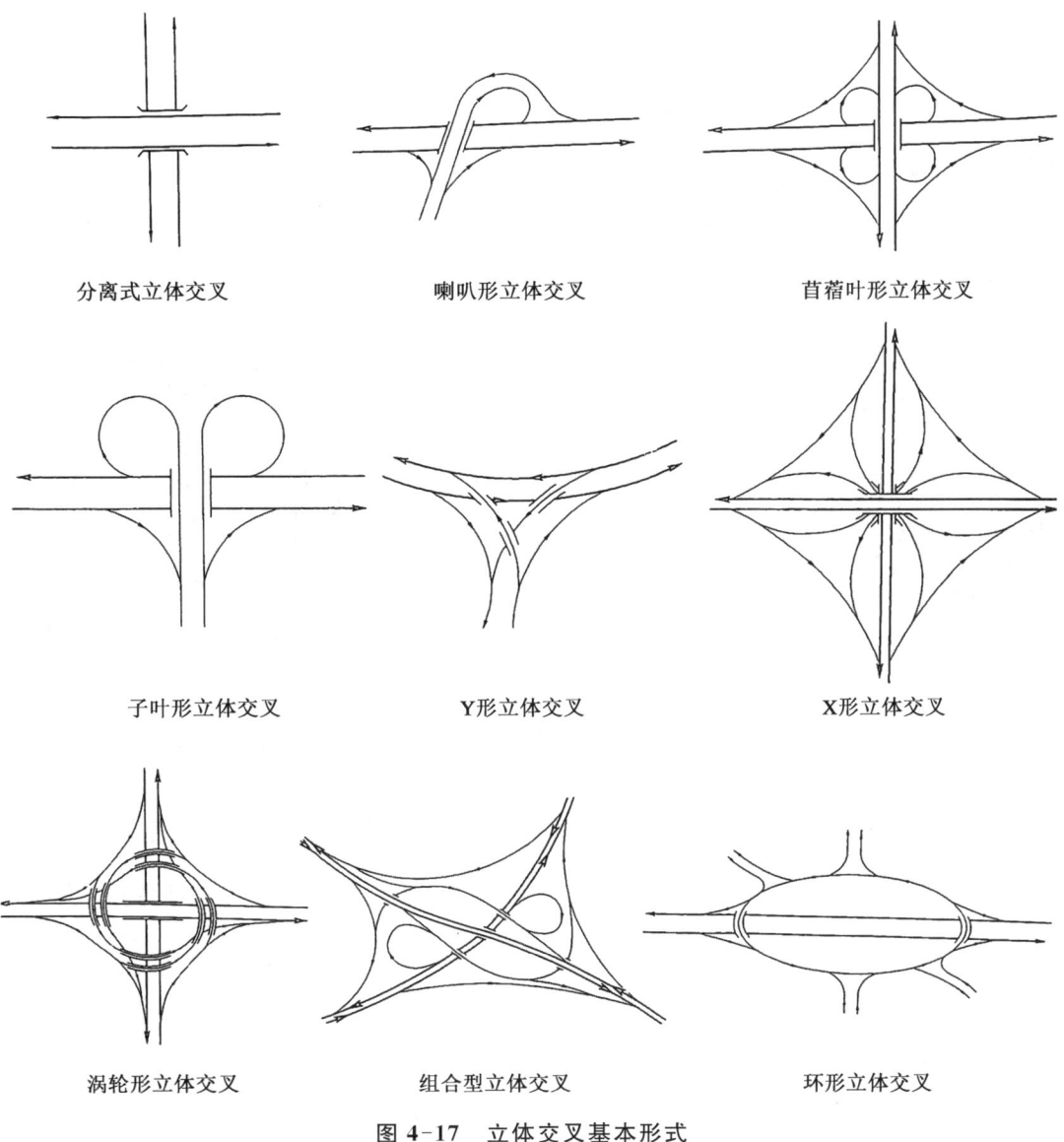

图 4-17 立体交叉基本形式

立交选形宜着重注意以下五方面内容：

（1）考虑立交在城市路网的地位和作用，运用全局、系统的理念进行选形，避免过分注重部分节点功能而降低整个路网的交通功能。

（2）城市立交桥是公共交通的结构物，要从所在地的交通功能出发，充分考虑行车安全、通畅和车流的连续性进行选形。

（3）立交选形需要功能合理、前进方向明确、线形简洁流畅，在满足交通功能条件的前提下，立交形式力求简单。同时，更要从有利辨认行驶方向出发，立交不宜设计得太复杂，城市立交线形不能向极限挑战。图4-18和图4-19所示为两座过于复杂，分别让司机"绕起来脑壳昏"和迷糊的立交桥，应引以为鉴。

图4-18 过于复杂的立交桥（一）

图4-19 过于复杂的立交桥（二）

（4）充分考虑辅道、非机动车道和人行道的交通要求，体现以人为本的理念。

（5）选择立交形式不仅要从当地的实际情况出发，因地制宜、合理布局，而且还要把握好立交规模的度。曾在早期建设中出现过一种误区：凡路口交通堵塞，唯有建造立交桥才能解决问题，并以功能齐全的大型立交才显城市的"气派"，其结果则造成不必要的浪费。

2. 平面构成

城市立交桥是道路立交的主体，立交桥平面线形是道路立交线形的主要部分，路桥衔接一致。立交桥线形是立交平面轴线的空间描述，必须流畅而和顺，以适应车辆高速平稳行驶。立交桥平面线形为直线时，尽可能采用与所跨道路的轴线正交。但由于道路斜交或地形、地物所限，斜交形式的道路立交常有出现。此时，应将所有的横向线条布置成与跨越的道路平行，将各部件的边线限制在少数方向上，以获得较好的线形秩序（图4-20）。平面线形为曲线时，其曲线通常采用曲率一定的圆弧线或圆弧线加曲率渐变的缓和曲线。在曲线桥平面构成上，将它的纵向线条与其轴线平行，并将横向线条按轴线的径向布置（图4-21）。

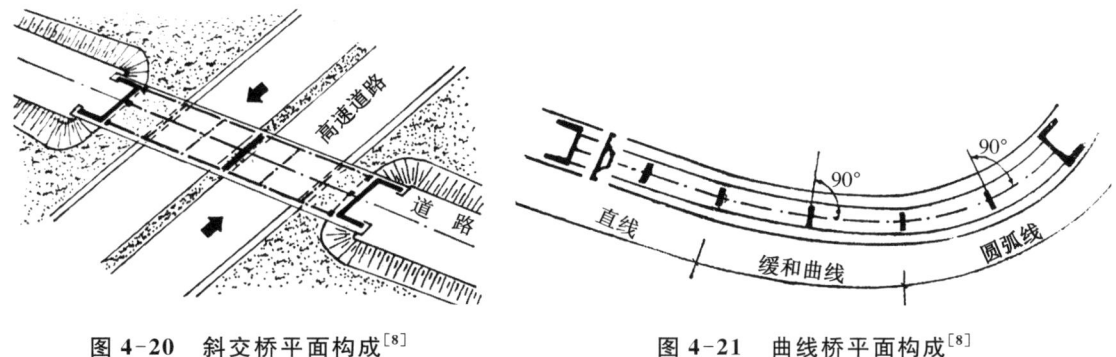

图 4-20　斜交桥平面构成[8]　　　　　图 4-21　曲线桥平面构成[8]

在桥面很宽的城市立交桥的平面构成中，为明显区分桥面各部分不同的功能，也为有利桥下道路受光，常将桥面分离成两座（或三座）桥平行布置（图 4-22）。这种平面的处理方法在多层定向式立交中较为常见。

图 4-22　多层定向式立交平面构成[8]

城市交叉口之间的交通本身就相关联，设置在相近交叉口的几座立交，其各层平面必须按交通秩序统一构成，使整个立交系统的交通功能和结构形式更为合理。广州天河立交与东风路立交均为四层双环形立交，同处在广州大道上相距 500 m，将第三层统一设计成高架进行平面连接，使两个道路交叉口的交通构成同一个系统（图 4-23）。

3. 立面设计

现代建筑风格重视功能与空间的组织，尊重材料特性，发挥结构构成的形式美。现代城市交通结构物也需具备这种风格：立面简洁大方、连续流畅、轻盈纤

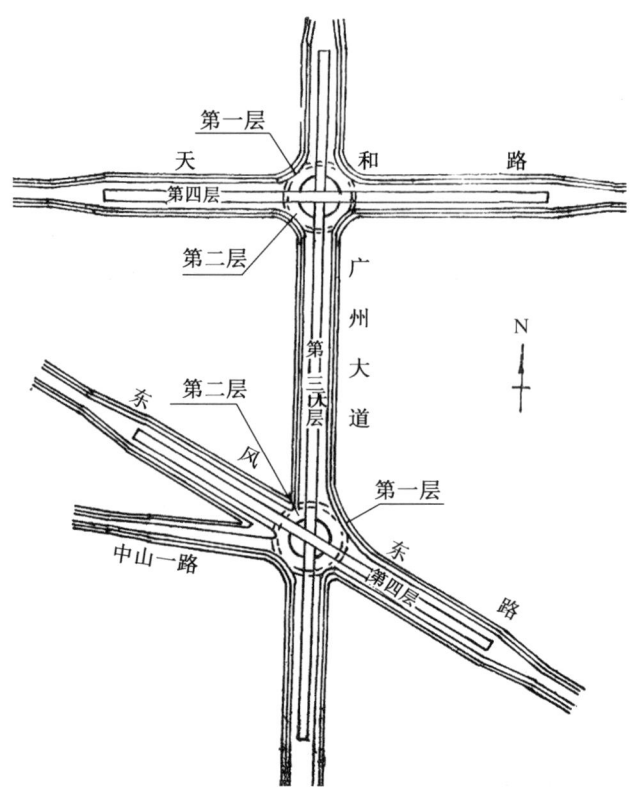

图 4-23 两座相近立交的连接[8]

细,较好阐释现代交通的理念,以简洁流畅的形式来满足人们对城市环境空间的需求。

城市立交桥需将简洁、流畅、纤细作为立面设计的主旨,不仅要关注其立面的正投影,而且要更多地考虑在动观下连续轮廓线的效果。立交桥的立面线形必须与道路接坡和顺,并将栏杆和饰带伸过桥台与路堤接顺至地面,使外轮廓线有整体的大效果。为确保立交桥立面线形连续流畅,通常采用主梁高度一致、各构件比例协调、尽量不外露盖梁等措施。早期城市高架桥出现过隐式盖梁的桥墩(图 4-24),墩柱与隐式盖梁有机结合,使上部结构更为简洁、连续。但由于隐式盖梁对梁体的维护和支座检修带来很大困难,因此这类盖梁没有得到推广。

城市立交桥与地面道路、高架路构成立体交叉,无论在意义上还是在建筑形式上都具备"门户"的概念与作用,呈现"城市门户"的意境。而这种意境主要表现在立交跨上,立交跨的"门户"特征又重点体现在其立面上。当然,立交跨的立面会给人留下深刻的印象,它的效果不仅在于立交的分跨上,更在于主梁立面的水平分割和明暗对比的运用上。

图 4-24　隐式盖梁的双柱墩[8]

主梁立面是由不同性质的界面构成，立面单元界面所具的基本特征称"基调"，不同的基调便呈不同的视觉效果。轮廓界面有平面、曲面、折面之分[11]。界面为平面时，则显示平静、规则感，表现明快、简洁、坚固和稳定。界面为曲面时，便具有柔和、饱满、圆顺感，显舒适、高贵、清雅。界面为折面时显锐利和延伸感，折面的变化还有跳跃感，常用作轮廓面的比例、强化尺度感和相关构件比例的调整措施等。界面的平面与曲面、平面与折面的组合，还可构成轮廓面的多种形态变化。表 4-2 列出了数种立交主梁立面的不同处理方式及其视觉效果比较，供读者参考与借鉴。

上述主梁立面的界面关系必须与立面分割紧密结合，不仅要对界面进行有效分割，而且还要合理运用明暗对比。例如西班牙高速路上方的一系列跨线立交桥，有将板端设计成弧面的和折面的并进行多种分割（表 4-2 中"分割处理"的部分实例），甚至将有的梁体涂成深颜色，不仅使主梁立面自身有变化和对比，而且也使同一条路上各座立交桥在统一中求得变化。就立交主梁立面而言，视觉冲击首先便是悬臂板端头立面，然后再是梁体立面。因此，还可运用视觉的进退关系处理主梁立面的光影效果。如对视觉冲击较小的鱼腹式梁，主梁立面的光影进退效果明显（图 4-25），同时其外观轻盈舒适，多个视角均有较好的效果，柔和的梁体形态容易与城市的建筑环境相协调。

表 4-2　　　　　　　　　　　立交跨常见主梁立面效果比较表

主梁立面	实例照片	特　点	分　割	明暗效果	借　鉴
简单装饰		栏杆外侧贴上一块饰板	立面二分割，上下部分的比例常不理想	一般	按栏杆高度进行立面水平分割，减弱梁体的笨重感
曲面主梁		立面二分割，栏板与梁体形成刚柔对比	明暗有渐变的效果		饱满的梁体具有圆润感
分割处理		分割与明暗处理相结合	分割、明暗效果强烈，但过于生硬，不够生动		远视效果明显
		分割中增加装饰感	分割效果减弱	一般	分割中追求变化
		点、线、面结合	立面整体感强，分割和明暗均无明显效果		远视的分割效果不明显
		横竖分割结合	比例恰当，远视仅显横向分割效果，近观时横竖分割均有效果		不同距离，有着不同的分割效果
			体现当今时尚的装饰风格		刚劲、简洁、明快

(续表)

主梁立面	实例照片	特点	分割	明暗效果	借鉴
折面组合		运用不同材质进行平面、折面、曲面的界面组合，并统一竖向分割，整体效果突出			常用于现代城市人行桥
曲面组合		曲面构成柔和的整体	过于细部表现，远视效果不明显		饱满、舒适的整体感

图 4-25　鱼腹式主梁横截面

桥墩是构成桥下空间的主要结构物，桥立面有力的竖向分割线，它通常都在地面行车视距范围内。立交桥墩的形式和体量对立交桥的立面效果至关重要，它不仅要与上部结构相适配，而且尽可能以宜人的尺度和体量与周围环境相协调。从桥下的视觉效果出发，保持桥下空间的通透性，城市立交桥常采用造型简洁的柱式桥墩。除了选用不同横截面形式的柱式墩外，V形和倒梯形桥墩也富有造型成效（图 4-26），可供立面设计时比选。

图 4-26　V形墩立交桥[8]

下面再举三例，进一步说明立交桥的立面设计，以增强立面综合的视觉效果。上海东昌路渡口非机动车人行立交桥的中心桥墩采用三个 Y 形刚架构成，使桥下空间十分通透（图 4-27）；桥上采用竖杆式栏杆，与梁体进行鲜明的形状对比和虚实对比，并对主梁立面进行有效的水平分割。图 4-28 为工字梁外侧无任何加腋，主梁立面非常简洁流畅，配置"柔性"的双柱桥墩，上下部结构形成较好的刚柔对比。图 4-29 为主梁立面与栏杆统一处理成为同一个整体，并进行分格装饰，中间部分作为广告视频，既丰富了立面的内容，又构成完整的主跨立

图 4-27 虚实对比的立交立面

图 4-28 刚柔对比的立交立面

图 4-29 装饰的立交立面

面。以上三例中，栏杆和桥墩没有采用固定的形式，却成了立交完整立面的有机组成部分。虽然均不能算优秀的立面设计，但至少能拓宽我们对立面设计的思路。

4. 城市立交桥的立体造型

立体造型是讲究平面与立面有机结合的三维空间效果，城市立交桥的立体造型不仅体现立交平面与立面结合的综合效果，而且反映在立交整体统一风格的基础上，显示立交形态的特征及其与城市环境协调的程度。然而，设计中立交平面一旦与立面结合在一起时，往往就会出现各种不同的协调问题：例如立交各个构成部分不和谐，交叉口不同方向的桥梁形态欠统一，立交与环境不协调等。所以，城市立交桥的立体造型重点就在于立交的协调处理。

1）立交桥协调处理的原则

（1）立交桥上、下部结构协调，桥体形态一致，整体和谐统一。

（2）组织好桥墩的平面布局，不同方向的桥墩不仅有序可循，而且形态一致。

（3）注重立交桥自身的形态与城市环境协调。

（4）遵循城市陆道桥梁景观化的原则。

2）处理立交桥自身协调[8]

在处理多层立交的立体造型中，首先应以各层平面的交通功能为纽带，充分形成整个立交系统完善的功能。其次要使多层立交达到整体统一的视觉效果，展示简洁、流畅、纤细的立交桥形态特征。为此，各层桥体常以相同的形状达到统一，以类似的建筑形式和风格求得一致。只有在立交功能和结构均合理的前提下,各层交通统一形成有机的整体时,才能展示出立交桥立体造型的和谐统一效果。图 4-30 所示的四层立交桥采用等截面的连续结构,通过纤细的圆柱墩的简单序列,以相同的饰带连续环绕所有主梁的两侧,形成了整体统一的风格。

图 4-30　四层立交取得形式统一的风格

广州的区庄立交是一座典型的机动车与非机动车分行的四层双环形立交桥(图 4-31)。第一层是环市东路下穿;第二层在原有道路平面上设非机动车及人

图 4-31　区庄立交桥

行的平面环交；第三层专供机动车左、右转弯行驶的环形高架路；第四层为先烈路机动车直行的高架桥。整个立交功能完善、明确，交通秩序合理，各层桥体具有相同的立面，采用类似的建筑形式与风格，立交整体形态协调；占地面积仅3.23公顷，不足首蓿叶形立交的一半，充分展示出环形立交桥的独特优势。

几个不同方向的桥梁在道路交叉口汇聚在一起时，交叉口范围的立交桥便成了人们的视觉中心。如图4-32所示多种不同桥梁形式共存的立交系统，如梁格体系的上部结构与方柱墩系统，曲线箱梁与圆柱墩系统等。类似此类问题，几种形式不同类型的桥梁处在同一个交叉口内，很有必要重点处理立交自身的协调问题，同时交叉口的桥墩布局要有章法，做到有序可依。

图4-32 几种不同桥梁形式共存的立交系统

3）以强调法处理立交桥协调

运用强调法处理立交桥的立体造型，突出立交在城市环境中的主导地位，将立交桥处理成为高架路交通廊道重要的节点结构物，必要时也可突出立交自身造型，构成区域或城市的标志性建筑。上文中介绍过上海市五角场立交在桥上引入标志性的景观空间（图4-11），汇聚五条道路的景观，突出立交在商圈环境中的主导地位，构筑五角场的地域标志，这是以强调法处理立交桥协调的一个实例。

上海漕溪北路立交为沪闵高架与内环高架互通的立交桥，属组合型立体交叉。与此同时，地铁3号线在立交范围内跨过，地铁高架大胆运用强调方法，采用大跨的下承式系杆拱桥上跨沪闵高架路（图4-33），并将拱肋涂装成红色，从而统一了整个立交的形态。

图 4-33　上海漕溪北路立交

4）立交桥与环境相协调

根据城市环境的实际需求，遵循城市陆道桥梁景观化原则，立交桥造型也可选用融合法，以立交自身的形态与城市环境相协调。"全柔"的立交造型，柔和、饱满的桥身具有圆润感，对视觉冲击小，从多个视角审视均有较好的效果（图4-34）。这类立交桥不仅各种构件自身协调，而且上、下部形态相互交融、桥梁立体造型和谐，容易与城市环境融合在一起。

立交桥下空间，一般均在人们的视线范围内，需要注重桥墩形状及其有序排列，以使车行和人行都有较好的通视效果。桥梁建筑空间组合的一个重要课题就是桥梁空间与环境空间的优化组合。城市立交桥通常采用柱式桥墩，这种处理方式在群体组合中起到外部空间互相渗透和增加空间层次的作用。图4-35表示柱式桥跨结构空间的渗透与层次：(a)、(b) 两图的共同点是通过柱式结构从一个空间看至另一个空间，并借此将空间分为两个层次，通过墩柱之间的净空相互渗透；而不同之处是二者的通透程度差异较大，提供给各个方向的视觉有着截然不同的效果。相比之下，独柱墩桥跨不仅通透程度大［图4-35（a）］，而且桥下空间的高跨比对运动视点的景观效果有着较明确的比例关系，因而具有较好的框景作用。

图 4-34 立交桥与城市环境相融合

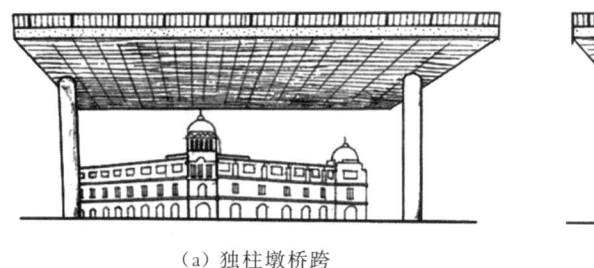

(a) 独柱墩桥跨　　　　　　　　(b) 排柱墩桥跨

图 4-35 柱式桥跨空间的渗透与层次

由上可见，立交桥与城市环境协调直接与桥墩的布局和形状有关。莱昂哈特教授从开阔桥下视野空间出发，对于柱式立交桥墩柱数量的选择确定了一些原则，窄桥（桥宽≤15 m）采用独柱墩；宽桥在可能情况下横向限制为两柱，并且墩柱纵向间距至少为横向间距的3倍[12]，后一条布墩原则尤其适用于曲线梁桥。

本章参考文献

[1] 刘颂，肖宇. 城市高架桥的景观优化途径初探[J]. 风景园林，2012，1：95-97.

[2] 莫安生. 城市高架桥设计主要特点分析[J]. 城市建设理论研究，2013，11：25-28.

[3] 徐宁. 城市高架桥对城市空间的积极影响[J]. 华中建筑，2011，29(12)：134-136.

[4] 李阎魁.高架路与城市空间景观建设:上海城市高架路带来的思考[J].规划师,2001,17(6):48-52.

[5] 左涌,李坚.上海浦东国际机场航站区立交桥工程设计与施工[J].上海公路,1999,S1:96-100.

[6] 戴志中,郑圣峰.城市桥空间[M].南京:东南大学出版社,2003.

[7] 岳红记.路域传承的文化—地域文化环境下的高速公路景观设计研究[M].广州:世界图书出版广东有限公司,2015.

[8] 杨士金.谈城市道路立交桥造型[C]//中国土木工程学会.中国土木工程学会第五届年会暨第二次全国城市桥梁学术会议论文集.天津:天津大学出版社,1990:297-304.

[9] 陈艾荣,盛勇,钱峰.桥梁造型[M].北京:人民交通出版社,2005.

[10] 许金良.道路勘测设计[M].4版.北京:人民交通出版社股份有限公司,2016.

[11] 滕家俊,沈平.现代桥梁建筑设计[M].北京:人民交通出版社,2008.

[12] 弗里茨·莱昂哈特.桥梁建筑艺术与造型[M].徐兴玉,等,译.北京:人民交通出版社,1988.

第 5 章　城市人行桥建筑与艺术

5.1　城市人行桥的发展

1. 居住桥的兴衰

欧洲主要城市通常沿河而建，以河流为城市发展的轴线，并向河岸两侧扩展。中世纪欧洲城市出于城防需要而不断建造防御城墙，从而限制了城区的土地供给。当时限于落后的交通方式不可能在城内无限扩张，所以既可连接两岸交通，又能解决土地资源矛盾的居住桥便应有尽有。

居住桥的发展过程可分为四个主要阶段[1]：第一阶段出现在中世纪初期；第二阶段在 11 世纪、12 世纪开始兴起，但未大规模普及；第三阶段是中世纪末期至 16 世纪晚期，欧洲各帝国开始大兴居住桥，作为显示自身实力的标志；第四阶段为 17 世纪之后，居住桥便逐渐没落。欧洲第一座居住桥——伦敦老桥，具有 600 多年历史（建于 1176 年，毁于 1823 年）记录了伦敦的历史沧桑，它不仅是一座集礼拜堂、仓库、商铺、居所为一身的老桥，而且是伦敦城市生活的缩影，见证了伦敦城市的变迁。图 5-1 展示了伦敦老桥经历的 7 个形式演变阶段。

2. 工业革命的影响

蒸汽机的发明使人类出行方式发生了根本性转变，汽车、蒸汽火车使距离开始不成为交通的问题。享受到技术革命带来的生活便利后，步行成了一种落后、过时的交通方式。与此同时，桥梁功能的服务对象也发生了根本性的变化，工业革命后各地兴建的桥梁多是以车行为主要对象，甚至许多桥梁不设专门的人行道，成为专供车行的公路桥和铁路桥。在这种大环境下，城市人行桥慢慢地被人们疏远，逐渐进入了它的沉寂期。

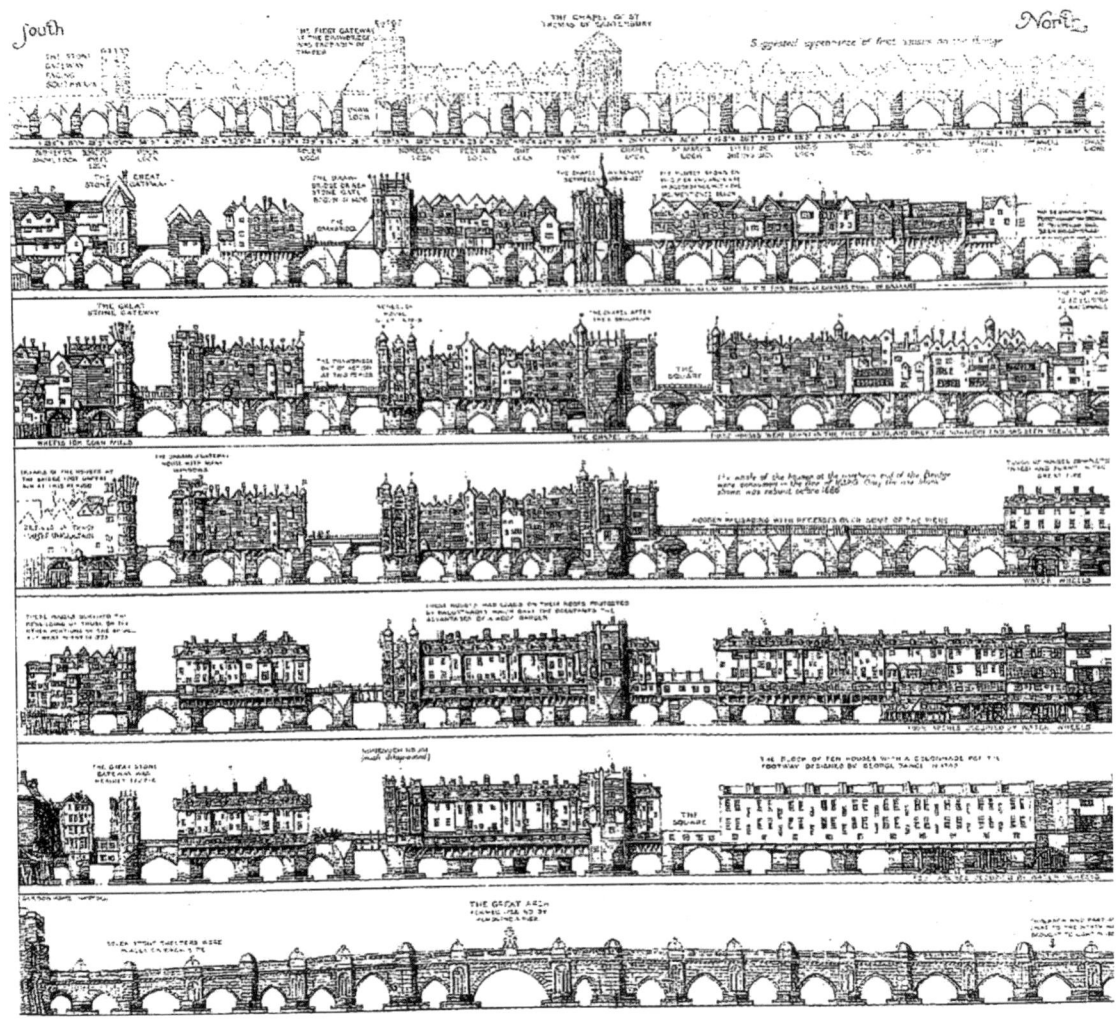

图 5-1 伦敦老桥的历史演变[1]

3. 人行桥的复兴

工业革命后,建桥技术和建桥材料快速发展;新兴科技成果的应用,特别是计算机和仿真模拟软件的应用,使得复杂的结构设计变得容易,从而拓展了设计师的创作空间。与此同时,新材料和新技术的发明与应用也给设计师的创意发挥增添了更多选择。进入 20 世纪后,欧洲各地开始兴建人行桥,并且建造城市人行桥之风愈演愈烈。2006 年,哥本哈根提出的"城市公共空间建设理念",是以回归生活作为城市公共空间建设的理念使市民在交往与体验中获得自由、平等、休闲与愉悦,从而获得幸福感和归属感。2021 年,伦敦市政府依法组织编制了《大伦敦规划》(*The London Plan*)。这均大力提倡将步行作为未来城市中的主要出行方式，城市人行桥的地位从而被推向前所未有的高度。

4．现代城市人行桥

现代城市街区形成了以小汽车通行为主的道路系统，街道空间形态与人的活动矛盾突出，严重影响行人过街。"在机动车发展越来越快的状况下，城市道路系统主要应解决车辆通行问题，而步行空间在城市道路网中越来越重要，城市缺少安全、舒适的步行游憩空间，这与'人本位'理念是相悖的。"[2] 出于生态环境和城市可持续发展的需要，现代城市为市民提供舒适、美观的步行系统，从而城市人行桥受到人们的高度重视。我国随着城镇化建设的快速发展，许多城市开始由"车行城市"向"步行城市"转变，更多的城市开始提倡"城市绿线""骑行系统"和"步行系统"，如福州市2017年就建成总长19公里的城市森林空中步道，保护生态可持续发展。日本东京都中心区正在研究开辟步行道系统，使人们能躲开城市道路的干扰，有着一个宁静、优美、富有生活气息的步行游憩空间。美国明尼阿波里斯，将中心区商业楼的二层连接在一起，形成封闭的人行天桥系统，并与湖滨的绿化林荫道结合形成丰富多彩的步行系统。新加坡立体的绿化人行过街设施，构成宜人的过街系统……。

在上述大背景下，城市主管部门和广大市民高度重视人行桥的建设，可以看到城市建成了越来越多的人行桥。经历一百多年的沉寂后，当今的城市人行桥不仅是联系彼此的途径，而且成为城市步行游憩空间的一部分，有的城市人行桥甚至成了一种时尚、一个地标、一面城市复兴的旗帜，城市人行桥又重新回到了人们关注的视野之中。

正因为城市人行桥位于行人密集处，是市民密切接触的桥梁，人们需要从桥下、桥上各个角度观赏它；人行桥的宽度和跨度均较小，但造型和舒适度的要求却很高；人行桥荷载不大，并且其结构的基本频率必须避开走路频率，大概为 $1.5 \sim 2.0 \, \text{Hz}$。在城市桥梁中，作为尺度最小的人行桥造型灵活多变，设计自由度大，这是有别于其他城市桥梁设计之处，也是本书将城市人行桥内容独立成章的原因。

本章基于城市人行桥设计的特点，从人的需求出发，结合当今时代特征和生态环境，运用城市桥梁设计理念，研究城市化进程中出现的城市人行桥及其桥空间。在此基础上，再专题论述城市人行桥造型，最后还进行城市人行桥的艺术探索与研究。

5.2 城市人行桥的空间构成

5.2.1 城市人行桥空间

城市人行桥空间是由人可参与的桥上、桥下空间（含桥面、水面、道路、建筑、绿化等空间）构成，并存在着两种意义上的桥空间：一是与其功能相关的功能空间，如人行交通空间、休闲空间、绿化空间、商业空间等；二是人们对城市人行桥的感触要比其他桥梁深刻，所以另一种意义便是感官上的空间，体现人们对桥空间的一种氛围。

1. 城市人行桥的功能空间

1）人行交通功能空间

城市人行桥的首要功能就是区域之间人流的连接作用，人行交通功能空间是城市交通空间有机整体的一部分。尽管人行桥跨越对象不同，地域、环境、气候，甚至时代不同，桥的人行交通空间形式也有所不同而表现出不同的特点，但人行交通空间的作用仍是一致的。从人本位的理念出发，要确保人行交通功能空间优质的步行条件，为市民提供舒适美观的步行系统。

2）休闲观光功能空间

现代城市生活丰富多彩，通过人的活动必然将城市的各种功能延伸至桥梁上，尤其是人行桥。城市人行桥融入了休闲观光功能，并与城市的功能互动，从而增强城市活力。功能空间与行为相互依存、互为条件，人在桥上的活动有着各种要求。既要提供空间的步行条件，还要考虑这些活动的功能要素，包括桥上的休闲观光设施，桥附近的商店、公共建筑、娱乐公园等，设计中必须注意它们之间功能的连续性。

3）融合城市文脉结构的桥空间

城市文脉结构既指历时性的纵向传承关系，也指共时性的横向环境联系。包括桥位周围环境、古迹维护、生态景观等要素[3]。城市人行桥不仅要作为其中的重要环节，而且还要成为融合城市文脉结构的桥空间，做到与文脉相通。新加坡双螺旋人行桥位于滨海湾新市区，桥长 280 m，将滨海中心与滨海南区连接在一起，形成顶级景观与商务金融中心。该桥运用 DNA 双螺旋结构设计理念，采用两条螺旋曲线的钢管相互缠绕形成曲线梁结构（图 5-2）。双螺旋结构传递着滨海中心城区繁荣发展的基因，贯通了新城区发展的文脉结构空间。

第 5 章 城市人行桥建筑与艺术

图 5-2 新加坡双螺旋人行桥

4）整合周边地段环境的桥空间

在一些城市功能和形态相对较为破碎的区域，人行桥可以从功能和空间两方面整合周边地段环境。图 5-3 为荷兰 Melkweg 桥，又称"银河桥"，它以特殊的

图 5-3 荷兰"银河桥"

桥位、独特的造型与功能整合周边环境,成为皮尔默伦德市新老城区的连接。

人行桥空间作为城市公共空间的组成部分,在桥梁环境空间设计中尽可能为生存环境日益紧张的市民提供游玩、运动的场所(图 5-4),人行桥成了整合治理周边环境生态的桥空间。如同绿化能够增强生态环境的那样,设施完备、舒适美观的桥空间,对生态环境也有一定的改善作用。

图 5-4 上海北外滩步道桥

2. 城市人行桥的感官空间

人们以感官的方式认知空间,人与空间发生联系的唯一方式就是借助感官对空间的体验。在这方面,中国园林传统空间理念对人与自然的感官空间早有深刻的认识,从而为认识城市人行桥感官空间带来很多启示。人在桥上、桥下的行为都是无序的,人与桥之间是互动的情景关系。在这特殊体验的场景中,人行桥首先赋予人们的感官便是城市跨越的结构物。其次,人行桥宽度一般较窄,在桥上人与人之间对空间共享的密切程度高于其他公共空间。人行桥空间的重要特点是以人的行为作为先决条件：只有在桥上容纳各种生活事件才能形成场所感，而且城市人行桥的场所空间还有封闭型、开敞型和半封闭型之分。

1）城市跨越的建筑空间

城市人行桥是人们密切接触和多角度观赏的桥梁，其体验场景主要强调桥的可体验感、氛围感和事件感。人行桥跨越道路与河流，本身就是凌空跨越的结构物，它在城市环境中所构成的特殊的跨越空间非常引人注目，往往成为人们的视觉中心，所以给人的第一感官体验就是城市跨越的建筑空间。同时，城市人行桥在桥上、桥下均要提供通行空间，而且桥头直接与街道空间连接，它既是交通结构物，又往往是公共空间界面的围合结构。

威尼斯大运河上的第四桥（图 5-5），桥两端分别连接着圣露西亚火车站与罗马广场。人们对此人行桥的感官体验：首先是 80.8 m 大跨以 1/16 矢跨比的钢桁拱桥跨越大运河的建筑空间；其次是桥面两侧设置全透明的玻璃护栏，设计者将人行桥处理成为公共空间界面的围合结构（其他感官特征详见本章 5.4.2）。而图 5-6 所提供的感官体验便是独特的跨河建筑空间。

图 5-5　跨越威尼斯大运河的第四桥

2)人行桥的场所空间

(1)封闭型场所空间。封闭型场所是一种相对密闭、稳定的空间系统,所发生的事件不仅有统一的主题,而且还有特定的参与者。在封闭型人行桥中,使用者被刻意地与外界隔离,形成一个独立、稳定的内部空间体系。如机场航站楼封闭型通道营造高效、定向的移动氛围。

(2)开敞型场所空间。与封闭型场所空间相反,开敞型场所空间完全是开放的复合界面空间系统。开敞型人行桥丰富的逗留空间和空间关联,连续变化的趣味场景使得桥梁产生亲切感而吸引人。欧洲习惯将城市广场作为城市节点的特定空间,沿河而建的城市又为建造人行桥提供条件,所以集公共性、社会性、亲水性为一体的开敞型(广场型)人行桥成为欧洲城市人行桥的独特类型[1](图5-7)。

图5-6 独特的跨河建筑空间

图5-7 既是人行桥 又是城市广场[1]

（3）半封闭型场所空间。其介于封闭型与开敞型场所空间之间，亦称为街道型场所空间，作为连接彼此的缓冲与过渡，其中所发生的活动与事件也较为随机。半封闭型人行桥具备开放的城市街道特征，成为接纳城市休闲、交往的载体，完全融入了城市自然生态的肌理（图 5-8）。

图 5-8　融进休闲观光功能的半封闭人行桥空间

5.2.2　城市人行桥与环境空间

1. 人行桥与环境的空间秩序

人行桥设计并非自身的单个场景，而是需要处理若干场景单元彼此间的关系，让彼此元素间、场景间自然衔接，使得空间主题的表现更具感染力。同时，人行桥的空间关联性不仅在于桥梁外在形式与城市空间的关系，而且还建立在逻辑性结构上的内与外、彼与此的联系。对于空间完整的城市人行桥，按其在空间序列中连接的方式不同，通常为以下三种类型：

（1）空间并叙。在城市空间序列中，节点承载着整体与局部的连接。空间并叙即通过节点恰当的连接处理，将原本两个时空出现的场景同时并置在同一时空中。设计空间并叙的关键在于节点的空间连接处理，节点的表现成为设计的灵魂。其中，人行桥可成为表现空间并叙的形式之一。如图 5-9a 所示，原先连接威尼斯奎里尼·斯坦帕里亚基金会大楼的是一座建于 18 世纪末的奎里尼桥。

1963年改造基金会大楼项目中，意大利建筑师卡洛·斯卡帕在大楼入口处，再设计了一座不同拱脚高度的人行小拱桥，将新老人行桥连接的两个空间场景在同一时空中进行并置（图5-9b）。

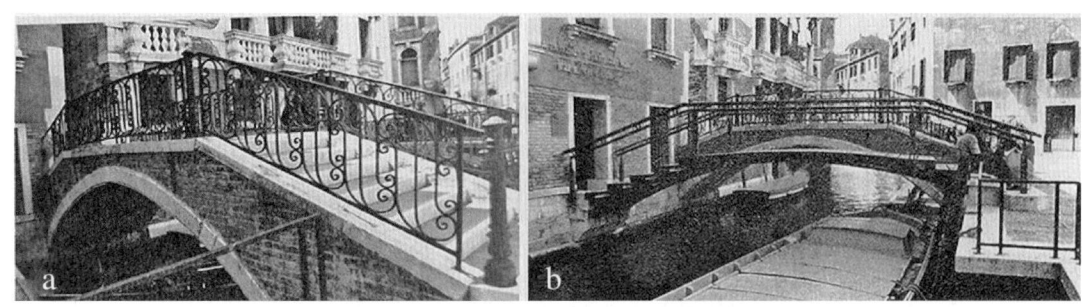

图5-9 空间并叙的两座人行桥[1]

（2）空间插叙。在公共的外部空间内插入相对私密的空间，或者在私密空间内插入公共的外部空间，此类空间连接的方式均属空间插叙。空间插叙常以对比手法处理空间连接，城市人行桥在空间插叙中往往表现为插入体（图5-10）。

图5-10 空间插叙的过街人行桥

（3）空间倒叙。通常从一个建筑空间进入另一个建筑空间必须经过联系二者的人行天桥（城市空间），空间秩序为：A建筑室内—城市空间—B建筑室内。若把通常的空间秩序作些变化,例如将城市空间打造成为 A 建筑室外空间,便构成与通常秩序不同的倒叙式空间秩序。德国施莱希设计的拉·德芳斯人行桥(图 5-11),采用一系列向心的斜拉杆件巧妙地将桥与建筑包裹在一起,通过结构构造的合理运用,强调室内空间与室外空间一体化,人行桥成为沟通内外的过渡空间,为行人提供了更多变化的路径。此处的空间秩序变为:A 建筑室内—A 建筑室外—B 建筑室内。

图 5-11　使内外空间一体化的拉·德芳斯人行桥[1]

2. 人行桥平面与街道交叉口空间

由街道交叉口建筑围合的空间称为交叉口空间,交叉口周围街道建筑的形态使交叉口空间具有不同特征,赋予人们各种感观的体验。按交叉口空间的封闭程度也可相对分为封闭型、半封闭型和开敞型三类(通常按视距与建筑高度的比值大小进行划分)。

采用图解的方式,直观地分析人行桥平面与各类交叉口空间的关系[4]。

1)封闭型交叉口空间(图 5-12)

上海南京路与西藏路交叉口是由弧形建筑界面围合的空间,原先的人行桥采用与交叉口形态和谐的椭圆环形平面构成,人行桥的所有梯道伸入周围建筑内部,成了人行桥与交叉口形态融合的佳例(图 5-13)。

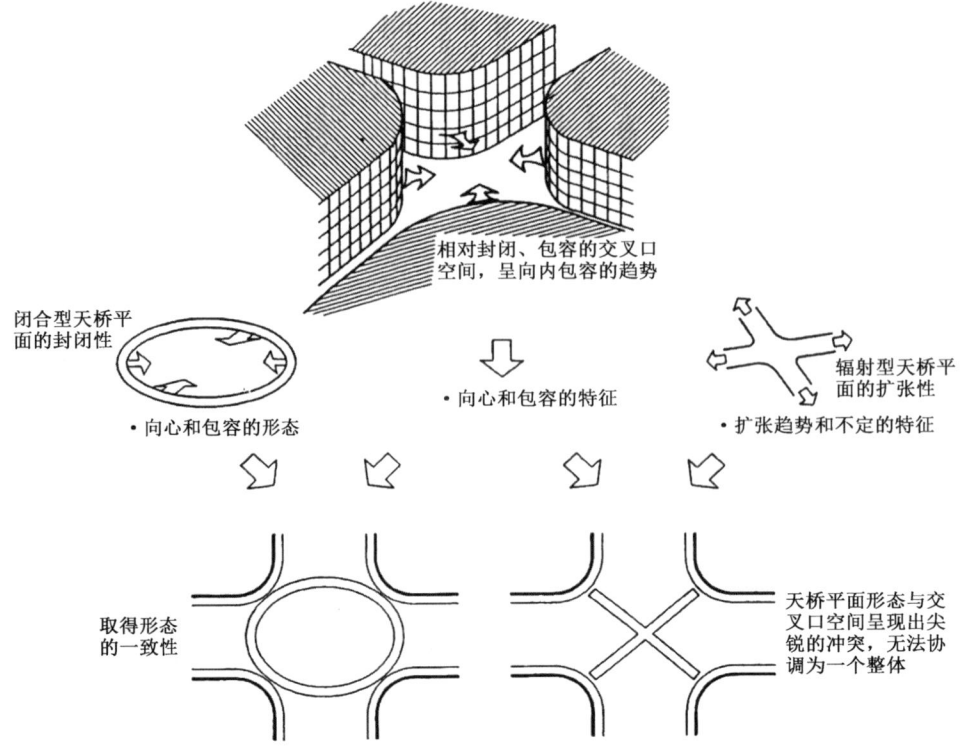

- 封闭型交叉口空间忌用伸展和辐射的人行桥平面形式。
- 加强与周围建筑的联系。

图 5-12　人行桥平面形式与封闭型交叉口

图 5-13　上海南京路与西藏路口人行桥（南京路成为步行街后被拆除）

2）半封闭型交叉口空间（图 5-14）

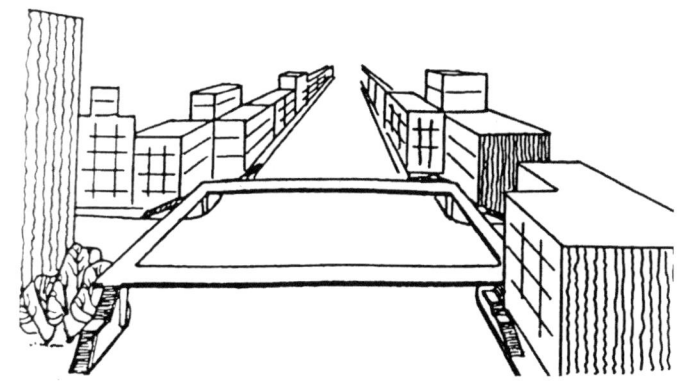

- 交叉口周围的建筑形体完整一致，呈稳定、有序的空间形态。
- 闭合方形的人行桥平面规则、稳定的构成，赋予环境庄重、有秩的感官场景。
- 人行桥平面以组织与周围空间有序的联系而获得和谐。

图 5-14　口字形人行桥平面与半封闭型交叉口[4]

当交叉口周围的建筑环境没有完整的形态且具有较复杂的空间特征时，人行桥的平面构成应抓住环境空间的主要特征，尽可能与环境形态取得一致，并注重功能上的联系（图 5-15）。

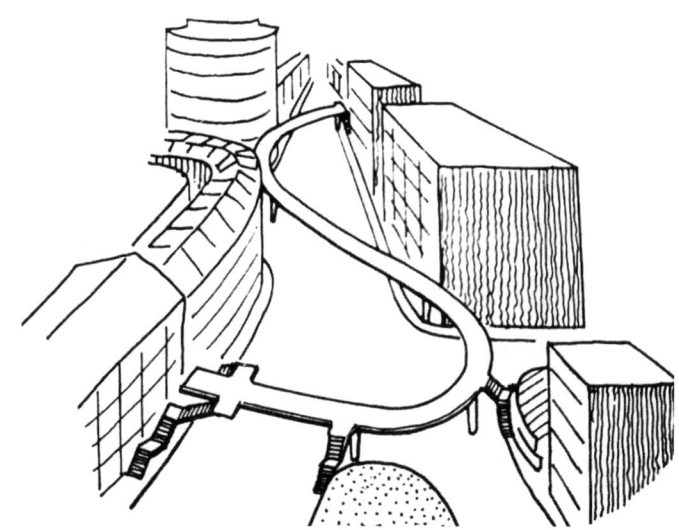

- 交叉口空间为 K 形与 T 形组合而成的复合形态。
- 从交叉口整体形态出发，以 S 形平面将多路交叉口构成完整的形态，赋予环境活泼、和谐的感官场景。
- 曲线形态的饱满力度与空间伸展性，使人行桥平面与建筑环境相融合。

图 5-15　S 形人行桥平面与多路交叉口空间

3）开敞型交叉口空间（图 5-16）

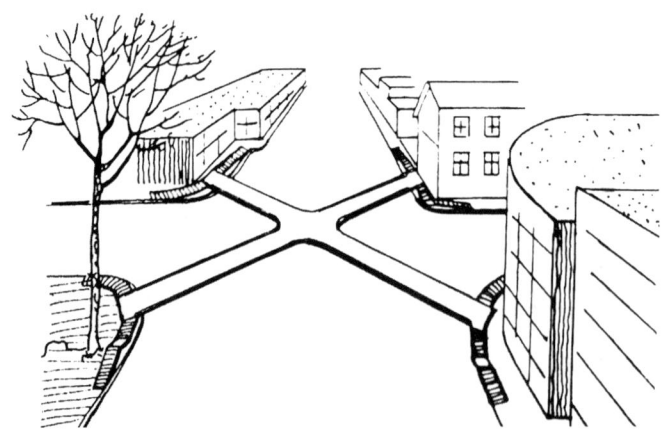

- 开敞型交叉口空间，四周分散的建筑物缺乏秩序。
- 辐射型人行桥平面具有舒展的形态，表达向环境空间扩展与渗透。
- 人行桥成了交叉口空间的视觉中心，并将周围建筑空间连成有机整体。

图 5-16　X形人行桥平面与开敞型交叉口

4）特殊场景的交叉口空间

城市人行桥处在特殊的场景中，例如交叉口异常的形态和含有丰富的建筑历史文化等。特殊场景中的人行桥作为一种参与式环境，其平面构成需要同时融合交叉口的物质空间和社会空间。具体内容详见本章的"特殊条件下的人行桥造型"。

5.2.3　城市人行桥空间构成的原则

为了体现城市人行桥的总体效果，基于人行桥空间的基本特征—城市特殊的跨越空间，需要以视觉构成因素的原则、人行桥基本要素（塔、梁、墩、拱等）造型法则和桥梁结构原理来保障空间构成。这些法则相互作用、互为一体，即遵循自然完美的法则。通过梳理和归纳，城市人行桥空间构成的原则如下。

1. 人行桥空间形式与其功能一致

城市人行桥空间形式大多是社会功能的附属物，主要由社会功能所决定。同时，为了与城市功能互动增强活力，人行桥上融合进城市各种复合型功能空间而成为新型的桥梁空间，从而使人行桥空间与其功能及场景不断取得一致。

2. 物质空间与社会空间相结合

既要研究桥的客观空间，又要研究在空间实体界面之外的文化因素和社会因素，这些都是人行桥空间不可缺少的关键环节。解读城市人行桥空间应该在研究其形体的同时，把握实体空间及其围合界面的关系，还要研究隐藏其背后深层次的人文精神，坚持物质空间与社会空间相结合的原则。

3. 处理好桥与人、桥与景的关系

城市人行桥是最贴近生活场景的城市桥梁，它的空间构成要以人为中心，不仅要体现人与桥的密切关系，还要处理好桥与景的空间秩序。城市人行桥空间融入城市环境空间秩序，既呈现人行桥的结构美，又体现桥的环境美，打造富有活力的城市建筑的跨越空间，构筑赋有感染力的城市景观。

4. 空间构成的视觉设计准则

空间构成的效果需要通过其基本要素法则来保障，人行桥空间构成不仅要符合桥梁造型和结构受力原理，还要完善人行桥空间构成的视觉效果。将桥梁造型与视觉效果放在一起共同考虑，体现空间格局的整体意义。在符合以上前三条空间构成原则的基础上，还需按照几何、尺度、色彩、秩序、光影等视觉构成因素的设计原则，创造城市人行桥总体和谐的视觉效果。

5.3 城市人行桥造型设计

一般的人行桥造型重视结构的简洁、轻盈、流畅，而城市人行桥考虑的是桥位整体环境意向与使用者行为心理意向的结合，实现形象与空间互相交织的有机整体，即注重功能—环境—美学相结合的造型艺术。城市人行桥造型，是在综合考虑行人交通、桥位环境和结构体系等因素的基础上，按空间构成原则进行平面构成和立体构成，创造富有艺术感染力的桥梁设计。

5.3.1 平面构成

平面构成是运用视觉形态的基本要素——点、线、面的变化，表现客体的理性组成和变化统一的构成格局。几何形体的变化是桥梁平面构成表现力的保障，常用的平面构成手法主要有：重复（同一基本形有规律地连续排列，表现出和谐一致的形象以显示整齐、稳定，并具有一定节奏与韵律的美感）、近拟（在重复的基础上作轻度变化，是变化统一的构成形式）、渐变（利用基本形作规律性的循序变动，如按一定的数列比例进行理性变化）三种[5]。城市人行桥平面是功能构成与形态构成的结合，它是人行桥造型的基础，既要平面布局合理，又要与城市环境空间形态相融合。

1. 城市人行桥平面形式

从人行交通功能出发，行人流动线支配着人行桥的平面构成，以此形成的平面雏形可与行人的自然流向相符合，从而吸引行人上桥，并方便到达路口的各条人行道上。图 5-17 列出了按交叉口形式和人流规划线形成人行桥的几种平面雏形。

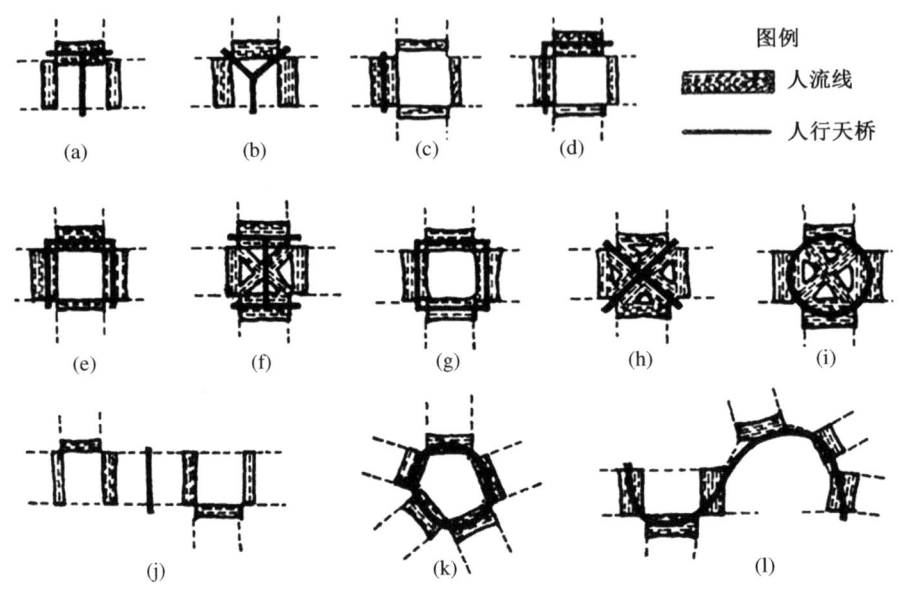

图 5-17　人流线与人行桥平面雏形[4]

图 5-17 所示的人行桥平面形式，按其图形特征可分为单线型、闭合型和辐射型三类。单线型有一字形、折线形、弧线形、U 字形、S 形等；闭合型一般有口字形、菱形、圆形、扇形等几种；而辐射型常由十字形、丫形、Ⅰ形、¤形等构成。

2. 城市人行桥平面构成

人行桥位于城市的不同位置，随着人流的特点和数量的改变，所处环境的要求也会随之有所变化，从而形成不同的桥梁平面特征，桥位因素影响着人行桥的平面构成。为此，设计人行桥时首先要将桥的位置选择得当。其次，基于人行桥是人接触最密切的城市桥梁，必须从行人的交通行为出发，以方便人为设计的主旨，既要将桥建在市民最需要的位置，又要使平面形式有利行人通行。日本隅田川樱桥建于旅游观赏区，代表着城市的形象。为了方便两岸公园和不同地点的行人过河，人行桥平面按X形设置（图5-18），使得不同位置过桥的行人都能观赏到所需的景观。桥结构为两端对称分叉的三跨曲线连续钢箱梁，河中设置两个桥墩，分跨为48.125 m+72 m+48.125 m，同一岸上的分叉距离达50 m。

图5-18　日本隅田川樱桥

此外，人行桥平面构成也要考虑道路特点、宽度、交叉口形式、建筑红线、绿化带等综合因素。在此基础上，还要根据桥址区域的环境特征，对人行桥平面进行调整。比如在文化区域，人行桥平面宜以直线与自由型相结合；公园和游乐场所的人行桥，以自由曲线形平面为佳；在某些人流交叉频繁区域，人行桥采用环状或在交叉点附近环状的平面，既有利缓冲人流又便于行人观赏游览；有时还需在人行桥中心或某一局部专门设置较大的平台，作为观光、休闲和聚集的场所。

3. 注重人行桥平面形态构成

人行桥不同的平面形式均能呈现各自的形态，需要发挥不同的形态特征，同时还要适应城市环境空间秩序。如图5-17所示，仅按功能形成的各种人行桥平面形式通常是不够完善的，还需进行平面形状和幅度的调整。即在按功能形成的平面雏形基础上，再按空间构成原则优化平面线型的方向与比例，并注意彼此的主从、均衡关系。例如辐射型人行桥平面，其本身就由中心和翼部组成，如果让活跃的斜线参与平面构成，就能使平面线型生动而富有活力，而且还能形成象征性的视觉中心（图5-19）。在辐射型平面构成中，平面中心是功能性和象征性的汇聚点，可由视觉占主导地位的形状构成，而将翼部处理成它的附属部分，方向指向所需的空间，各翼部之间还需有

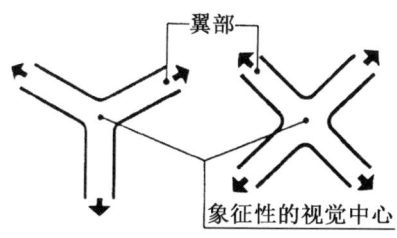

图5-19　辐射型平面形态

恰当的相交角度。

处在多路岔口上的日本莲根人行桥（图 5-20），桥平面采用辐射型构成，翼部与不同方向的一字形天桥有机相连，形成多层立交间的空中步行系统。辐射的三翼平面由 3 条不同方向的凹曲线组成，中心部位设置了一个很大的圆孔。这样，即使各条曲线相互形成方向对比，也有机地统一了三翼的方向，再加上在圆心位置设立高耸的集中式照明，使整个人行桥平面进一步得到了均衡统一。除此，还在圆孔周围设置环形长凳，为行人在车行立交下提供空中歇息的场所。如此的平面构成，在功能上疏导人流作用和受力上减轻跨中部位的恒重更是显而易见的。

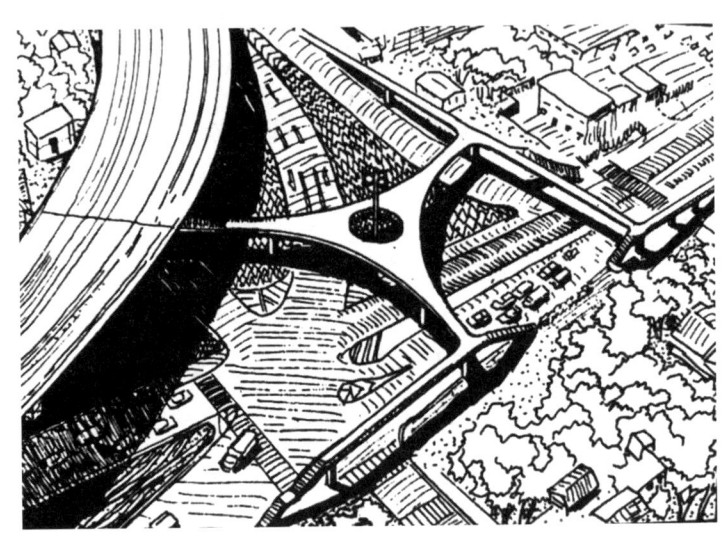

图 5-20　日本莲根人行桥

5.3.2　立面设计

多数情况下人们是离开人行桥一段距离观赏桥的外貌，所观察到的画面主要是桥的立面，即桥正面的视觉效果主要取决于立面设计。所以在满足结构要求的前提下，人行桥立面需与城市环境构成有层次秩序的有机整体，以获得优视效果。

1. 按不同视点的视觉效果设计立面

与摄影的取景方法相仿，一般是在最有利的方式下，去选择最理想的视点（或视角）对人行桥进行视觉效果分析。当人行桥位于直线街道或十字形交叉口时，远视的画面是由跨越整个街道之上的人行桥及两侧向中心灭点延展的建筑共同构成。其中，人行桥处在街景的重要层次上，承担着视觉中心的作用。此时，需根据周围的建筑形态确立人行桥的个性而相应进行立面设计。如图 5-21 所示，为配合周边环境在过街人行桥上设立街道标志物，更加突出人行桥的立面构成。人行桥置于其他形式的交叉口时，远视画面是由前景的人行桥和建筑背景构成图与底的关系。作为构成图的人行桥和作为构成背景底的建筑环境相处在一起而互为映衬，根据视觉对于图与底的关系，采用对比或融合的方法设计人行桥立面。若背景为重要建筑并呈均衡状态时，则采用协调的方法来处理立面，使图融于底；背景建筑环境呈动态感而显不稳定时，需采用对比的手法设计立面，以新颖别致的形态主动协调环境，使图与底均衡而有序。

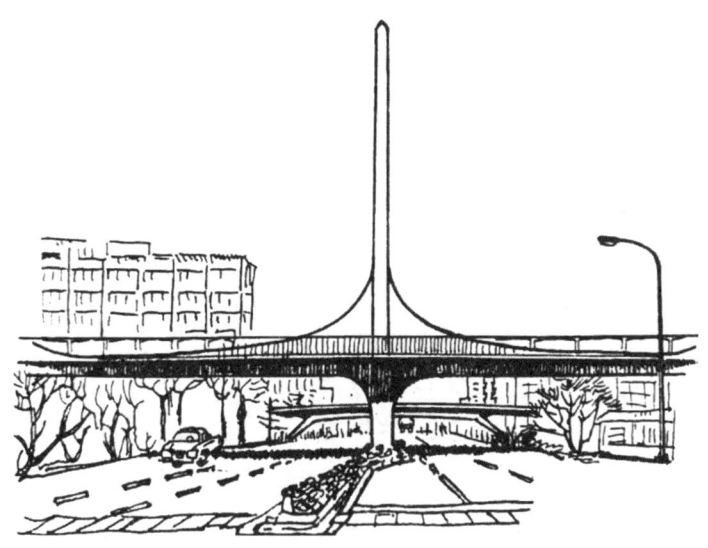

图 5-21　街道标志物参与人行桥的立面构成

中视的画面，既可见人行桥与周边环境形成的空间关系，又能看到桥的某些细部，呈现出空间形态的特征。人行桥立面设计很大程度上取决于中视的视觉效果。

近景视点的效果，因人行桥占据大部分视线，对视觉压迫感强，桥与环境产生对立而给人不协调感。此时，人行桥的形态、色彩、材质等问题较为突出，对于桥的细部处理就要有亲切的质感。

除了上述视点直接的静观效果外，还应考虑立面在动观中也有变化的效果，需要丰富立面的构成。日本"新生"人行桥为单肋下承式拱桥，处在自然公园风景区内。为与环境配合求得桥立面的变化，有意将吊杆与主梁轴线构成 80°斜角（图 5-22a）。韩国 Dong-dae 桥为两跨单承载面下承式系杆拱桥（图 5-22b），变截面的拱肋套拱肋，两跨吊杆统一布置，不仅结构新颖，也丰富了立面的构成。

图 5-22 注重立面动观效果的桥例

总之,人行桥的立面设计常从中景的视觉效果入手,然后按远视的效果选择协调或对比的处理方法,并结合近景视点、桥面视点的效果进行调整与完善。必要时,还需计入动观效果设计立面。

2. 注重轮廓线的景观效果

人们观察人行桥,其轮廓线给予整体大的效果而使人留下深刻的印象。特别是雾天、早晚及逆光下观桥,轮廓线的景观效果尤为突出。人行桥的形态日趋简洁、纤细和轻盈,要讲究人行桥大的整体效果,必然需要设置既合适又美观的轮廓线。桥面空间的边缘线为外轮廓线,通常是全桥外形的标志线。人们观赏人行桥的视线常从高处入眼,外轮廓线的景观效果便显得特别重要,相当于建筑的天际线。江苏昆山市锦溪古镇古莲廊桥(图 5-23),以古镇建筑连续屋顶为外轮廓线,层次清晰、主次分明,标志着全桥外形,表现桥梁乃至古镇的建筑风格,仿

图 5-23 锦溪古镇古莲桥

佛是古镇天际轮廓线的"再现"。这条外轮廓线具有独特性，便成了锦溪古镇古莲桥的特征所在。

桥下空间的边缘线称内轮廓线，它所围合的空间在视觉上是桥跨形式的组成部分。内轮廓线的效果主要涉及桥下空间的形状、桥墩及梯道的处理。桥下空间高跨比是人们对人行桥的主要直接印象，除了因地制宜、合理分跨外，还应有合适的高跨比。桥墩是桥体竖向分割的重要元素，其形状和体量直接影响整个立面的效果，所以桥墩的外形需与桥身造型特征相适应。梯道是人行桥交通系统的始末，也是与环境空间和地形结合的纽带，相对简洁的桥跨结构，梯道在立面上宜处理得更为简洁而连贯。

内外轮廓线就是桥立面图画的构图线，呈现人行桥的整体轮廓。要设计好人行桥的整体立面，首先就要同时处理好内外轮廓线，以虚衬实、烘托出虚实相伴的桥梁整体美。北京银街人行桥为三跨刚架结构（图5-24），按照地面道路的机动车道、非机动车道和人行道的不同净空高度，人行桥半立面由三段斜折线构成。此外，还利用接地的斜折边作为正面梯道，既丰富了立面构图，又降低了桥头高度，吸引过街行人上桥。该桥通过立面轮廓线的恰当处理，获得了富有个性特征的立面设计，有着较好的中视效果，构成开敞环境空间中的视觉中心。

图5-24　北京银街人行桥

5.3.3　空间造型

人行桥空间造型，即在平面构成、立面设计的基础上，以空间构成的方式综合形成桥梁的立体形象，不仅讲究其三维的造型效果，而且既满足功能要求，又适应城市环境需求或表现特有的设计意境。"立体构成则是运用三维形体（体的变化）的拆分和组合变化来表现空间美感"，"几何形体的变化是人行桥空间的多方位表现力的保障"[1]。空间造型可视为三维空间内的形态构成，在空间中形象与空间互相交织形成一个有机的整体；同时客体形象的各部分之间相互衬托、补充与联系，在画面上产生正形与负形，利用分离、接触、重叠等手法构成复杂的视觉效果（任丽莎）。总之，从城市人行桥特殊的要求出发，其空间造型需要注重以下三个方面：鲜明的形态特征，总体形态与城市环境协调，设计艺术化与人性化相结合。

城市人行桥的空间造型要求极高，有时还需要作为大型公共艺术作品进行打造。为此，其空间造型更需要注重各种角度多个视点综合的视觉效果，尤其是动观效果。通过模型研究分析人行桥空间造型效果，是一种较为理想的方法。国内外已有不少人行桥通过空间造型，表现出良好的受力性能和新颖动人的形态特征，既丰富空间形态的轮廓线，又满足人们的观赏要求。图 5-25 表示按立体构成的提篮式人行拱桥；图 5-26 所示是海星状的人行薄壳桥，全桥布满梯道。

图 5-25 上海交大二部校园桥

海心桥位于广州市中轴线跨越珠江两岸，南接广州塔（图 5-27），采用斜拱曲梁组合结构体系，主跨 198 m，桥面最大宽度 15 m。桥上设两条通道而分东西两幅，东幅为休闲观光道；西幅为快速通行道，满足跑步、自行车推行等多种交通需求。人行桥运用了"琴鸣绢舞、岭南花舟"的理念进行空间造型，不但斜拱

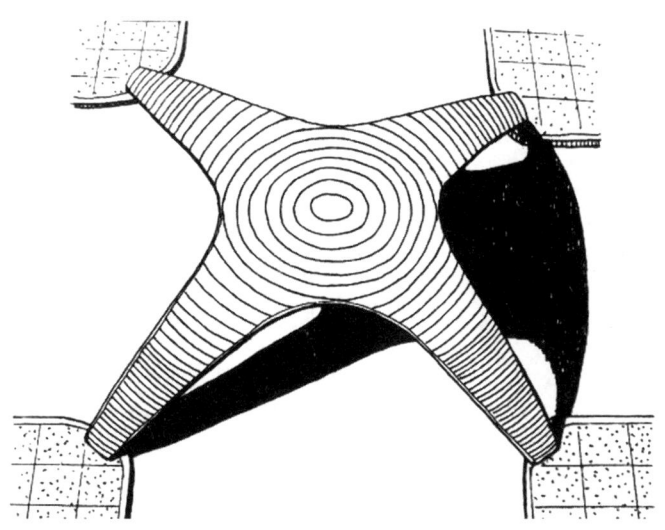

图 5-26 海星状人行薄壳桥

图 5-27 广州珠江海心桥

肋融进"岭南古琴"元素,而且吸取粤曲"水袖飘绢"的形态,形成 488 m 的慢走通道和 270 m 直走通道。其空间造型便是"古琴"立面与两条通道平面的有机结合,并作为大型公共艺术品进行打造。桥上设置了遮阳雨篷、憩息设施、清凉喷雾及轻质绿化,处处体现以人为本的理念。

在海心桥与广州塔的空间关系上,不仅桥拱的形态与椭圆截面的广州塔相融，而且体现环抱向心理念的弧形通道空间包容着塔。同时，两条通道有弯有直、快慢结合、动静皆宜，有诗意且赋予情调，而塔身盘旋而上的小蛮腰更富有情调，桥、塔二者情调相投，进一步融合在一起，展示"海心沙畔海心桥，小蛮腰旁小凤眼"的寓意。

从上述海心桥造型分析中可以发现，人行桥结合城市要素进行造型，可以有效提高空间造型的品质。城市人行桥的荷载和体量均较小，空间造型灵活多样，能够构成丰富多彩的形态。城市人行桥造型除了获得自身多姿的形态外，还要重视与环境因素相结合，造型与城市环境配景共同构成景观，产生意境，从而提高城市人行桥造型的价值。上海临港新城的绿丽港人行桥，运用空间造型的形态、体量、色彩与临湖环境构景（图 5-28）。

图 5-28　临港新城绿丽港人行桥

5.3.4　特殊条件下的人行桥造型

在城市人行桥设计中，有时会遇到特殊的指定场景，也会碰上主题景观、城市地域文化环境，或者建设方有特定的设计意向，人行桥需做定向造型设计。我们将此类人行桥设计归属为特殊条件下的城市人行桥造型。以下按特定环境、园林景观、意向性人行桥造型三类分别进行论述。

1. 特定环境的人行桥造型

1）注重与特定场景结合的造型效果

特定环境下的城市人行桥造型，首先要明确人行桥在所处环境中的地位与作用，因地制宜地引入相关重要的环境要素，构成具有特定场景特色的人行桥造型。同时，还要充分考虑桥梁与实地场景的组景，以借景、对景等手法将桥纳入特定场景。下面以两个实例进一步说明与特定场景结合的人行桥造型。

福州市空中森林步道位于城市核心的鼓楼区，主轴线长 6.3 km，环线总长约 19 km。鸟瞰福州城市森林步道，宛如巨蟒盘在森林中（图 5-29）。该人行桥从设计到建设始终坚持保护生态环境，镂空钢架栈道与森林共存，让市民徜徉在森林的怀抱中，呼吸清新自然的空气，故称"福道"。森林福道造型设计明显具备以下特点：

（1）采用钢桁架结构、树杈形桥墩，配置篱笆形式的护栏，人行桥造型与森林浑然一体。

（2）桥面由格栅板铺设而成，格栅缝隙宽度控制在 1.5 cm，既可满足轮椅通行，也可让桥下植物攀爬、生长，最大限度地保护生态可持续发展。

（3）以人为本，全桥实行无障碍通行设计；桥面纵向高差较大处，还增设了景观电梯进行接驳。

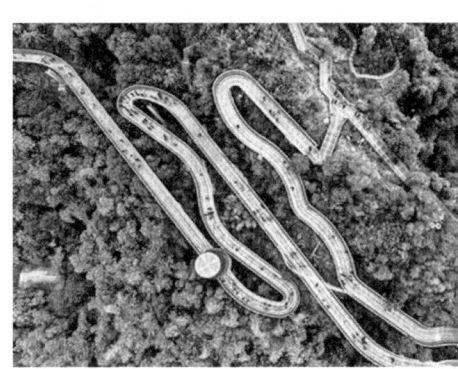 

图 5-29　福州市森林步道

湘西凤凰古城建于清康熙四十三年（1704 年），沱江穿城而过，全城富含苗族建筑风格。古城景区沱江 1 500 米范围内就拥有 8 座特色人行桥。其中，由凤凰籍画家黄永玉先生构思和捐资的沱江风、雨、雪、雾四座仿古风雨桥，于 2012 年 11 月落成。位于古城繁华地段的雪桥为双重桥体的风雨桥，桥上建重檐阔四间长形亭，提供休闲、登高观赏的空间，双层桥柱具有苗族吊脚楼的风格，成为古城的地标性建筑（图 5-30）。雪桥靠近沱江大桥（亦称南华大桥，是一座公路多孔双曲拱桥），以借景手法将桥体纳入古城特定场景，两桥立面构成"凤凰展翅"的意境（图 5-31），成了凤凰古城的象征。

2）将人行桥处理成公共空间界面的围合结构

城市人行桥不仅桥上需要提供步行和观赏休闲的空间，桥头直接与街道空间连接，而且还要为桥下通行提供空间，往往成了公共空间界面的围合结构。在此场景中，城市人行桥作为一种参与式环境，由于自身的体量和尺度全都较小，所承载的空间与事件的复杂性和矛盾性要比其他建筑形式更突出，所以城市人行桥有着更高的界面复杂性。城市人行桥需要处理好桥上与桥下之间、桥与街道之间

图 5-30　凤凰古城雪桥

图 5-31　雪桥景观与凤凰古城标志

的界面，特别是桥梁护栏应成为通透的界面，让周围环境自然映入，最大限度地接受围合景观。若从侧面看桥，这些通透的护栏便成为围合景观的组成部分（图 5-32）。在威尼斯，连接大大小小岛屿之间的人行桥，桥与河道、街道之间的界面通常有大量图案性装饰，传递当地文化，特别是铁艺栏杆，采用铸铁格栅网组成通透的界面（图 5-33），成了界面处理的经典范例。

图 5-32　人行桥成了公共空间界面的围合结构

图 5-33　威尼斯人行桥 19 世纪栏杆的流行式样

与上述相反，如果护栏采用实体结构，这样虽然强化了结构的围护作用，但拒绝周围环境的映入，破坏了整个围合景观的构成。侧面观桥时，这实体护栏只能作为河道（街道）景观的背景出现。如图 5-34 所示的桥梁建筑破坏了滨河沿岸公共空间的连续性，形成消极的桥空间，成为河道景观空间的"断"点。

图 5-34 实腹实栏的人行桥阻碍围合景观的构成

2. 风景园林桥梁及其造型特点

1) 风景园桥

风景园林区系指历史上的名胜，或以人文景观之胜，又兼具自然景观之美于有限的区域之中、供游人赏心悦目的地方。园林中大多是自然风景中融入人文景观，是历史名胜、人文景观与自然景观的融合。现代园林讲究自由布局和空间的穿插，建筑、山水和植物注重体形、质地、色彩的抽象构图。

园林中桥梁，联系着风景点的水陆交通，既有园路的特征，又有景园建筑的特色，具有观赏的景观价值和造景的艺术价值。这类人行桥兼有通行、艺术观赏和造景的多重功能。

（1）通行功能。风景园桥跨越水面联系交通，是园路在水面上的延伸，既给游人带来通行方便，又能使其体验到美感。

（2）观赏功能。风景园桥是水上凌空建筑，点缀水景，本身常是园林一景，有很高的景观价值和艺术价值。风景园桥不仅是游人的观赏对象，而且还是人们观赏景物的场所，起到组织游览路线的作用，变换游人观景的视线角度。

（3）造景功能。风景园林桥梁具有造型的艺术美，并使水面与空间相互渗透,其倒影如荡漾的碧波,给人以遐想的意境,是风景景观重要的组成部分;风景园桥分割园林空间、分割水面、划分水域空间,增加水景层次,赋予构景功能。

2) 风景园桥造型特点

风景园桥是景观性与艺术性的有机结合,园桥实质上是特殊场景下的人行桥,桥梁一旦出现在园林中,便会发生一系列的改观。

(1) 因地制景的布局。从风景空间推敲园林的程序组织和桥梁布局,使风景园林的景观性和艺术性均能获得完美的效果。"选址恰当,构景得体"是园桥空间布局的一项重要准则。充分考虑桥梁组景和游路景观效果,珍视一切饶有趣味的自然景物进行造景,以借景、对景等手法将桥纳入画面,桥梁与地域特色相结合形成园景亮点。总之,功能合理、造型优雅并融入园景空间中、观赏路线组织得当,是园桥景观空间序列成功的重要因素。

中国传统园林布局自然、曲折起伏,这便是"景贵乎深,不曲不深"之理。风景园桥配合所在园景的艺术意境,在布局上因地制景,使桥梁与山川胜概融为一个整体。按不同的景观环境选择不同的桥梁造型,有时融合在园景之中,有时突出于群象之外,以期成为颇具匠心的风景园林桥梁[6]。在大水面上建桥,应适当抬高桥面以满足桥下通船要求,还能框景并增加桥的艺术效果。附近有建筑时,更应推敲桥的形态和细部的表现与建筑相融。在小水面上架桥,宜小不宜大,宜低不宜高,宜曲不宜直,同时宜将桥位选择在偏居水面的一隅,以期水系藏源,产生"小中见大"的景观效果[7]。

在水势湍急处建桥,桥宜凌空架高,以壮气势,并加设栏杆确保安全。在水势平缓或狭窄处建桥,宜低而无栏(或配置单侧矮栏),人行其上,既便于观赏倒影和游鳞连渠,又使人感到水面比实际宽阔,更使人带有几分危惧而别有情趣。

(2) 设置桥上建筑。桥上设置便于休憩的桥屋,注重在桥上营造园林的观景、休闲、娱乐等多种功能空间和保护结构。这类桥上建筑多为亭、廊、楼阁。现代园林桥上宜设置空间索膜结构,形成新型的索膜廊桥。设置了桥上建筑的风景园林桥,既能赋予多种功能和个性特征,又能自然增强地方民族特色。

全桥均建桥屋称之为廊桥。廊桥的造型以轻巧玲珑为上,立面多为开敞式结构,不宜过高过宽,故有"浮廊"之称。浮游水面的廊桥本身空透,使水面上的空间半透半隔,以增加水景的层次。

(3) 注重园桥的动观效果。"园林景观中,静寓动中,动由静出,以静观动,以动观静,则景出。"[8] 出于风景园桥的观赏功能,看与被看,进行视觉互换,以利从不同角度去领略园桥的空间造型。大的园林以动观为主，应设计较长的游览线路（含水上线路）。园林桥梁既是观赏的对象，又是观赏的场所。即在园林布局中，如园景组织、浏览路线的设置、桥梁选址、桥头布置等都应考虑桥梁的动观效果，要有观赏的较大空间，以期多角度观赏均有较好的视觉效果。

（4）切入风景景观主题的造型。风景园桥不仅因地制景，而且还要紧扣风景景观主题进行造型，将表现景观主题作为风景园林桥梁造型的主旨。

颐和园，清朝皇家园林，主要由万寿山和昆明湖两大部分组成。其中，昆明湖是全园精髓，西堤及其分叉的短堤将湖面分隔成三大块（图 5-35），分立其中的南湖岛、藻鉴堂岛和治镜阁岛分别象征东海的蓬莱、方丈、瀛洲三座仙山。连接东堤与南湖岛的十七孔桥，不仅是前往南湖岛的唯一通道，而且将昆明湖水面分出了层次，点缀湖面并成了湖区的重要景点。其造型主题围绕人间通往蓬莱仙岛的长虹展开，打造通往"仙境"的纽带。

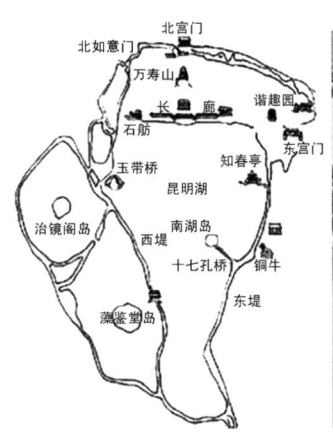

图 5-35　颐和园与十七孔桥

十七孔桥长 150 m，桥东头横联"修𬘓凌波"早就作了点题。桥正中的大孔，从桥两端分别计孔数，正好都是被称为极阳的数字"9"，9 为封建帝王最喜欢的吉利数字，故建 17 孔拱桥。中孔最大，随着与中孔距离的增大，边孔逐渐变小，由于全桥桥孔净空高度的变化，使桥面犹如长虹卧波，排列有序的桥孔呈优美的渐变韵律。东桥头两侧分别建有全园最大的重檐廊如亭和镇水铜牛，二者不仅与以起伏韵律为特征的十七孔桥相映照，而且还均衡桥西的"蓬莱仙岛"，十七孔桥与优美环境构成一幅生动的美景。

特别是在每年冬至日的傍晚时分，金色的阳光穿过桥孔照亮了每个桥孔东面的内壁，构成"金光穿洞"的奇观（图 5-36），增添了桥体梦幻般的意境，更加呈现出十七孔桥迷人的魅力。

图 5-36　十七孔桥的"金光穿洞"

在湖中，沿长堤和万寿山麓随处均可观赏卧波的长桥；站在桥上眺望浩瀚的昆明湖、壮丽的万寿山、挺秀的玉泉山宝塔及西山群峰，形成近景、中景和远景，层次分明。对于颐和园与十七孔桥景观，既能进行视觉转换，又能获得"宏观构景、中观造势、近观显巧"的视觉效果。

3. 人行桥的意向造型

在特定的城市环境中，或建设方有特定意向需求的条件下设计人行桥，其造型除了前述的平面构成、立面设计、空间造型外，还需要进行城市人行桥的意向造型。为方便叙述，下面以实例进行解读说明。

桥例解读：阿根廷女人桥——跳探戈的"白色高跟鞋"

阿根廷布宜诺斯艾利斯有着"南美巴黎"之称，马德罗港区（Madero）两岸建筑顺着运河鳞次栉比，码头边布满了露天的小酒馆和咖啡厅，该港区还有许多条以女人名字命名的街道。在阿根廷，女性地位被提高的背景下，建造了以"女性"为主题的人行桥。

在马德罗港区人行桥设计中，西班牙著名设计师圣地亚哥·卡拉特拉瓦的灵感来自当地一名跳探戈的女舞者，模仿其箭步而立，双手因势伸向两个不同方向的舞姿，将人行桥塔、梁、墩融为一体，构思形成跳探戈舞的造型（图 5-37）。

由于塔梁的巧妙结合，从侧面望去，又似一只倒置的白色高跟鞋（详见后述），凸显了女性特征。该桥的西班牙语名称为 Puente de la mujer，译成中文为"女人桥"。

图 5-37 "女人桥"——跳探戈舞的构思

女人桥为斜塔平行索斜拉桥（图 5-38），共 4 跨，全长 160 m，桥宽 6 m。桥两端跨分别为 25 m 和 32.5 m，是固定结构，中间两跨共 102.5 m 为可转动部分。转动时，中部梁体可绕塔墩平转 90°，2 分钟内完成旋转。在立面构成上，前倾的索塔上尖而下粗，塔身前后侧分别以不同曲率的线型与主梁顺接，犹如一把斜插的利剑刚劲有力；主梁简洁、流畅，略微向上拱起，桥墩为上粗下细的圆台体。桥梁整体立面呈现简洁流畅、均衡稳定，富有雕塑感。

主梁横截面端部设置两折边的风嘴，风嘴之上为半实半虚的栏杆，实部与主梁统一处理成为风嘴的明斜面，虚部为内倾的柱式栏杆［图 5-39（a）］。主梁立面通过风嘴的界面线被有效水平分割，形成强烈的明暗对比，栏杆虚部与梁体进行虚实对比，从而增强了主梁的力度感与轻盈感。索塔布置在紧靠桥面的一侧，其厚度外凸部分用了很长的过渡段，表面由三个曲形折面相交而成，底部与主梁风嘴的明面有机相接，使索塔成为有棱角的钻体，刚柔相济。索塔与主梁巧妙结合形成了一个完美的整体，构成了倒置高跟鞋的立体造型［图 5-39（b）］，

图 5-38　阿根廷"女人桥"

图 5-39　塔梁墩的立体造型

营造出富有意境的人行桥空间环境。

女人桥通体白色，有人将它比喻成一名穿着白色长裙的窈窕淑女，而栏杆柱和扶手以天蓝色作为点缀。桥面横铺长条木板，自然而贴近人的生活，更加突出桥体的素净感，增强桥梁造型的窈窕气质而更具女人味。

女人桥建成于 2001 年，由于设计巧妙、风格独特并融入了阿根廷本土文化的时尚风情，造型准确地体现意向主题，成为布宜诺斯艾利斯独特文化与时尚相结合的标志性建筑。它不仅成了阿根廷著名的旅游景点，而且成为奥运圣火的传递点，甚至在 2016 年 5 月东方卫视的《花样姐姐》节目中，出现了嘉宾在女人桥上翩翩起舞的镜头。

5.4 城市人行桥的艺术探索

5.4.1 城市人行桥设计的艺术思考

桥梁发展过程中的两条主线尤其明显：一是创新的大跨度结构不断涌现；二是在桥梁设计中引入大量建筑手法，将许多桥当作艺术品进行设计，同时也出现了一些非常怪异的桥梁[9]。我国进入20世纪80年代以后，城市桥梁作为建筑景观和城市文化的主要内容，日益得到大众的关注。城市人行桥创作出现了一片繁荣景象：越来越多的建筑师、景观设计师参与到以往完全由结构工程师完成的设计领域，多姿多彩的城市人行桥也让公众应接不暇；许多新建的人行桥被作为城市地标和城市形象的象征，使得城市人行桥成为被空前关注的对象。

人行桥拉近了人们与城市桥梁的距离，设计城市人行桥需要充分考虑使用者的心理需求，尽可能满足人们视觉美的需要，也有必要让文化气息浓郁场景下的人行桥成为大型公共艺术品。城市人行桥的荷载、体量和尺度相对其他城市桥梁均较小，造型自由度大，从客观上也具备艺术思维的条件。中西方古代城市人行桥均把技术与艺术结合在一起，注重与城市的建筑环境和生活环境相融合；园林桥梁将景观艺术融入桥梁设计，具有很高的造景艺术价值。邓文中院士说过："工程是艺术而非科学，是为了满足人们的需求而进行的创造。"当今城市化建设迅速发展，需要创造更多高品质的城市公共空间，同时建筑与艺术相互趋近也是现今不可规避的社会现实[10]。艺术与桥梁技术相辅相成，将艺术融入桥梁设计，促进城市桥梁技术与艺术相结合，更好地服务于城市人民对高品质公共空间的追求。城市人行桥设计的艺术思考，即通过艺术观念的拓展，将人行桥设计与艺术放在同一层面上进行考虑，建立起桥梁结构设计与建筑艺术同一性思考的模式，促进设计师想象力的开拓以及新型人行桥的创作。概括起来，可从人行桥建筑的艺术属性出发，进行如下几方面设计的艺术思考，促进城市人行桥技术艺术综合构思与创作。

1. 将艺术融进人行桥设计理念

建筑是特殊的艺术体系，是具有高度抽象性的艺术。"建筑作品是一种综合艺术，这也是为何它必能与所有的艺术领域相关联的原因。"（马列维奇）当代建筑的跨界活动往往向艺术领域拓展，城市人行桥建筑也不例外，艺术跨界同样不断地丰富着人行桥的设计理念、设计的形式和内容。

出于人行桥的建筑艺术属性，不但建筑设计的观念可以扩展桥梁设计的思路，运用建筑设计思想进行城市人行桥设计的立意、构思和造型，而且对艺术观念的借鉴与吸收，还可转化为城市人行桥的设计理念。人行桥与环境融合，就像从桥位中生长出来的那样，这本身就是一种环境艺术。以景观的融合艺术丰富自然和谐的设计理念，人行桥不仅形态要与城市融合，而且还需与城市功能互动增强活力，实现桥梁与城市全面融合。运用城市环境艺术营造公共艺术空间，创造更多高品质的城市空间，由此拓展人行桥设计的城市理念；打造人行桥的雕塑性建筑，以艺术造型思想丰富城市桥梁美的理念；用艺术创意和创新思想增强城市桥梁设计的创新理念等，进而以新的设计理念不断创造城市人行桥的价值。通过艺术观念的渗透，对人行桥创作有着普遍的影响。在艺术氛围浓郁的场景中，以艺术为背景去推敲人行桥的建筑形象，使人行桥成为总体艺术的一员；将场景相关的艺术融于城市人行桥设计之中，按建筑艺术、文化价值和功能作用融为一体进行造型，从而将人行桥打造成为城市公共空间大型艺术作品。

2. 运用艺术手法进行人行桥设计构思

"绘画对空间的表现是最富想象力和创意的"，"是人们认识、思考并创造未来的一种方式"[10]，也可从绘画中汲取力量激发城市人行桥设计灵感。在城市人行桥概念设计的立意与构思中，用徒手草图表现桥梁构思，将设计者的灵感及时记录下来，也可作为进一步设计构思的基础，这便是促成设计理念形成的有效方法。同样，人们通常也是通过摄影认识建筑，而建筑不仅与文学在美学上有许多相通之处，而且还被称为"空间的音乐"。设计者可以运用绘画、摄影、文学、音乐等艺术手法对城市人行桥进行设计构思。例如，运用绘画的创意、文学中的天人合一思想、音乐的节奏与韵律、舞台艺术的场景与情节等来表现人行桥各种不同的形态特征。

运用艺术表现的技巧塑造桥梁充满活力的特征，体现城市人行桥富有的个性美。例如，运用高新技术表现人行桥的结构艺术，清晰的结构传力路径和构件连接能够展示结构的明显特征，呈现结构鲜明的个性美。也可利用各种艺术手段在人行桥上营造艺术氛围，以达到城市人行桥艺术构思的目的。还可运用统一与变化、对称与均衡、主体与从属、体量与尺度、虚实与层次等形式美的基本法则，实现城市人行桥艺术构思。

3. 城市人行桥可成为雕塑性建筑

"当代建筑正愈益与艺术融合,成为实用艺术和空间实践的艺术,建筑尤其被看作与雕塑在某些方面具有同构的性质。"[10] 城市人行桥建筑与雕塑在造型、空间、几何形、物质性等方面具有某些共性,所以可从雕塑中获得灵感,还可构成标志性建筑,成为一种公共空间的大型艺术品。在这方面,圣地亚哥·卡拉特拉瓦就是典型代表。集建筑师、结构师、雕塑家为一身的卡拉特拉瓦理性表现主义,把雕塑、建筑与结构技术完美地结合在一起,开创了雕塑性人行桥建筑新思路:着重发掘趋向雕塑性的结构艺术,注重从整体构成上真实反映结构形态的逻辑关系,在细部处理上使各构件遵循桥梁结构的技术规律,通过调整结构受力来实现结构美与艺术美的巧妙结合。

从卡拉特拉瓦人行桥设计中看到了城市人行桥艺术构思的成功之路。首先,基于卡拉特拉瓦建筑与结构工程专业的功底,这是他成功的前提和基础;其次,在于他善于深入进行人行桥设计的艺术思考,并善于将结构美、技术美与艺术美巧妙结合,创造了诗意般的桥空间和具有动感的桥梁建筑新形式。在城市人行桥的艺术探索中,要相应提高艺术素养,善于通过艺术观念的借鉴与吸收,将艺术融入人行桥的设计理念中,运用艺术手法构思人行桥并使其逐步成为当今设计者的自觉意识。城市人行桥艺术构思的核心在于桥梁自身的结构美,要深入思考人行桥结构与艺术的融合,将艺术化的结构作为设计构思与艺术表达的载体。在城市人行桥概念设计中,更要善于进行艺术方面的思考,除了可按艺术造型进行立意外,设计构思过程中还要善于对人行桥结构艺术深入进行思考,将桥梁结构、技术、艺术三方面融会在一起,进行人行桥技术、艺术综合构思与创作。

4. 城市人行桥艺术构思的注意事项

尽管建筑与艺术有许多相通之处,二者之间的区别是显然的。正如曾任荷兰鹿特丹建筑研究院主任的阿龙·别茨基所说:"建筑不是艺术,艺术也不是建筑,尽管二者似乎正在相互趋近。"例如,建筑与雕塑之间虽然可以跨界,但它们之间只是造型上的相似性,而功能、空间以及建筑与环境场所的整体关系,社会性、技术性、构造等复杂的因素是雕塑所不具备的。人行桥建筑受到功能、材料和桥梁技术的制约,城市人行桥只有站在结构受力、经济和工程施工的基础上才能进行艺术构思。而且,艺术构思并非人行桥是一门艺术,不可脱离现实去探究设计思想与设计理念,更不能进行随意发挥和"自由设计"。更何况,也不是每座城市人行桥都要成为城市的标志和符号,不需要将所有人行桥打造成为建筑艺术精品。对于城市人行桥艺术构思的程度,设计者需要遵循人行桥空间构成的原则，按照设计的实际条件还需把握好一个"度"字。

5.4.2 城市人行桥艺术构思典型实例体验

【体验1】 结构艺术的人行桥——通过技术展现桥梁结构美

德国的工程设计长期忠实于客观实际，理性追求技术和结构，设计以社会需求为目标，使得现代工程设计具有非常完备的思想体系。德国设计在世界占有举足轻重的地位，其设计理念也对世界设计理论的形成具有重要影响。从而，德国不仅出现了很多优秀的人行桥作品，更涌现出以乔格·西拉斯（Jorg Schlaich）为代表的许多桥梁设计大师。

西拉斯在人行桥设计过程中追求结构美观、受力合理、造价低廉，充分显示出人行桥简明清晰的结构受力特征。不但使桥梁满足最基本的使用功能，而且利用高强混凝土梁和高强度拉索创造出各种形式的索结构人行桥，以轻盈、纤细、新颖而著称。深入研究梁、索、塔等构件受力的复杂性，运用合理的力学分析方法去认识真实的结构，再通过技术手段进一步展现结构的艺术价值：充分体现人行桥结构受力传递的路径，展示桥梁结构技术美（图5-40）。上海迪士尼度假区的两座曲梁悬索姐妹人行桥——奇缘桥和奇幻桥，也是通过结构技术来展现美，属结构艺术人行桥。这两座桥均由两根弧形曲梁组成，中间以踏步连接，属空间曲梁单侧悬挂的自锚式悬索桥。其中，星愿湖东南侧的奇缘

图 5-40 德国凯尔海姆人行桥

桥曲线长度120 m，主幅宽6 m，辅幅宽3 m，中间设置8排座位供观赏迪士尼焰火（图5-41）。这两座桥的显著特点是由多维度的曲线组成，通过轻、薄和单侧悬挂展现桥的技术美，而且辅桥采用玻璃桥面，提供浪漫、动感的体验，感受梦幻般的桥名内涵。

图5-41 上海迪士尼空间曲梁悬索人行桥

通过体验结构艺术的人行桥，使我们感受到西拉斯对结构艺术的追求，以轻、薄，甚至"透明"进行隐形，以达到与周围环境和谐。他让人行桥从厚重的结构中解放出来，使人们更加关注人行桥结构形态的意义，为我们展示了以结构体作为设计构思与艺术表达的一种途径。同时，在结构艺术人行桥的背后，还流露出西拉斯对人性的关怀，对内心情感的思考。他曾说："我们与人行桥的接触都是身体上的，它们的美与丑、轻与拙自然与我们息息相关。"城市人行桥设计不同于其他类型的桥梁，应充分考虑使用者的心理需求，必须在桥梁工程系统中更多地注重人性的考虑。

【体验2】 充满雕塑感的人行桥

卡拉特拉瓦博有"结构诗人"之称，人们对卡拉特拉瓦的认识最早始于阿拉米罗大桥，由142 m高的斜塔通过13对平行索拉住200 m跨度的梁体，斜塔呈58°倾斜角（源自古埃及的胡天金字塔）（图5-42）。这座跨西班牙塞维利亚阿方索运河的斜塔斜拉桥呈一把竖琴，充满雕塑感的结构艺术品呈现在世人面前，成了1992年世博会的标志性建筑。该桥的建成不仅是卡拉特拉瓦在桥梁设计界辉煌的开端，也引起大批设计者对桥梁形式的追求和探索。

早期的卡拉特拉瓦在形式上重视表现结构受力和材料特性，而在他随后的人行桥设计中更加注重整体构成和细部处理，通过结构技术手段实现结构美与艺术美的巧妙结合。卡拉特拉瓦始终将艺术性的结构作为桥梁主体的表达形式，并把结构美坚持作为他设计创作的载体（图5-43）。

图 5-42　西班牙阿拉米罗大桥

图 5-43　从西班牙瓦伦西亚艺术科学城看独塔斜拉桥

将人行桥表现为充满雕塑感的建筑形式，桥梁所围合的空间又具有诗意般的意境，从而给人一种艺术的享受，这是卡拉特拉瓦人行桥的明显特点。此类人行桥既具有形态美，又富有意境，是表达城市景观、地域文化、呈现设计主题的一种途径。当然，具有雕塑感的人行桥需要遵循自然完美的法则，并非追求与众不同的怪异结构。正如"城市人行桥艺术构思的注意事项"中指出的"建筑不是艺术"，不能刻意追求某种雕塑感而违背力学原理，不然会令人迷惑费解而弄巧成拙。

【体验3】 富有个性美的人行桥

当今，对城市人行桥设计的研究有着不同的切入点，而最普通的是富有个性人行桥的理念。要构成设计的切入点，就要更好地把握现代人行桥的创作趋势，将构成的结构体系和设计的特定条件与环境因素融合在一起，创造独特个性的重要环节，并进行必要的艺术升华，才能创造出富有个性、打动人心的人行桥造型。

横亘在英国泰恩河上的盖茨黑德千禧桥是一座转动开启的人行桥，桥长126 m（主跨105 m）、宽8 m。全桥由一对拱组成，拱梁构成桥面，拱塔斜拉住拱梁，两拱共同可围绕拱脚转动（图5-44）。当桥体转动开启让船舶通行时，这对拱看起来就像一只闭着的大眼睛正在缓慢张开，具有一定的戏剧性（图5-45）。它是世界上

图 5-44　盖茨黑德千禧桥

首座会"眨眼"的人行桥，其以简洁明快的结构、纤细柔和的造型呈现连续流畅、充满活力的个性，显得格外与众不同。

图 5-45　开启时的千禧桥

威尼斯大运河上的第四桥连接火车站与罗马广场，承担着铁路旅客和游览大运河全景的游人过河。该桥为钢拱肋与钢横梁构成的钢桁拱桥，全桥结构骨架完全裸露，看似骨架般的"长龙"清晰地展示出桁拱结构的传力路径和构件连接（图5-46）。桁拱结构受力的内在规律带来了强烈的空间表现力，明显的骨骼特征突出了钢桁拱结构的鲜明个性。

桥面系由玻璃和天然石材交替铺设而成，两侧栏杆全由玻璃和青铜色的钢扶手组成。在晚间，扶手内置的照明灯照亮桥面，透明甲板内的灯光更显舞台照明效果。第四桥以暗红骨架和透明桥面形成明显的特征，不仅为了让游人更好地欣赏流淌的运河水，而且暗红色与威尼斯城市主体的红砖色非常契合。

从上述两例的人行桥体验中知道，恰当表现城市人行桥个性特征，能够给予人们鲜明的艺术感受。其中，空间围合的形式、体量、色彩、质感等形态因素的强弱均会给人留下不同的感觉。形态特征的产生在于个性化、差异化，而形式要素与周边的反差是产生特征的前提。在一定程度上，差异化越强，其景观特征也越鲜明[11]。在城市环境中，既要强调人行桥的个性化，又要避免与大环境相脱

图 5-46 威尼斯大运河上的第四桥

离,这个"量"的把握就在于恰如其分地处理人行桥的形式强度。桥梁个性化的强度是一个相对的概念,在城市人行桥艺术构思过程中,把握好这个强度非常重要,尤其是在结构安全、受力合理的前提下再进行结构形式的强化。例如威尼斯大运河第四桥,采用开口星形截面,无斜撑类的直腹杆的开口桁架拱肋,1/16的矢跨比使该桥结构存在不尽合理之处,并且主拱的第3阶振型频率与行人步频接近,极易产生人桥共振[12]。桥梁的使用安全是第一位的,这是城市人行桥艺术构思与艺术表现本质区别的所在。

【体验 4】 与城市融合美的人行桥

桥梁富有沟通作用的本身就表明它与环境融合的和谐关系。毕达哥拉斯学派认为"美就是和谐",和谐的事物可以引起人们生理和心理上的共鸣,即产生美感。城市桥梁设计得是否赏心悦目,除了桥梁本体的美感外,更取决于与周围环境相处艺术的运用。城市人行桥融入环境之中,桥梁与其周围环境成为有机的整体而构成的一种美,这便是融合之美。

与其他城市桥梁相比,虽然城市人行桥的体量和尺度都是最小的,但它毕竟是人工构筑物,很难做到与城市环境构成完美的整体。在许多场合中采用融和法处理人行桥与环境协调,让人行桥与环境相互补充、自然和谐,恰当地表现桥梁的存在,反而会使城市景观更加美观而生动。同时,城市人行桥还要主动与城市功能融合,在桥上融进景观、文化、旅游与休闲等复合型功能空间,带来桥梁与城市之间多元化的互动。由此,人行桥不仅形态与城市融合,而且还与城市功能互动增强活力,实行与城市全面融合,并且人行桥还要以各种方式进行宜人化,获得亲切的场所感。

下面，以 4 个桥例从不同侧面进一步说明人行桥与城市的融合美。

桥例 1

位于威尼斯大运河转弯处的利雅托桥是一座单孔石拱人行桥，桥长 48 m，宽 22 m，建于 16 世纪末，是威尼斯最具象征性的建筑之一。桥的两边外侧均设置了露天的人行道，拱顶上建有敞门廊，中间两侧各为一道桥廊，廊内是威尼斯最繁盛的购物商店。桥梁以采用大理石建拱廊、店铺、台阶和栏杆而著称，桥上所有线条柔和、赏心悦目，与河道两岸建筑十分和谐。当狭长的贡多拉穿越利雅托桥时，谁能分清桥是景、船是景，还是周围建筑是景（图 5-47）？"此时的人行桥已经不仅是街道的界面，同时是建筑的界面、城市的界面；既是建筑的一部分，也是街道的一部分，更是城市公共空间的一部分。"[1] 人行桥成了公共空间界面的围合结构，桥梁与城市环境构成了有机的整体而呈现融合美。

图 5-47　威尼斯利雅托桥

桥例 2

悉尼卡斯尔街两侧商业建筑有些是以玻璃膜墙为立面，连接两侧商业建筑室内人行交通的过街天桥，有采用全封闭的玻璃人行桥，桥的顶面与两侧面均用玻璃封闭（图 5-48）。在外观上，人行桥与街道建筑风格协调，二者材质保持一致。在空间秩序上，天桥表现为一个插入体连接大街两侧建筑，在街道空间插入一个相对封闭的空间，突出天桥空间与建筑室内空间一体化，为行人提供更多变化的

图 5-48 悉尼卡斯尔街人行天桥

路径。人们在桥上过街,如同在临街建筑室内行走,通透、明亮、没有视线遮挡。

桥例 3

塞纳河流经巴黎市区 13 km,河上横跨着 36 座桥梁,其中艺术桥(1804 年)、德比利桥(1900 年)、索尔菲力诺桥(1999 年)和西蒙娜·德·波伏娃桥(2006 年)四座为人行桥(图 5-49)。分析这四座人行桥,人们会惊喜地发现:尽管它们建于不同时代,但是设计师都不约而同地选择了拱桥的结构形式。这与法国人倾向于集中和放射形的几何形体有关,更与塞纳河上桥梁构成多姿和谐的拱桥序列、人行桥与上、下游邻近桥梁和谐,直接体现桥梁融合美相关。

桥例 4

伊朗塔比阿特(Tabiat,也有翻译为"塔比亚特")人行桥跨越莫达拉斯(Modarres)高速公路,连接西面的阿博·阿塔什(Abo Atash)公园和东面的塔莱哈尼(Taleghani)公园,全长 269 m。桥梁采用曲线空间桁架结构的主梁,树状形桥墩,桥宽 6~13 m[13]。桥梁周边遍布功能性建筑,如图书馆、博物馆、公园等。"Tabiat"在波斯语中意为"自然",该桥整个设计充满着自然和谐、融合

图 5-49　巴黎塞纳河上四座人行桥

游览休闲功能的理念。

1）桥梁因地制宜、融合环境[14]

三维流线型桁架结构的梁体带动树状桥墩一起蜿蜒曲折向前，桥梁不仅与树木环境融合，而且减少远视点透视的窘迫，且为桥上游人提供多方向观景的机会。桥西端与公园交汇处，为了不妨碍树木自然生长，桥梁平面三处留孔而采用多个通道入园，以期形成绿色延续（图 5-50）。此外，设计在选择桥墩位置上，还尽可能降低对现场树木的破坏。

2）融合游览休闲功能的桥上空间[15]

（1）提供多种通道，满足不同的观景需求。曲线桁架主梁上设置了两层桥面，在变高度、变宽度梁体中营造出连续蜿蜒的桥面空间。桥墩位置的桁架梁是最高、最宽的部位，顶部第三层还设置了观景平台。各层桥面通过楼梯和坡道彼此连通，使游客从中获得多种路径的选择和体验；多层次叠置的露天平台不仅便于游人欣赏到多角度的景观，而且还引导他们参与多种丰富的活动。将立体的桁架梁结构处理得如同建筑般具有深度，无论晴天还是雨天都是人们观光活动的理想场所。

（2）到处皆是休憩的空间。桥面横铺新型环保材料的甲板，多处设置休息区

图 5-50　塔比阿特人行桥

图 5-51　桥上空间

和众多长椅，种植绿色植物（图 5-51），供人停留憩息和呼吸新鲜空气，体验别处无法感受到的休闲空间。与此同时，还分布着画廊、咖啡厅和餐厅，均是受游客欢迎的聚集场所。

总之，塔比阿特人行桥虽然是连接两个公园的桥梁，设计者将桥的使用功能与建筑、结构融合在一起，空间序列以使用者的需求为中心，不但桥梁自身形体成了一道风景线，而且桥上空间具备园林建筑空间的特征。其中，桥梁融合环境、延伸公园游览休闲功能应该是该桥设计成功的两个方面。

本章参考文献

[1] 任丽莎.艺术视野中的人行桥[M].北京：中国建筑工业出版社，2015.

[2] 董光器.城市总体规划[M].5版.南京：东南大学出版社，2014.

[3] 戴志中，郑圣峰.城市桥空间[M].南京：东南大学出版社，2003.

[4] 杨士金.谈人行天桥造型及布置[J].重庆交通学院学报，1991，10(4)：65-76.

[5] 陈艾荣，盛勇，钱峰.桥梁造型[M].北京：人民交通出版社，2005.

[6] 杨士金，唐虎翔.景观桥梁设计[M].上海：同济大学出版社，2003.

[7] 吴为廉.景园建筑工程规划与设计（下册）[M].上海：同济大学出版社，1996.

[8] 陈从周.说园[M].上海：同济大学出版社，1984.

[9] 王应良，高宗余.欧美桥梁设计思想[M].北京：中国铁道出版社，2008.

[10] 郑时龄.建筑与艺术[M].北京：中国建筑工业出版社，2021.

[11] 成玉宁.现代景观设计理论与方法[M].南京：东南大学出版社，2010.

[12] 陈宝春，冯阅，布鲁诺·布里斯格拉.威尼斯大运河的第4座桥梁[J].世界桥梁，2011，1：5-8.

[13] 张妮.伊朗塔比亚特人行桥[J].世界桥梁，2015，4：94.

[14] Yang Shijin, Huang Dongzhou. Aesthetic Considerations for Urban Pedestrian Bridge Design[J]. Journal of Architectural Engineering, 1997, 3(1)：3-8.

[15] 迪拜·滕西里建筑事务所.塔比阿特步行桥，德黑兰，伊朗[J].世界建筑，2017，2：56-63.

第 6 章 结　语

本书从历史发展的角度认识和掌握现代城市桥梁，并梳理出城市桥梁设计历史的演进过程。借鉴历史上城市桥梁设计理念与设计思想的综合关系，基于我国"五位一体"的新发展理念，从现代城市桥梁设计的特点出发形成了三条最基本的设计理念，还相应提出了各类城市桥梁导向性的设计思想。在论述城市桥梁概念设计时，先从设计理念出发再形成设计思想，然后在设计思想的支配下，运用设计能力逐步满足设计条件。全书从城市桥梁、城市桥梁设计、设计思想与设计理念三个层次探索研究城市桥梁概念设计。对此，可从以下几方面进行概括：

第一，现代城市桥梁是城市桥梁历史演进中融进现代发展理念的结果，成了现代城市和现代桥梁双重发展的共同标志。同时，现代城市桥梁也要具备现代城市和现代桥梁的双重特征，既要满足城市美观和城市活力的需求，又要反映桥梁的技术创新。城市中的桥梁连接着城市不同层面的公共空间，成为城市整体空间的组成部分，不仅与城市是功能上的连接，而且还是空间上和景观上的延续。城市桥梁除了具有最基本的交通功能外，还具备城市的景观属性、场所属性、文化属性、地标与象征属性。

第二，进入城市层面的桥梁设计就要达到城市的各项使用功能，主动适应城市不同的空间、不同的地域、不同的文化，为满足城市需求而紧扣城市要素、考虑不同的界面和城市肌理进行设计。城市桥梁设计不仅需要以自身的外在美增进城市整体美，而且还要发挥桥梁的多层次空间、多功能复合、连续流畅的特征，通过与城市在空间上和功能上的联系与互动将桥梁融入城市环境，以满足城市外在与内在的双重需求。与此同时，城市桥梁设计还可相应引入景观、旅游、文化与休闲等功能，在桥上创造出城市多种复合型公共空间。

第三，桥梁设计作品是设计师思维活动的直接反映，而设计思想是在设计理念的引领下逐步形成的，只有在精准的设计理念支撑下，才能形成正确合理的设计思想。从设计的源头开始，准确把握设计理念势在必行。在城市桥梁三类最基本的设计理念中，设计的城市理念是设计思想的出发点和正确追求设计目标的保障，桥梁美的理念是表现城市环境中桥梁个性特征的有力支撑，桥梁创新理念是促进城市桥梁设计创造价值的动力，各类设计理念需要融合与贯通。概念设计的创造能力源于设计理念，创新理念必须贯穿整个城市桥梁设计的全过程。

在三类城市桥梁导向性的设计思想中，城市河道桥梁序列化应充分考虑河道水体景观的特征，树立城市河道整体景观理念，注重城市河道序列化的导向。在城市景观河道中，群体桥梁需要从组织城市水流风景线的角度进行桥梁序列设计，尽可能使桥梁与河道二者并行的序列构成并进的双重序列。

城市陆道桥梁景观化，是缓解陆道桥梁与城市景观环境、人文环境激烈矛盾的有效途径。陆道桥梁景观化设计不仅要注重陆道桥梁自身美观，保持与城市环境协调，还要努力传承地域文化。其中，把握好陆道桥梁与城市环境协调的三种方式（强调、消去、融合），这便是城市陆道桥梁与环境和谐的关键所在。

城市人行桥同时具备艺术思维的必要条件和充分条件。城市人行桥的艺术思维，即在桥梁美的基础上实行艺术观念的拓展，以人行桥建筑艺术与结构技术相融合构筑新型的人行桥形态。可以相信，随着人行桥不同设计领域的交融，对艺术观念的借鉴与吸收，将成为设计者的自觉意识。在此基础上，从人行桥的建筑艺术属性出发，将艺术观念融进人行桥设计理念，运用艺术手法进行城市人行桥艺术构思，尤其是人行桥从雕塑艺术中获取形式灵感，可成为雕塑性建筑。因此，在城市人行桥概念设计中，要敢于用艺术思维去立意与构思。

第四，"概念设计是设计之魂"，城市桥梁概念设计是城市桥梁设计的核心，通过概念设计可使城市桥梁设计有准确的目标和可行的措施，同时也为桥梁融入城市奠定基础。在城市桥梁概念设计过程中，综合运用设计理念形成合理的设计思想，再通过设计思想与设计能力的有机结合，便可逐步满足设计的外在条件和内在条件。其中，设计能力包含着城市桥梁的造型设计、结构设计、适应性分析和景观设计四项在设计思想的支配下，有序配合、相互调整，以确保设计方案完善可行。在立意、构思和完善设计的各个流程中，均需要设计理念的支撑，合理运用设计理念便是城市桥梁概念设计成功的基础。可以认为城市桥梁概念设计是综合运用设计理念整合各类设计因素进行创意与创新的过程，概念设计特别需要立足于创新，以创新的理念和运用高新技术去创造城市桥梁的价值。

城市桥梁不仅是城市交通工程体系的重要组成部分，也是城市空间不可或缺的构成因素，还是集城市活力、地域文化于一身的综合表现体。随着现代城市的发展，城市桥梁的概念和意义也在不断丰富和变化。城市桥梁就像从城市环境中"生长"出来的那样，桥梁造型不能脱离城市环境而强调成非常怪异；它的形状不能似是而非和搬用舶来形式，国内就有两座城市悬索桥分别进入2016年、2020年中国十大丑陋建筑，足以我们引以为鉴。任何脱离"城市"的桥梁设计都会丢失城市桥梁自身的涵义，所以注定是失败的。

思维过程总是观念在先，思想在后。设计思想即在设计理念的基础上综合各类设计要素逐步形成，从某种意义上可以认为设计理念是设计思想的灵魂。城市桥梁概念设计中，设计理念、设计思想、设计能力的发挥，直至理想设计方案的形成，整个设计存在着设计理念把握设计思想的过程。所以，要从设计的源头——思维观念出发，综合运用设计理念进行城市桥梁概念设计，特别是以新的理念去创造城市桥梁的价值。

桥梁适配造型的结构是实现城市桥梁造型的载体，不管城市河道桥梁序列化、城市陆道桥梁景观化，还是城市人行桥艺术构思，设计的最终还是落到桥梁自身的结构美观上。特别是城市人行桥艺术构思的主体就是桥梁的结构美，只有艺术充分渗透进桥梁结构之中，结构美与艺术美才能很好地融合在一起。要将人行桥的结构体作为艺术构思和艺术表达的载体，通过结构技术实现人行桥结构美与艺术美的巧妙结合。

城市桥梁概念设计是多学科交叉的综合课题，需要注重交叉学科的研究，加强跨学科人才的培养，把握好城市桥梁的发展方向。在新时代现代城市建设中，设计城市桥梁首先要明确自身的定位，才有可能准确发挥桥梁建设的应有作用；在我国桥梁大国走向世界桥梁强国的进程中，城市桥梁概念设计确实要为桥梁设计担当起核心作用而作出更多贡献。

资料来源索引

图 号	资料来源
图1-1	https://www.sohu.com/a/228892725-99962882
图1-2	https://www.veer.com/photo/324072403?utm-source= ba
图1-3	https://wenku.baidu.com/view/afba9b52c6da50e2524de518
图1-4	www.tj-summerdavos.cn/system/2008/09/19/003689974.shtml
图1-5	https://www.vcg.com/creative/1127845616
图1-6	https://baike.baidu.com/pic/布鲁克林大桥/1287876/1516778
图2-1	当代桥梁设计与全球化都市主义
图2-2	https://baijiahao.baidu.com/s?id=1676867242661274955&wfr=s
图2-5	file://C:/Users/admin/Desktop/ca4f899424bf422b600b0ac613a74279jpeg
图2-6	https://graph.baidu.com/pcpage/similar?originSign=1262e8366
图2-7	上海杨浦大桥通车图片专辑
图2-8	蚂蚁图库
图2-9	Aesthetic Evaluation of Bridges
图2-10	杨士金.谈大跨度索式桥梁造型
图2-11	https://thumbs.dreamstime.com/b/total-view-severins-bridg
图2-12	https://quanjing.com/category/110241/2.html
图2-13	https://m.thepaper.cn/newsdetail-forward-14103544
图2-14	https://image.baidu.com/search/detail?ct=503316480&z=0&ipn
图2-15	《景观桥梁设计》
图2-16	NEXT桥梁设计实践
图2-17	《城市桥空间》
图2-18	NEXT桥梁设计实践
图2-19	weifang.sdnews.com.cn/zaiweifang/202207/t20220722-4067
图2-20	https://www.duitang.com/blog/?id=688460867

(续表)

图 号	资料来源
图2-21	https://new.qq.com/rain/a/20210122a0bd4v00
图2-22	https：//baijiahao.baidu.com/s？id=1627036996932324538&wfr=s
图2-23	https：//baijiahao.baidu.com/s？id=1627036996932324538&wfr=s
图2-24	https：//ziliao.co188.com/p62600554.html
图3-1	促进人水和谐的城市河流建设理论研究
图3-2	www.yejibang.com/news-details-15946.html
图3-4	https：//haokan.baidu.com/v？pd=wisenatural&vid=12130047136
图3-5	https：//baike.baidu.com/item/首尔汉江盘浦大桥/1910329
图3-6	https：//seopic.699pic.com/photo/50158/0734.jpg-wh1200.jpn
图3-10	www.sznews.com/news/content/2021-11-30/content-24780
图3-11	https：//m.sohu.com/a/208001169-814717
图3-13	https：//graph.baidu.com/pcpage/similar？originSign=1264603bf
图3-14	https：//www.meipian.cn/2nsvqzh7
图3-15	https：//image.baidu.com/search/down？tn=download&word=downlc
图3-16	https：//www.veer.com/photo/135663179？utm-source=baidu
图3-17	https：//image.baidu.com/search/detail？ct=503316480&z=0&ipn
图3-19	《荷兰桥景观—桥梁设计导则》
图3-20	《荷兰桥景观—桥梁设计导则》
图4-2	https：//image.baidu.com/search/detail？ct=503316480&z=0&ipn
图4-3	上海浦东国际机场航站区立交桥工程设计与施工
图4-4	news.china.com.cn/2017-07/12/content-41197057-2.htm
图4-5	https：//baijiahao.baidu.com/s？id=1604669111415051636&wfr=s
图4-6	https：//news.nongmiao.com/gongcheng/4453.html
图4-7	ms.zjer.cn/index.php？r=studio/post/view&sid=1076&id=569749
图4-9	xiaogb.com/m/view.php？aid=1337
图4-11	https：//baike.baidu.com/item/五角场环岛立交/23686807
图4-13	谈城市道路立交桥造型
图4-14	news.sohu.com/a/542170694-121123912
图4-15	《路域传承的文化》

(续表)

图　号	资料来源
图4-16	https://image.baidu.com/search/detail? ct=503316480&z=0&ipn
图4-17	《道路勘测设计（第四版）》
图4-18	https://baijiahao.baidu.com/s? id=1686231474377416901&wfr=s
图4-19	www.bala.cc/chengshi/jianzhu/2020/7234.html
图4-20	谈城市道路立交桥造型
图4-21	谈城市道路立交桥造型
图4-22	谈城市道路立交桥造型
图4-23	谈城市道路立交桥造型
图4-24	谈城市道路立交桥造型
图4-25	《桥梁建筑艺术与造型》
图4-26	谈城市道路立交桥造型
图4-30	谈城市道路立交桥造型
图4-31	https://image.baidu.com/search/detail? ct=503316480&z=0&ipn
图4-33	https://www.quanjimg.com/imginfo/QJ8127855453.html
图4-34	https://www.meipian.cn/kxac4mg? from=singlemessage
图5-1	《艺术视野中的人行桥》
图5-2	https://image.baidu.com/search/detail? ct=503316480&z=0&ipn
图5-3	NEXT桥梁实践
图5-5	https://baijiahao.baidu.com/s? id=1642567048857852319
图5-6	《城市桥空间》
图5-7	《艺术视野中的人行桥》
图5-8	https://bbs.zhulong.com/101020-group-201878/detail31064030/
图5-9	《艺术视野中的人行桥》
图5-11	《艺术视野中的人行桥》
图5-12	谈人行天桥造型及布置
图5-14	谈人行天桥造型及布置
图5-15	谈人行天桥造型及布置
图5-16	谈人行天桥造型及布置
图5-17	谈人行天桥造型及布置
图5-18	https://www.163.com/dy/article/FNVDM6B905446YVB.html

（续表）

图　号	资料来源
图 5-19	谈人行天桥造型及布置
图 5-20	谈人行天桥造型及布置
图 5-21	谈人行天桥造型及布置
图 5-22	《景观桥梁设计》
图 5-24	《景观桥梁设计》
图 5-25	https：//image.baidu.com/search/detail？ct＝503316480&z＝ur.
图 5-26	谈人行天桥造型及布置
图 5-27	https：//post.smzdm.com/p/ag4559z3/
图 5-29	https：//image.baidu.com/search/detail？ct＝503316480&z＝0&ipn
图 5-30	k.sina.com.cn/article-3653942984-d9cabec80010059dl.htn
图 5-31	https：//image.baidu.com/search/detail？ct＝503316480&z＝0&ipn
图 5-32	https：//www.veer.com/photo/309570565？utm-source＝baidu
图 5-33	《艺术视野中的人行桥》
图 5-35 图 5-36	inews.ifeng.com/yidian/45873013/news.Shtml file：//C：/Users/admin/Desktop/267e42421d0318ba376a175c555f7821jpeg
图 5-37	https：//baijiahao.baidu.com/s？id＝15906291521 09852844&wfr＝s
图 5-38	https：//www.Sohu.com/a/373989113-120081233
图 5-39	www.8686.online/huanyou/mzyou/nmyou/agtjd/201703/31
图 5-40	https：//www.163.com/dy/article/D5KQSEA00516M7S1.html
图 5-42	https：//image.baidu.com/search/detail？ct＝503316480&z＝0&ipn
图 5-44	https：//baike.baidu.com/item/盖茨黑德千禧桥/6731712？fromt
图 5-45	https：//baike.baidu.com/item/盖茨黑德千禧桥/4325991？fr＝al
图 5-46	https：//xsj.699pic.com/tupian/1754zb.html
图 5-47	www.capablist.com/uc/2223820
图 5-49	https：//www.quanjing.com/category/122094/131，html
图 5-50	世界建筑 2017.02
图 5-51	https：//bbs.Zhulong.com/101020-group-201878/detail31064030/

注：本书稿在编辑过程中，除编者自摄、自创的插图资料外，所用资料均标明出处或图片网络来源。但由于资料积累的时间很长，再加上网络资料的特殊性，又遇到连续三年的疫情存在着未能及时联系上原作者的情况。为了准确向权利人支付作品使用费，请本书所涉作品的著作权利人直接与同济大学出版社联系；未及核实的权利人，也请向出版社提交权利人有关证明材料。